KB043490

지성인을 위한

리딩 컬처북 3 자연과학

영문독해

리딩 컬처북 ❸

자연과학 영문독해

저　자 FL4U컨텐츠
발행인 고본화
발　행 반석북스
교재공급처 반석출판사
2023년 9월 5일 초판 1쇄 인쇄
2023년 9월 10일 초판 1쇄 발행
홈페이지 www.bansok.co.kr
이메일 bansok@bansok.co.kr
블로그 blog.naver.com/bansokbooks

07547 서울시 강서구 양천로 583. B동 1007호
(서울시 강서구 염창동 240-21번지 우림블루나인 비즈니스센터 B동 1007호)
대표전화 02) 2093-3399 **팩　스** 02) 2093-3393
출 판 부 02) 2093-3395 **영업부** 02) 2093-3396
등록번호 제315-2008-000033호

ISBN 978-89-7172-976-2 (13740)

지성인을 위한

리딩 컬처북 3 자연과학

영문독해

머리말

바야흐로 지구촌이라는 말도 너무 넓게 느껴지는 시대다. 그러한 느낌은 더욱 가속화될 것 같다. 따라서 국제어로서 영어의 필요성 또한 그만큼 절실해진다. 영어라는 언어는 이미 영어 문화권에 국한된 의사소통 수단의 차원을 훌쩍 뛰어넘었다. 헝가리인, 중국인, 한국인이 만난 자리에서 주고받는 언어는 당연히 영어다. 훨씬 경제적이고 효율적이기 때문이다. 이뿐인가? 인터넷에 들어가 보면 '왜 영어인가'하는 의문에 정답이 드러난다. 영어 학습에서 회화, 작문, 독해 등 골고루 실력을 쌓아야겠지만, 그 모든 근간을 이루는 것이 독해라는 데에는 이론의 여지가 없다. 그렇다면 영문 독해를 능숙하게 할 수 있는 길은 무엇일까? 인문, 사회, 자연과학 분야를 비롯해서 시사, 무역 등 실용 영문 텍스트를 올바로 선정하여 여러 차례 읽고 읽는 수 밖에는 달리 길이 없다는 것이 저자의 변함없는 믿음이다.

다독(多讀)을 거치고 나면 영문의 맥(脈)이 잡힐 것이다. 우리나라 대학생들의 반도 안 되는 영어 문법 실력을 가지고도 미국 고등학생들이 자유자재로 읽어낼 수 있는 이유를 잠깐이라도 숙고해 본다면 독해의 지름길은 이미 찾은 셈이다. 지성인을 위한 영문독해 컬처북 시리즈에는 TOEFL, SAT, 텝스, 대학편입시험, 대학원, 국가고시 등에 고정적으로 인용되는 주옥같은 텍스트들을 인문, 사회, 자연과학 분야별로 엄선, 체계적으로 엮어 놓았다. 이 정도만 무리없이 해독(解讀)할 수 있다면 어떤 종류, 어떤 수준의 시험이라도 자신을 갖고 치러낼 수 있을 것이다.

FL4U컨텐츠

목차

제1부 과학 기술

제2부 과학과 사회

제3부 과학 철학

이 책의 특징 및 활용방법

제1부 과학 기술

과학과 기술이 오늘날만큼 우리의 실생활·의식과 밀접히 연관된 때는 일찍이 없었다. 이제 고도로 발달된 과학·기술은 인류의 통제에서 벗어나 맹목적인 질주에 박차를 가하고 있다는 느낌이다. 이런 문제의식에서 출발하여 한창 찬반의 논의를 낳고 있는 스타워즈(SDI), 심장이식, 생물학적 무기 개발 등 첨단 과학·기술에 관한 세 편의 글을 게재하였다. 또한 현대 과학·기술의 무절제한 개발 및 남용으로 파생된 문제를 정리하고 농약 공해·핵겨울 등에 관한 시사적인 최신 논문을 수록하였다.이어서 제3세계 국가들에게 적합한 노동 집약적이고 관리가 간단한 적정기술을 개괄적으로 설명하고 인간해방을 위한 과학·기술을 주창, 새로운 가능성과 대안을 제시하고자 노력하는 제3세계의 입장과 견해를 살펴본다.

제2부 과학과 사회

우리는 흔히 과학과 그 연구 활동이 사회와는 별개의 것이라고 생각한다. 그러나 인류의 창조적 생산 활동의 밑거름이자 그 소산인 과학이 사회의 흐름 및 구조와 무관하게 존립해 왔으며, 또 그렇게 존립할 수 있을까? 이는 과학의 역사, 즉 과학사를 객관적으로 검토하고, 과학이 우리의 의식과 생활을 어떻게 지배해 왔는가를 조망할 때에만 해석할 수 있는 문제이다. 2부 과학과 사회에서는 고대 그리스 과학에서부터 현대의 과학을 역사적으로 조망하는 여덟 편의 우수한 논문을 발췌, 과학과 사회의 상호 연관성·상호규정성을 규명하고 있다.

제3부 과학 철학

과학은 각 시대의 사고틀, 즉 철학체계와 세계관을 형성함에 있어 항상 기본적인 토대로서 기능해 왔다. 이와 같은 과학을 뒷받침하는 철학적 입장은 크게 형이상학적 자연관과 변증법적 자연관으로 나누어진다. 이에 따라 먼저 아리스토텔레스, 데카르트, 신다윈이즘 등으로 이어지는 형이상학적 자연관을 개관하고 있으며, 이어서 엥겔스를 비롯한 여타의 마르크스주의자들, 그리고 아인슈타인, 토마스 쿤을 필두로 하는 현대사상·철학을 살펴보고 있다. 또한 '제3의 물결'로 선풍을 일으킨 바 있는 앨빈 토플러의 낙관론적 견해를 비판적 관점에서 검토하며, 이후에는 인류의 미래, 과학·기술의 말로를 비관적으로 바라보는 로마클럽, 에리히 프롬의 이념과 증언을 개관한다.

이 책을 읽는 세 가지 방법

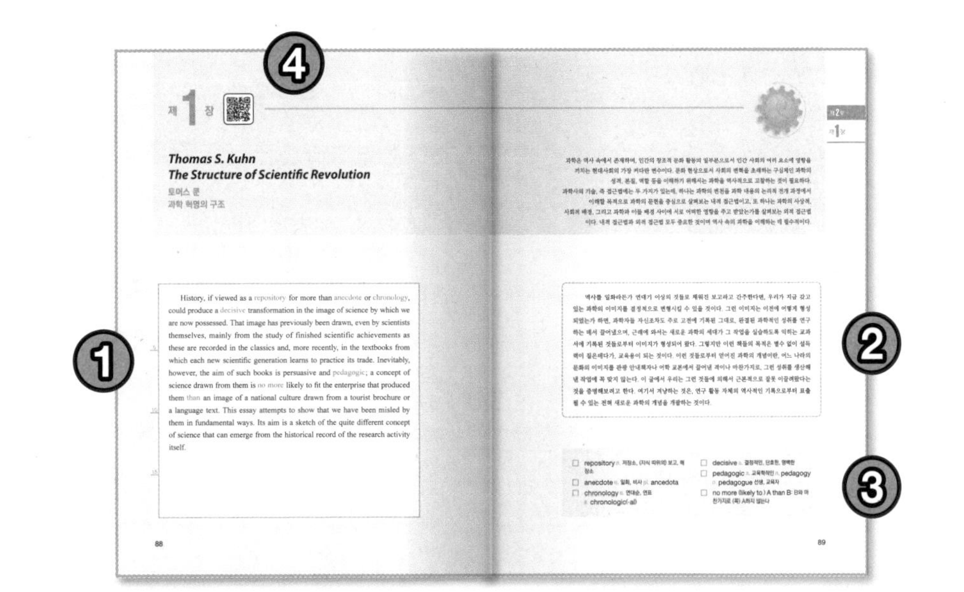

한글로 된 현대 사회 고전을 이미 접했던 독자

왼쪽 페이지 ❶의 영어 본문만 읽어본다. 한글로 읽었을 때 불분명했던 의미들이 영어로 읽었을 때 더 명확하게 잡히는 경우가 많다. 사회과학 용어들도 영어로 알게 되면 용어의 개념을 쉽게 알 수 있다. 사회과학 용어들을 영어로 한 번 익혀두면 앞으로 다른 사회 과학 서적을 읽을 때 더욱 수월하게 읽을 수 있을 것이다.

현대 사회 고전으로 영어 학습을 하고 싶은 독자

왼쪽 페이지 ❶의 영어 본문을 해석하면서 어려운 부분은 자신이 한 해석과 오른쪽 페이지 ❷의 한글 해석과 비교해 본다. 주요 단어와 구조는 별색 처리되어 있어 어휘 ❸를 참조할 수 있다. QR코드 ❹를 활용해 원어민이 녹음한 mp3 파일을 들으면서 학습하면 더욱 효과적이다.

현대 사회 고전을 한 번도 접해보지 않았던 독자

오른쪽 페이지 ❷의 한글 해석만 읽는다. 이 책의 한글 부분을 영어의 단순 해석을 뛰어넘는 하나의 작품으로 천천히 음미해 보자. 당시의 현대 사상이 현재에 어떻게 적용될 수 있는지 고전과 새로운 대화를 시도해 본다. 고전과의 대화는 삶의 지평을 넓히는 계기가 될 것이다.

ENGLISH READING

NATURAL SCIENCE

제1부 과학 기술

제 1 장

Star Wars

스타워즈

Hidden in the rocky canyons of the Santa Susana Mountains outside Los Angeles is the nearest thing to a "Star Wars" laser base anywhere in the Western world. Its code name is Sigma Tau.

"This is as close to weaponization and as far from the laboratory as you're going to see without full-scale development," said Bill Robinson, director of laser programs for the Rockwell International Corporation, which began Sigma Tau secretly for the Air Force in 1978.

Two years earlier on the same site, Rockwell used its own money to start building a high-energy laser called Rachel, which the corporation describes as the forerunner to "Star Wars," or, as it is officially designated, the Strategic Defense Initiative, for which the Government is proposing to spend $30 billion in the next five years.

SDI(Strategic Defense Initiative, 전략 방위 구상)는 우주 및 지상으로부터 상대국의 미사일을 요격하는 체계로, 시간과 거리라는 이중의 벽에 도전하는 거대한 첨단 기술 시스템이다. 이는 기본적으로 핵 공격을 대비한 방어용 기술을 목적으로 하고 있으나 최근에는 SDI무기가 방어뿐 아니라 공격용으로도 사용될 수 있다는 점에서 우려를 자아낸다. 주지하는 바와 같이 미국 정권이 SDI에 의욕적인 데에는 미국의 재흥을 상징하는 국민적인 목표를 제시하려는 정치적 의도도 있지만 이 거대 계획에 의해 윤택해질 미국의 우주산업·군사 관련 산업으로부터의 압력이 존재하기 때문이다.

로스앤젤레스 외곽 산타 수잔나 산맥의 바위 계곡에 반쯤 은폐된 서방 세계에서는 '별들의 전쟁'에 가장 근접한 레이더 기지가 있다. 그 암호명은 시그마 타우이다.

"이는 전체적으로 조망해 보지 않더라도 거의 무기화되어 있고, 또한 실험실과는 전혀 다른 것이다."라고 로크웰 국제상사 레이저 계획 감독자 빌 로빈슨은 말한 바 있는데, 이 회사는 시그마 타우를 1978년도에 공군을 위해 비밀리에 개시하였다.

2년 전 바로 그 부지에 로크웰 회사는 라첼이라고 일컬어지는 고에너지 레이저를 건설하기 위해 자체의 자금을 활용하였는데, 이를 두고 이 회사는 '별들의 전쟁'의 선행 주자, 혹은 공식적으로 명명된 바 있고 정부도 향후 5개년 동안 3백억 달러를 쏟겠다고 제의한 적이 있는 '전략 방위 구상'의 선행 주자라고 묘사하고 있다.

- ☐ canyon n. 깊은 계곡
- ☐ This is as close는 as ~ as 구문으로, and가 as close와 as far from을 받고 있으며, 두 as는 as you're의 as와 연결된다.
- ☐ site n. 위치

The Strategic Defense Initiative research grew out of a speech by President Reagan in March 1983 in which he proposed that scientists and engineers design a defensive shield to render nuclear weapons obsolete.

Until Mr. Robinson led a reporter on a tour recently, no one outside military circles had ever been permitted to examine the huge mountaintop site of Sigma Tau.

Part of Rockwell International's mission is to demonstrate how to build lasers whose resonators, a component that helps extract intense beams of light from chemical reactions, are compact cylinders instead of long, narrow tubes. The goal is to find ways of someday packaging such objects into as small a volume as possible, Mr. Robinson said, with the space shuttle cargo bay a conventent unit of measure.

Today, Sigma Tau and its support equipment take up acres of land, resembling a small oil refinery rather than a feasible space-based antimissile weapon. This is "basically a battleship."

From Bethpage, L. I., where engineers for the Grumman Corporation have been studying space-based radars for a dozen years, to Orlando, Fla., where the Martin Marietta Corporation is trying to push its 1960s-vintage missile interceptors into the next century, to the West Coast, where companies like Rockwell, TRW and the Boeing Corporation have been building lasers, power supplies and sensor devices for more than a decade, there is no doubt that "Star Wars" is far more than fantasy, or at least more than the political gambit that some have suggested it is.

전략 방위 구상 연구는 1983년 3월 레이건 대통령의 연설로부터 싹트기 시작하였는데, 거기서 그는 과학자와 기술자들에게 핵무기를 무용한 것으로 만들어 버릴 방위장치를 고안하라고 제의하였던 것이다.

최근 로빈슨이 시찰 보고서를 제출하기 전까지는, 군부 외의 그 누구도 시그마 타우의 거대한 산봉우리를 조사할 수 없게 되어 있었다.

로크웰 국제상사가 맡고 있는 임무 중의 한 부분은, 화학적 반응에서 발생하는 강렬한 광선을 추출하게끔 돕는 구성 요소인 공명자, 길고 좁은 튜브가 아니라 간단한 실린더로 된 공명자를 가진 레이저를 어떻게 만들 것인지를 보여주는 일이다. 그 목표는 로빈슨이 말하길 미래에 우주 왕복화물선에 편리한 계측계를 달면서 이러한 물체들을 가능한 한 작은 부피로 담는 방법을 발견하는 데 있다.

오늘날 시그마 타우와 그 보조장비들은 수 에이커에 달하는 부지를 차지하고 있는데, 이는 그럴 듯한 우주기지 미사일 무기라기보다는 조그마한 석유 정제 공장과 흡사한 모습이다. 사실 이는 '근본적으로 전투함'인 것이다.

그루만 회사의 기술자들이 십여 년 동안 우주기지 레이더를 연구해 왔던 롱아일랜드 베스페이지에서부터, 마틴 마리에타 회사가 1960년대 식 미사일 요격기를 다음 세대로 발전시키려 하였던 플로리다 주 올랜도에 이르기까지, 그리고 로크웰, TRW, 보잉 회사 등이 10년 이상 레이저, 전력공급장치 그리고 센서장치를 만들어냈던 서부해안 지방에 이르기까지, '별들의 전쟁'은 단순한 공상 이상의 것, 혹은 최소한 몇몇이 제안한 정치적인 행동 개시 이상의 것이라는 점은 확실하다.

- ☐ **obsolete** a. 폐용이 된, 쓸모없는
- ☐ **resonator** n. 공명자
- ☐ **shuttle** n. (베틀의) 북 vi. 북처럼 좌우로 움직이다, 왕복하다
- ☐ **cargo** n. 뱃짐, 화물
- ☐ **feasible** a. 실행할 수 있는, 가능한, 그럴싸한
- ☐ **vintage** n. 포도 수확(기), (어느 해의) 판매용 제품, 제작품
- ☐ **gambit** n. (장기에서 졸 따위를 움직이는) 시작의 첫수, 행동의 시작

Unlike their scientific colleagues at national laboratories like Los Alamos and Lawrence Livermore, however, the engineers are faced with having to make business decisions. At a time when activity on conventional military programs is already booming and highly trained technologists are in short supply, capitalism has lent a sobering dose of reality to the science-fictional promise of "Star Wars."

Some Pentagon analysts argue that missile defenses are good for Western Europe and Japan. In the long run, they hold out the promise of extending the protective umbrella to the allies as well.

But the allies did not see it this way at first, and Administration officials say that Mr. Reagan worked out a deal with Prime Minister Margaret Thatcher of Britain to patch over the disagreements. In effect, the agreement is that the allies — minus France — will publicly support research, and in return the Administration will consider decisions on the ABM treaty and deployment to be matters for allied consultations and negotiations with Moscow.

In the meantime, Britain and France are concerned that an American defensive system would make the Soviet Union develop a full-scale system that could negate French and British nuclear missiles. Their concern is that the Soviet network might not be good enough to block an American attack but might be good enough to neutralize the West European deterrent.

The allies in general are worried that in the short term, defensive systems to protect the superpowers will make Europe alone the likeliest nuclear battle-field.

Finally, West European diplomats worry that uncertainty about American plans for defenses will complicate and perhaps undermine the chances for progress on arms control and particularly on reducing medium-range nuclear forces in Europe.

그러나 로스 앨러모스와 로렌스 리버모어 같은 국립 연구소들의 동료 과학자들과는 달리, 그 기술자들은 사업 결정을 해야 할 처지에 당면하였다. 평상적인 군사 계획들이 이미 인기를 끌고 있었지만, 고도의 훈련을 받은 기술자들이 부족할 때, 자본주의는 '별들의 전쟁'이라는 공상과학적인 약속에 대해 현실의 냉정함을 부여해왔다.

몇몇 미국 국방성의 논평가들은 미사일 방위가 서유럽과 일본에게 유리할 것이라고 주장했다. 결국에는 그들의 보호적 우산을 동맹국들에게도 역시 확산하겠다는 약속을 지킬 것이다.

하지만 동맹국들은 처음에는 그것을 이런 식으로 보지 않고 있으며, 이 같은 반대들을 무마하기 위해 레이건이 영국 수상 대처와 모종의 타협을 했다고 행정부 관리들은 말한다. 사실상 합의된 내용은 동맹국들이 — 프랑스는 부정적이다 — 공식적으로 연구를 지지할 것이고 이번에는 행정부가 ABM 조약과 배치에 대한 결정들을 모스크바와 함께, 관련된 협의 및 타협의 문제로 고려할 것이라는 점이다.

그동안 영국과 프랑스는 미국의 방위 체계가 소련으로 하여금 프랑스와 영국의 핵미사일을 무력화시킬 최대 규모의 체계를 개발하도록 만들 것이라는 사실에 우려하고 있다. 그들의 우려는, 소련의 정보망이 미국의 공격을 차단할 수 있을 만큼 우수하지는 않아도, 서유럽 전쟁 억제책을 무력화시킬 만큼은 충분히 된다는 데 있다.

대개의 동맹국들은 단기간동안 초무력을 방어하기 위한 방위 계획이 유럽만을 가장 가능성 있는 핵 전쟁터로 만들 것이라고 우려하고 있다.

결국 서유럽의 외교관들은 미국 방위 계획의 불확실성이 무기억제, 특히 유럽의 중거리 핵무기 감축의 발전 기회를 복잡하게 만들고 침해하지는 않을까 우려하고 있다.

- ☐ boom n. 쿵! 하고 울리는 소리, 벼락 경기 vi., vt. 갑자기 경기가 좋아지다
- ☐ in short supply 필요한 물품이 부족하여
- ☐ sober a. 술 취하지 않은, 냉정한, 온건한
- ☐ dose n. (약의) 1회의 분량, 복용량, (형벌·싫은 일의) 한 몫
- ☐ patch v. ~에 헝겊 따위를 대고 깁다, 수선하다, 무마시키다
- ☐ deployment n. 전개
- ☐ negate vt. 무력화시키다
- ☐ deterrent a. 방해하는 n. 방해물, 고장, 억제력
- ☐ superpower n. 막강한 힘
- ☐ undermine vt. (~의) 밑을 파다, ~의 토대를 침식하다, 모르는 사이에 해치다
- ☐ medium-range 중거리

제 2 장

Barbara B. Dolan
One Miracle, Many Doubts

바바라 돌란
하나의 기적, 많은 불확실함

The dying heart was an ugly yellowish color when Dr. William DeVries finally cut it loose, tore it out of the Mercurochrome stained chest cavity, and put it to one side. For the next three hours, while a nearby heart-lung bypass machine kept the unconscious patient alive — and while a tape in the background eerily played Mendelssohn and Vivaldi — DeVries' sure hands carefully stitched into place a grapefruit-size gadget made of aluminum and polyurethane.

At 12:50 p.m. last Monday, the Jarvik-7 artificial heart newly sewn inside William J. Schroeder began beating steadily, 70 beats to the minute. When Schroeder opened his eyes 3½ hours later in the intensive-care unit, DeVries bent over his patient and whispered assurances, "The operation is all through. You did really well. Everything is perfect."

우리의 상식과는 달리 의학 연구도 사회에 부정적인 영향을 끼친다. 특정 질병의 치료법이나 예방책의 발견은 종종 병의 치료에 이용되기에 앞서 비의학적으로 오용되곤 한다. 수혈법의 발달이나 장기이식 수술의 발달로 사회 하층민은 집합적 '장기은행'으로 키워질 수 있는데, 이는 상습 매혈자 등에서 볼 수 있다. 의학 공급의 측면에서 볼 때 의학 지식의 분배 또한 불공평하고 계층 편향적임을 알 수 있는데, 이제 우리가 직면한 가장 중요한 문제는 궁극적으로 의학 문제 자체가 정치적이라는 사실을 인식하는 것이다.

윌리엄 드브리스 박사가 죽어 가는 심장을 마침내 장기로부터 절단하고, 머큐로크롬으로 염색된 흉강으로부터 뜯어내어 한쪽에 놓았을 때 그 심장은 보기 흉한 노란색이었다. 그 후 세 시간 동안, 근처의 심장·허파 보조 기계가 무의식 상태인 환자의 생명을 유지하고, 뒤편에서는 녹음테이프로 멘델스존과 비발디의 곡이 섬뜩하게 연주되는 동안, 드브리스는 실수 없이 조심스럽게 알루미늄과 폴리우레탄으로 만들어진 포도 크기의 장치를 꿰매 넣었다.

지난 주 월요일 오후 12시 50분 윌리엄 쉬로이더 씨 몸속에 봉합된 자빅 7형 인공심장이 안정적인 속도로 뛰기 시작했다. 분당 70회의 박동수였다. 3시간 반 지나 쉬로이더가 중환자실에서 눈을 떴을 때, 드브리스 박사는 그에게 허리를 굽혀 확신 있게 속삭였다. "수술은 모두 끝났소. 당신은 정말 잘해냈어요. 모든 것이 완벽하오."

- ☐ cut loose 사슬을 끊다, 도망가다
- ☐ tear out ~을 뜯어내다
- ☐ bypass a. 보조의
- ☐ eerily ad. 섬뜩하게, 무시무시하게, 무서워하여
- ☐ gadget n. 장치, 부속물

So, for only the second time in history, a human heart had been permanently replaced by a machine. Like a landing on the moon or a close-up photograph of Saturn's rings, it was an event that seized the world's imagination, arousing once again a sense of shuddering awe at the incredible powers of technology, a sense that almost anything is possible, almost anything that can be imagined can be done.

Though nobody could predict how long the aging and diabetic Schroeder would survive — his only predecessor, Dr. Barney Clark, died after a courageous 112-day struggle last year — he was reported at week's end to be doing "beautifully" (*see following story*). But even if Schroeder dies soon, there will be more such operations, and even more complicated ones, in the near future.

The Humana Hospital Audubon in Louisville, where the operation took place, has received permission from the Food and Drug Administration to perform another five artificial-heart implants. One candidate is now in the hospital for evaluation, but will most likely be turned down. At the same time, two Southern girls are scheduled for complex variations of organ replacements this month. Cynthia Bratcher, 6, of Scottsville, Ky., will be taken to Birmingham for an operation that will install a second heart inside her. Meanwhile, Mary Cheatham, 17, of Fort Worth, will go to Pittsburgh for simultaneous transplanting of heart and liver. (The first recipient of such a double transplant, Stormie Jones, 7, of Cumby, Texas, is still doing well after ten months.)

역사상 두 번째로 인간의 심장이 영구히 기계로 대체되었다. 달에 착륙한 것, 또는 토성의 테를 가까이에서 사진 촬영한 것과 같은 사건은 세계의 상상력을 강타한 사건이었는데, 다시 한 번 믿을 수 없을 만한 기술의 힘에 대한 몸서리쳐지는 경외감과 거의 모든 것이 가능하고, 상상할 수 있는 거의 모든 것이 실행될 수 있다는 느낌을 불러 일으켰다.

나이 든 당뇨병 환자인 쉬로이더 씨가 얼마나 오래 살지 비록 아무도 모르지만 — 그의 선행자 바니 클라크 박사는 작년 112일간의 용감한 투쟁 끝에 죽었다 — 사람들은 주말에 그가 '아름답게'잘해내고 있다고 보고했다. 그러나 쉬로이더 씨가 곧 죽더라도 이와 같은 수술은 더 많아질 것이며 가까운 미래에 더 복잡한 수술도 늘어날 것이다.

이 수술이 이루어졌던 루이즈빌의 후마나 병원은 식품 및 약품 관리국으로부터 이 외 다섯 번의 인공심장이식을 수행할 수 있도록 허락을 받았다. 한 명의 환자가 수술 여부 검사를 위해 현재 이 병원에 있는데 그는 수술을 받지 못하게 될 것 같다. 또 두 명의 남부 출신 소녀들이 이번 달에 기관 대체의 복잡한 변형들을 계획하고 있다. 켄터키 주 스코트빌 출생인 6세의 신시아 브래처는 체내에 두 번째 심장을 장치하는 수술을 받기 위해 버밍햄으로 옮겨 갈 것이다. 한편 포트워스에 사는 17세의 메리 치담은 동시에 심장과 간을 이식하기 위해 피츠버그로 갈 것이다. (두 가지 이식을 한 첫 번째 환자인 텍사스 주 컴비에 사는 7세의 스토미 존스는 10개월이 지났어도 아직 잘 지내고 있다).

- ☐ seize vt., vi. 붙들다, 파악하다, 엄습하다
- ☐ arouse vt., vi. 자극하다, 각성하다
- ☐ shuddering a. 몸서리치는
- ☐ diabetic a. 당뇨의 n. 당뇨병 환자
- ☐ turn down 접다, 엎어놓다, 거절하다, 불을 작게 하다
- ☐ install vt. 설치하다, 취임시키다, 자리에 앉히다
- ☐ recipient a. 받는 n. 받는 사람, 수령인

In what should be a time for congratulations and rejoicing, it may seem carping to raise questions about the value of such spectacular operations, yet that is exactly what a number of medical experts were doing last week. They did so because they feel serious doubts about the whole course of high-technology medicine, doubts about cost, ethics, efficiency and simple justice.

On a narrow technical level, this is partly a continuing debate about the comparative merits of transplanted human hearts vs. mechanical hearts (not to mention animal hearts like the one that kept Baby Fae alive for three dramatic weeks). When Dr. Christian Barnard began performing some of the world's first heart transplants in 1967, such efforts usually ended in failure and death because the patient's immune system rejected the implanted heart. But the development in 1980 of the antirejection drug cyclosporin has brought a drastic change. More than 200 heart transplants a year are now being performed in the U.S. alone, and the survival rate is about 80% for one year, 50% for five years.

"I love life," says Dr. Barnard, now 62, retired, and contemplating a third marriage (to a 21-year-old Cape Town model), "but I certainly wouldn't go for an artificial heart. A transplant, yes, but I don't fancy being attached to a machine for whatever life I have left." On a more philosophical level, some experts challenge the very idea of artificial and transplanted organs. Dr. Lewis Thomas, president emeritus of the Memorial Sloan-Kettering Cancer Center and the thoughtful author of *The Lives of a Cell*, warns that such procedures represent an "insupportably expensive, ethically puzzling, halfway technology." Says Kenneth Vaux, professor of ethics in medicine at the University of Illinois: "We are going to have to decide as a society what we want from our bio-medical projects. What kind of a person are we seeking to create? A collection of interchangeable parts you can continually change when those parts fail? An artificial person? We are going to have to temper our ambitions and learn to accept the inevitability of disease, the inevitability of death itself."

축하하고 기뻐해야 할 이때에, 이 같이 장엄한 수술의 가치에 대해 의문을 제기하는 것은 잔소리를 하는 것처럼 보일지 모른다. 그러나 그것은 바로 많은 의학 전문가가 지난주에 제기한 것이다. 그들은 첨단기술 의학의 전 과정에 대해, 비용, 윤리, 효율성과 단순한 의미에 있어서의 정의에 대해서도 의혹을 느꼈기 때문에 의문을 제기했다.

좁은 기술적 차원에서(패라는 어린이가 극적인 3주간을 살게 해준 동물 심장은 말할 것도 없고), 이식된 사람 심장과 기계 심장 중 어느 것이 더 좋은가에 대해 부분적으로 계속적인 논쟁이 바로 이것이다. 크리스티안 바너드 박사가 1967년 세계 최초로 심장이식을 몇 번 시도하였는데, 이 같은 노력은 환자의 면역 체계가, 이식된 심장 때문에 거부반응을 일으킴으로써 보통 실패하거나 죽음으로 끝났다. 그러나 1980년에 거부반응방지제인 사이클로스포린의 개발로 인해 많은 변화가 생겨났다. 미국에서만도 심장 이식을 하는 사람이 1년에 200명이 넘게 있는데 1년 생존율은 80퍼센트, 5년 생존율은 50퍼센트이다.

현재 케이프타운의 21세 된 모델과 3번째 결혼을 계획하고 있는 62세의 은퇴한 바너드 박사는 "나는 삶을 사랑한다. 그러나 나는 인공 심장을 이식받지 않겠다. 이식은 좋다. 그러나 나는 내 여생이 어떨지 몰라도 기계에 매달려서 살고 싶지는 않다."라고 말한다. 좀 더 철학적인 차원에서, 몇몇 전문가는 인공 장기와 이식된 장기라는 착안 자체에 의문을 제기한다. 슬로안 케터링 기념 암 센터의 명예회장이며 「세포의 일생」을 지은 사려 깊은 저자인 루이스 토마스는 이러한 과정이 '터무니없이 비싸고, 도덕적으로 의심스러운 반쪽 기술'을 대표하는 것이라고 경고한다. 일리노이 의과 대학의 윤리학 교수인 케네스 복스는 "우리는 생의학 계획으로부터 우리가 무엇을 원하는지 사회로서 결정해야 할 것이다. 우리는 어떤 종류의 인간을 창조하려 하는가? 어떤 부분이 고장 났을 때 계속해서 바꿀 수 있는 상호교환 가능한 부분들의 집합인가? 인조인간인가? 우리는 우리의 야망을 순화시켜야 하고 병의 불가피성, 죽음 자체의 불가피성을 받아들일 줄 알아야 한다."라고 말한다.

- ☐ comparative merits 딴 것과 비교하여 나은 점
- ☐ reject vt. 거절하다, 제거하다, 토해내다 n. 거부된 물건(사람), 불합격품(자)
- ☐ antirejection drug 반거부제(면역체계에 의해 이식된 심장에 대해 생기는 부작용을 완화 또는 제거시키는 약품)
- ☐ contemplate vt. 관찰하다, 심사숙고하다, 계획하다 vi. 명상하다
- ☐ go for ~을 가지러 가다, ~을 목표로 하다, ~의 보탬이 되다, ~로 통하다
- ☐ emeritus a. 명예 퇴직의

Colorado Democratic Governor Richard Lamm, 49, who created a furor last spring by declaring that "we've got a duty to die and get out of the way with all of our machines and artificial hearts, so that our kids can build a reasonable life," reasserted that view last week. Said he: "High-tech medicine is really the Faustian bargain, where for a few extra days of life, we have to pay the price that could bankrupt the country."

Pay the price — the argument keeps coming back to that. When people are sick, they and their families hardly question the price; somebody will have to pay — the insurance company, the Government, the hospital. Humana, for one, is waiving all heart implant fees for Schroeder and other pioneering patients, though this may serve primarily to give the institution a commanding leadership in the field of artificial hearts. But somebody does eventually have to pay.

Dr. Thomas Starzl, a noted transplant surgeon at the University Health Center in Pittsburgh, argues that "the cost of transplants is no higher than the cost of dying from severe diseases of vital organs." A patient can run up expenses of $250,000 before getting a liver transplant, Starzl points out. Nevertheless, the prices of organ transplants remain staggering: heart transplants cost somewhere between $100,000 and $200,000 (Clark's hospital bill was $200,000, not counting $9,000 for the artificial heart, $7,400 for its pump, and the $3,000 or so per year that it would have cost him to run the system if he had survived). The prices for other organs are comparable. A liver transplant costs $135,000, and a year of rehabilitation treatment can double that. Bone marrow transplants run to $60,000.

지난 봄 "우리는 죽을 의무가 있다. 우리는 우리의 모든 기계와 인공심장으로부터 벗어날 의무가 있다. 그렇게 함으로써 우리의 어린이들은 온당한 삶을 구축할 수 있다."라고 선언하여 선풍을 일으킨 콜로라도의 49세 민주당 출신 주지사 리처드 램은 지난주에도 이 같은 견해를 계속 주장했다. 그는 또 "첨단 기술 의학은 참으로 생의 얼마남지 않은 며칠을 위해 국가를 파산시킬지 모르는 비용을 지불해야 하는 파우스트적인 거래이다."라고 말했다.

비용을 지불한다 — 논의는 다시 이 문제로 돌아온다. 사람들이 병에 걸리면 병자나 가족들은 가격에 대해 거의 신경을 쓰지 않는다. 보험 회사, 정부, 병원 중 누군가가 낼 것이기 때문이다. 예를 들어 후바나의 경우 쉬로이더와 다른 선구적 환자들의 모든 심장 이식 비용을 포기하고 있다. 비록 그 덕택으로 그 병원이 인공심장 분야에서 주도적인 역할을 할 수 있다고 해도 말이다. 그러나 궁극적으로 누군가가 비용을 지불해야 한다.

피츠버그의 보건 센터에 재직 중인 유명한 기관 이식 외과의사인 토마스 스타즐은 "이식 비용은 생명 유지에 필요한 제기관이 심한 병으로 죽어갈 때에 드는 비용보다 많이 들지 않는다."라고 하였다. 스타즐은 환자가 간 이식을 받기 전에 25만 달러까지 비용이 들 수 있다고 지적하였다. 그럼에도 불구하고 기관 이식의 비용은 시빗거리다. 심장이식의 경우 그 비용은 10만 달러에서 20만 달러 사이의 액수이다. (클라크 씨의 병원비는 인공심장비 9천 달러, 심장의 펌프비 7천 4백 달러, 만약 살아 있었다면 기구를 유지하는데 필요한 매년 유지 비용인 3천 달러를 제외하고 20만 달러였다.) 다른 기관의 경우도 필적할 만하다. 간 이식은 13만 5천 달러가 드는데, 1년 동안의 회복을 위한 치료에는 이의 2배 정도가 든다. 골수 이식은 6만 달러가 소요된다.

- ☐ furor n. 벅찬 감격, 열광
- ☐ reassert vt. 다시 단언하다, 거듭 주장하다
  n. reassertion
- ☐ waive vt. 포기하다, 보류하다, 피하다
  n. waiver
- ☐ run up 뛰어오르다, (값이) 오르다, 부쩍부쩍 자라다, 결승에 지다, (기를) 올리다
- ☐ stagger vi. 비틀거리다, 주저하다, 동요하다
  n. 비트적거림, 현기증
- ☐ rehabilitation n. 복원, 복권, 회복
  vt. rehabilitate

Organ transplants are by no means the only miracle cures provided by high-tech medicine. A hemophiliac's Autoplex injections, which stimulate blood coagulation, can cost up to $100,000 to keep him alive for three months. Dialysis machines for kidney patients, which pump the blood through an artificial cleansing device, cost nearly $20,000 per year.

If there were only a few desperately ill patients to be saved, extraordinary measures could be organized to save them. At one of the Humana press conferences last week, a young woman named Theresa Garrison sat wearing a T-shirt that said HELP US HELP AMIE LIVE. Amie Garrison, 5, of Clarksville, Ind., was born without bile ducts, which drain bile out of the liver, and she will die unless she gets a liver transplant. A country-and-western band has so far helped raise $20,000, but the Garrisons also need publicity to find a liver donor.

But there are at least 150 other Amies around the country who are hoping for liver transplants, and the need for other organs runs into many thousands. Medical insurance firms generally decline payment for such operations on the ground that they are still experimental, though Blue Cross of California has paid between $95,000 and $100,000 for each of two heart transplants this year. The prospect of the Federal Government taking over the financing is none too cheering either, since the Social Security system is already staggering under a burden of an estimated $85 billion in annual medical costs.

기관 이식은 첨단 기술 의학으로 할 수 있는 유일한 치료법이 아니다. 오토플렉스를 주입하여 혈액 응고를 촉진, 혈우병 환자를 3달간 더 살 수 있게 하는데 10만 달러에 육박하는 비용이 든다. 신장 질환자들을 위해 고안된 투석 기계는 인공세척장치를 통해 피를 순환시키는 것으로 그 비용이 1년에 2만 달러 가까이 든다.

구할 수 있는 중환자가 소수밖에 없다면 그들을 구하기 위해 특별한 방법들이 마련될 수 있다. 지난주에 한 휴머너 프레스 컨퍼런스에서 "우리를 도와주세요. 에미를 살려 주세요"라고 쓴 티셔츠를 입고 테레사 개리슨이 참석하였다. 인디아나 주 클라크스빌 출신의 다섯 살난 에미 개리슨은 선천적으로 간에서 담즙을 빼내는 담관이 없는데, 간 이식을 받지 않고는 죽게 된다. 컨트리 앤드 웨스턴 악단이 지금껏 자선 공연으로 2만 달러를 도와주었으나, 개리슨 가족은 간 기증자를 찾기 위한 광고도 해야 한다.

그러나 간 이식을 희망하는 에미와 같은 사람은 적어도 150명 정도 있으며, 다른 기관의 경우 수천에 달한다. 올해에 두 개의 심장이식 각각에 캘리포니아의 청십자가 9만 5천 달러에서 10만 달러를 지급하였지만, 일반적으로 의료보험회사는 아직 실험적인 정도의 수술에 지급하는 경우가 줄어들고 있다. 1년간의 의료비용 850억 달러의 부담으로 사회보장 체제가 이미 흔들림으로 인하여 재정을 떠맡는 재무국의 예상은 대단히 암울하다.

- ☐ hemophiliac n. 혈우병 환자 a. 혈우병의
- ☐ coagulation n. 응고(작용), 응고물
- ☐ bile duct 담관
- ☐ drain vt. 배수하다, 짜내다, 다 써버리다 vi. 흘러 없어지다, 배수하다
- ☐ publicity n. 널리 알려짐 opp. privacy 사생활
- ☐ run into ~에 뛰어들다, ~에 달하다, ~와 충돌하다
- ☐ on the ground 즉석(현장)에서
- ☐ take over 양도받다, 접수하다

제 3 장 

Bio-Warfare

생물학전

Last August, as the 98th Congress was struggling to conclude its work and leave town, John Quetsch, an acting assistant secretary of the Army, asked the House and Senate appropriations committees for routine approval to reallocate $66 million. In a letter, he said that the Pentagon wanted to take funds from existing programs and spend them on new troop housing in Europe, a parking garage in upstate New York, a new physical fitness center in rural Pennsylvania, and an aerosol test facility in Utah, among other minor projects.

In accordance with standard congressional procedures, Quetsch's request was reviewed only by the chairmen and ranking minority members of the subcommittees on military construction. There were no formal votes, no hearings, and no debates. Senator James Sasser, one of the four members involved, recalls that "it was all fairly straightforward. Nothing on the list seemed troublesome or unusual." Like his three colleagues, Sasser quickly signaled his assent, and the reallocation was legally authorized.

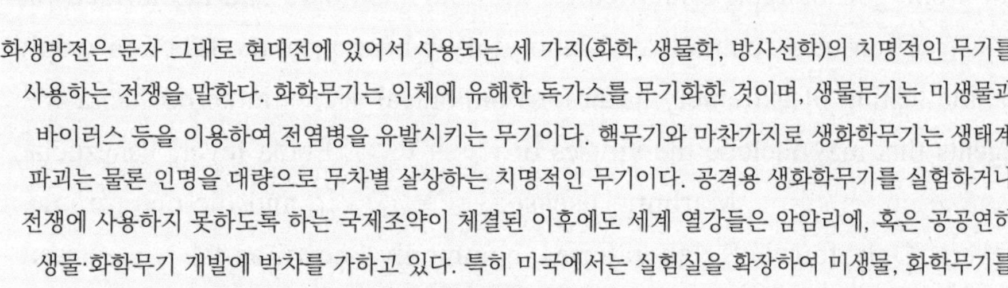

화생방전은 문자 그대로 현대전에 있어서 사용되는 세 가지(화학, 생물학, 방사선학)의 치명적인 무기를 사용하는 전쟁을 말한다. 화학무기는 인체에 유해한 독가스를 무기화한 것이며, 생물무기는 미생물과 바이러스 등을 이용하여 전염병을 유발시키는 무기이다. 핵무기와 마찬가지로 생화학무기는 생태계 파괴는 물론 인명을 대량으로 무차별 살상하는 치명적인 무기이다. 공격용 생화학무기를 실험하거나 전쟁에 사용하지 못하도록 하는 국제조약이 체결된 이후에도 세계 열강들은 암암리에, 혹은 공공연히 생물·화학무기 개발에 박차를 가하고 있다. 특히 미국에서는 실험실을 확장하여 미생물, 화학무기를 개발하고 있는데, 자국 내의 비난 여론에도 불구하고 공식적인 예산안을 의회에 신청하고 있다.

지난 8월, 제98차 의회가 회기 내 의안들을 처리하고 폐회를 서두를즈음, 육군성 차관 존 퀘치는 상원과 하원의 세출위원회에 66만 달러 추가예산에 대한 관례적인 승인을 요청했다. 그 청구서에서 그는 국방성은 기존의 계획에 쓰일 예산을 가져와 다른 작은 계획들 중에서 유럽에서의 새로운 병영 설치, 뉴욕의 주차 정비소, 펜실베이니아 근교의 새로운 체력단련센터, 그리고 유타주의 에어로졸 실험실에 쓰기를 원한다고 말했다.

통상적인 의회 절차에 따라 퀘치의 요청은 의장과 군대 건설 담당 소위원회의 몇몇 위원들에 의해 검토되었다. 형식적인 투표나 공청회, 논쟁 등이 없이 순조롭게 통과되었다. 그 위원회의 네 구성원 중 한 명인 상원의원 새서는 "모든 것이 잘 돼 나갔다. 그 청구서에는 문제점이나 별다른 내용이 없었다."라고 말하였다. 다른 세 명의 위원처럼 새서도 신속히 찬성했고 그 추가 예산은 합법적으로 통과되었다.

- ☐ leave town에서 town은 국회가 있는 Washington을 의미한다
- ☐ House n. 하원 cf) senate 상원
- ☐ appropriation n. (의회의 승인을 받는) 정부 지출금, 지출예산안, 전유, 충당
- ☐ reallocate vt. 재할당하다, 재배치하다
- ☐ upstate a. 대도시에서 먼 n. 시골
- ☐ aerosol n. 에어로졸, 분무질
- ☐ authorize vt. 권위를 부여하다, 인정하다

Only later did Sasser realize that Congress had thereby signed off on an unprecedented expansion of the Army's biological weapons research program, which is fast becoming one of the most controversial items in the Pentagon budget. Specifically, the four members had authorized the construction of a sophisticated laboratory whose primary function would be the testing of extremely hazardous biological agents in aerosol sprays — agents that may include the viruses of Lassa fever, Ebola fever, Venezuelan equine encephalitis, Marburg disease, yellow fever, and the hemorrhagic fevers. Only four U.S. laboratories, commonly known as P4 containment facilities and designed according to the most stringent government safety standards, are capable of studying these highly infectious, lethal agents at present.

Sasser is not one of the Senate's more showy members, not one of its more iconoclastic. But when he discovered the remarkable capabilities of the Army's new "aerosol test facility" last month, he took the extraordinary action of withdrawing his approval for the reallocation of Army funds. In so doing, he set off a vigorous political and scientific debate.

Sasser is principally concerned that the lab will enable the Pentagon "to test offensive biological and toxin weapons," which are banned by a 1972 international treaty. In a lengthy written statement designed to allay his concern, Pentagon officials vigorously deny that such testing will be conducted. "Absolutely no work is being done to develop, manufacture, store or weaponize biological warfare agents," the statement says.

Nevertheless, Sasser's anxiety is shared by some prominent micro-and molecular biologists. Most believe either that the lab is unnecessary or that it could be misused without vigorous independent oversight.

얼마 후 새서는 의회가 예상치 못했던 육군성의 생물무기 개발을 확장시키는 계획을 인준했음을 뒤늦게 깨달았는데, 이는 곧 국방성 예산에서 가장 논란되는 항목들 중의 하나로 급부상되었다. 특히 네 명의 위원들은 지극히 위험한 분무식 생물 작용제 — 라사열, 에볼라 열병, 베네수엘라 말 뇌염, 마르부르크병, 황열, 출혈열 등의 바이러스를 포함한 작용제 — 를 실험하는 것이 중요 기능인 정교한 실험실 건설을 승인한 것이었다. 일반적으로 P4 억제 실험실로 알려졌고, 정부의 가장 엄격한 안전관리에 의해 설계된 네 개의 실험실만이 이러한 전염성 있고 치명적인 작용제를 현재 연구할 수 있는 것이다.

새서는 상원의 두드러진 인물이거나 진보 세력의 일원은 아니다. 지난달 육군성의 주목할 만한 새로운 '분무 가스 실험' 위력을 인식한 뒤, 그는 육군성 예산의 재할당에 대한 승인을 거부하는 이색적인 행동을 취하였다. 그렇게 함으로써 그는 활발히 정치적이고도 과학적인 논쟁을 불러 일으켰다.

새서는 국방성이 1972년 국제조약에서 금지된 '공격용 미생물과 독극물 무기를 실험하는데 있어서' 그 실험실을 사용하게 될 것임을 주로 우려하고 있다. 국방성의 관리들은 새서의 우려를 무마시키기 위한 긴 내용의 성명서에서 그러한 실험이 이루어지는 것을 완강히 부인하고 있다. "절대로 생물 작용제를 개발하고 만들거나, 저장하지도 않고 있으며, 그것을 무기화하는 어떤 실험도 진행하고 있지 않다."라고 발표하였다.

그럼에도 불구하고 새서의 이런 우려에 대해 저명한 미생물학자 및 분자 생물학자들 역시 공감하고 있다. 많은 학자들이 실험실이 불필요하며, 강력한 자체적 감독을 하지 않으면 실험실이 잘못 사용될 수도 있다고 믿고 있다.

- ☐ sign off 서명하다, 양도하다
- ☐ unprecedented a. 예상치 못한 = unexpected
- ☐ agent n. 작용제, 행위자, 대리인 n. agency
- ☐ Lassa fever 라사열(서아프리카의 바이러스성 열병)
- ☐ equine a. 말의, 말 같은
- ☐ encephalitis n. 뇌염
- ☐ yellow fever 황열병
- ☐ hemorrhagic a. 출혈의
- ☐ containment n. 견제, 억제, 봉쇄
- ☐ lethal a. 치사의, 치명적인 cf) lethargic 혼수 상태의
- ☐ showy a. 눈에띄는, 눈부신
- ☐ iconoclastic a. 우상파괴의, 인습타파의 n. iconoclasm n. -clast 우상파괴자
- ☐ allay vt. 진정하다, 가볍게하다
- ☐ molecular a. 분자의, 분자로된 n. molecule

In the statement submitted to Congress, the Army explains that two existing test chambers, constructed in the 1960s, are grossly underpowered, lack adequate air filtration and sampling equipment, cannot be readily decontaminated, and are too small for tests involving modern tanks, armored personnel carriers, and mobile communications vans. The Army also notes that the existing chambers are unsuited "for testing today's thickened agents" — lethal chemicals encased in a gel-like substance for added endurance. One major piece of the modernization program is the construction of a new chamber for chemical weapons tests, capable of simulating arctic and tropical climatic conditions.

Matthew Meselson, a professor of biochemistry and molecular biology at Harvard University, questions whether such a sophisticated laboratory is needed to conduct purely defensive biological research. Roy Curtiss, a professor of molecular biology and chairman of the biology department at Washington University, agrees. "We know a good deal about the likely biological warfare agents, and one can easily choose nonpathogenic agents with the same size and molecular properties," he says. "If the only goal is to test the adequacy of defensive equipment, protective clothing, and decontamination procedures, I don't see the need for a P4 lab. It's overkill and it's not good science."

의회에 제출된 보고서에서 육군성은 1960년대에 만들어진 기존의 두 실험실은 아주 저출력인데다 공기 정화가 불충분하며 표본 추출 장치 역시 부족해서 쉽사리 정화되지 못한다고 설명하고 있다. 또한 최신의 저장 탱크와 방호복을 입은 직원을 수송하는 장치 그리고 이동식 통신실은 운반차와 관련된 실험을 하기에는 너무 실험실이 작다고 하고 있다. 계속해서 지금의 실험실은 "오늘날 사용하는 농축된 작용제 — 치명적인 화학물질은 내구성 있는 고체 같은 물질에 들어 있다 — 를 실험하기에 부적합하다"고 말하고 있다. 현대화 계획의 주요한 부분은 화학무기를 실험할 수 있어야 하며, 북극과 적도 기후와 유사한 조건을 갖춘 실험실을 만드는 일이라는 것이다.

하버드의 생화학 및 분자생물학 교수인 메셀슨은 방어 자체가 목적인 생물학적 연구를 하는 데 있어서 그런 정교한 실험실이 왜 필요한지 의심스러워하고 있다. 워싱턴 대학의 분자생물학 교수이며 생물학 과장 로이 커티스 역시 다음과 같이 위의 입장에 동의하고 있다. "우리는 예상되는 생물학 작용제에 대해 잘 알고 있다. 같은 크기와 분자 특성을 지닌 비병원성 제제를 누구나 쉽게 선택할 수 있다. 만약 적절한 방어용 기기와 방호복 및 오염물 정화 공정을 실험하는 것이 목적이라면, P4 실험실이 왜 필요한지 모르겠다. 그것이야말로 대량학살이며, 그것은 진정한 과학이 아니다."

- ☐ submit vt. 제출(제시)하다, 복종시키다 n. submission
- ☐ chamber n. 방, 의회
- ☐ grossly 크게, 심히
- ☐ filtration n. 여과(법), 정화 v. filtrate
- ☐ decontaminate vt. 오염을 면하다, 정화하다, 독가스를 없애다
- ☐ van n. 선봉, 주동자
- ☐ encase vt. 상자 따위에 넣다, 싸다 syn. incase 넣다
- ☐ gel-like a. 겔 같은, 고체 상태의
- ☐ simulate vt. ~인 체하다, 모의실험하다 n. simulation a. simulant
- ☐ arctic a. 북극의, 한 대의, 극한의
- ☐ biochemistry n. 생(물)화학
- ☐ good deal 다량의, 상당한
- ☐ pathogenic a. 발병시키는, 병원균의 n. pathogene
- ☐ overkill n. 과잉 살상(력), 대량 학살

제 4 장

David Bull
A Growing Problem: Pesticides and the Third World Poor

데이비드 불

커가는 문제: 농약 공해와 제3세계의 빈곤

The usual concept of the Third World's poor concerns the things they have and, more often, the things they do not have — they are seen as frustrated consumers. But they are also producers. They often work long and hard in the heat and the dust. And yet, too often, their reward is hunger and ill-health.

Consumers in the rich world greatly depend on the produce of the Third World's agricultural workers. Without them the supermarket shelves would be bare of tea, coffee, cocoa and bananas. Cotton would be in short supply and there would be no rubber for the tyres of bicycles or cars. Of course, there are now artificial substitutes for some of these products, but the poor still provide many things which rich world consumers value in their daily lives.

제2차 세계대전 이후 인구 폭발에 따른 식량 문제를 해결하기 위하여 선진국에서는 다수확 품종을 개발했고 그것은 제3세계로 보급되기 시작했다. 개량된 품종은 재래적인 농법에 비해 2~3배의 생산 증가가 이루어졌다. 그러나 과다한 농약 살포의 과정에서 농민들 대부분이 농약 중독 피해를 받고 있을 뿐만 아니라 그 농약이 농작물에 잔류하여 우리의 식품에, 식탁에 높은 농도를 보이고 있어 충격을 더해주고 있다. 세계보건기구에 의하면 세계에서는 해마다 1만 명이 살충제 중독으로 죽어 가고 있다고 한다. 결국 비료를 생산하는 다국적 기업의 무분별한 이윤 추구 활동의 결과, 제3세계 농민 및 소비자들은 농약 중독의 위험 속에서 살아가고 있다.

제3세계의 빈민들에 관한 일반적인 개념은 그들이 소유한 사물, 또 보다 빈번히 그들이 소유하지 못한 사물과 관계된다 — 그들은 욕구 불만에 가득 찬 소비자처럼 비춰진다. 그러나 그들은 또한 생산자이기도 하다. 그들은 더위와 먼지 속에서 종종 장시간 고된 일을 한다. 그렇지만 그들에게 돌아오는 대가는 곧잘 대부분 배고픔과 악화된 건강뿐이다.

부유한 세계의 소비자들은 제3세계 농민들이 생산한 농산물에 크게 의존하고 있다. 그들이 없다면 부국 슈퍼마켓의 진열대에는 차, 커피, 코코아와 바나나 등이 보이지 않게 될 것이다. 면화는 공급이 부족하게 될 것이고 자전거나 자동차의 타이어에 필요한 고무 역시 그러할 것이다. 물론 이들 천연 산품 중 몇 가지에 대한 인공적인 대체물이 현재 존재하기는 하지만, 제3세계 빈민들은 아직도 부유한 세계의 소비자들이 일상생활에서 소중히 여기는 많은 물건들을 공급하고 있다.

- ☐ frustrated a. 실망한, 욕구불만의 vt. frustrate
- ☐ cotton n. 면화 vi. 일치하다(with), 친해지다(to, with)
- ☐ rubber n. 고무 vt. (천 따위에) 고무를 입히다

It is easy to take the labour of the poor for granted, yet all the products mentioned, and many more, are produced at some risk to the workers. Attempts to increase the productivity of agriculture have also made it more hazardous.

New techniques and ideas are being introduced into Third World agriculture which have a profound effect on the socio-economic position of agricultural workers, on their health, and on the productivity of the land.

One central aspect of these changes common to virtually every country is the arrival and increasing use of chemical pesticides. The ravages of pests(insects, weeds, plant diseases etc.) need to be controlled. Pesticides bring a promise — a promise of higher yields, of more food for the hungry, and of freedom from the diseases spread by insects — in short, the promise of an easier and a better life. But pesticides also bring a new hazard into the lives of agricultural workers.

Pesticide poisoning cases in the Third World occur in a variety of ways. Farm workers mixing and applying these chemicals or entering fields after spraying are the group most at risk. Other people, working in formulation factories or for anti-malaria programmes, may also be exposed in the course of their work. It has been estimated that around 40% of accidental poisonings are occupational. Other cases include children drinking pesticides by mistake, families using pesticide containers for storing food or water, and the contamination of food during transport or storage. In all these cases, the common cause is the availability, often with very little effective restriction or control, of very toxic pesticides in conditions where the necessary safety precautions are highly unrealistic.

빈민의 노동을 당연한 것으로 여기기는 쉬우나, 언급했던 생산품들 모두, 아니 그보다 많은 생산품들이 그들이 겪는 위험 속에서 생산되고 있다. 농업 생산성을 높이려는 시도는 또한 그들이 겪는 위험을 더 위험한 것으로 만들어 왔다.

농민들의 사회·경제적 지위와 그들의 건강, 그리고 토지 생산성에 지대한 영향을 미칠 수 있는 신기술과 계획들이 제3세계 농업에 이입되고 있다.

사실상 모든 나라에 공통되는 이들 변화 중 한 가지 중요한 측면은 화학 살충제의 출현과 사용 증대이다. 해충(곤충, 잡초, 식물의 질병 등등)에 의한 황폐화는 통제를 필요로 한다. 살충제는 희망 — 더 높은 수확, 기아를 면해 줄 더 많은 식량, 그리고 곤충들에 의해 만연되는 질병으로부터의 자유에 대한 희망 — 간단히 말하면, 보다 안락하고 더 좋은 삶에 대한 희망을 가져다준다. 그러나 살충제는 또한 농민들의 삶 속에 새로운 위험을 가져다준다.

제3세계에서 살충제가 해를 입히는 경우는 매우 다양한 경로를 통해 일어난다. 이들 화학물질을 혼합하고 사용하거나, 화학물질이 뿌려진 이후 논에 들어가는 농민들이 위험에 가장 많이 노출되어 있는 집단이다. 제조 공장이나 말라리아 퇴치 계획에 참여하여 일하고 있는 다른 사람들 또한, 그들의 작업 과정 중에 위험에 노출되어 있다. 불의의 중독 사고의 약 40퍼센트는 직업상의 일로 일어나는 것을 추정한다. 또 다른 사례로는, 어린아이들이 실수로 농약을 마시거나, 가정에서 음식이나 식수를 저장하는 데 농약병을 사용하거나, 유통이나 저장 중에 식품이 오염되는 일 등을 들 수 있다. 이들 모든 경우에 공통적인 원인은, 반드시 필요한 안전 예방책이 아주 비현실적인 조건하에서 매우 효과적인 방지책과 통제가 거의 없는 독성 살충제 사용에 있다.

- ☐ hazardous a. 모험적인, 위험한, 아슬아슬한
- ☐ virtually ad. 사실상, 실질적으로
- ☐ ravage n. 파괴, 황폐 vt. 휩쓸다, 파괴하다
- ☐ pesticide n. 살충제
- ☐ estimate vt. 평가하다, 추정하다
- ☐ occupational a. 직업의, 직업 때문에 일어나는
- ☐ contamination n. 오염하는(되는) 일
- ☐ precaution n. 조심, 예방책

In most Third World societies the number of people who have the training and equipment for safe use of the more toxic pesticides is relatively small. Yet many of these pesticides, restricted on safety grounds in the rich countries, are freely available in the poor, where the risks are greatest. The combination of heat, malnutrition and the burden of disease makes Third World farm workers and their families especially susceptible to the hazards of pesticides.

"Well nourished, comfortably housed workers, enjoying adequate rest and hygiene, are less vulnerable to toxic chemicals than persons who are burdened with malnutrition, disease and fatigue,"
says ILO's Guide *to Health and Hygiene in Agricultural Work.*

Yet the Third World farm worker is usually denied access to the protective clothing which in rich countries is accepted as essential for the safe use of pesticides. Even where protective clothing is available, the poor cannot afford to buy it and the heat makes it almost impossible to wear, except for short periods in the cooler part of the day, or at altitudes where temperatures are milder.

In Malnad, as in many other parts of Asia, fish and other aquatic organisms have died as a result of pesticideapplications. In the rich world action has been taken to prevent damage to the environment caused by pesticides, but while the death of fish in a rich world river may mean little more than the loss of a day's pleasure for an angler, for the Third World's poor it can be literally a matter of life and death.

대부분의 제3세계 사회에서 독성 살충제를 안전하게 사용하기 위한 훈련을 받거나 장비를 갖춘 사람들의 수는 상대적으로 적다. 그러나 부유한 나라들에서는, 안전한 분야만으로 사용이 제한되어 있는 이들 살충제 중 많은 것이 가난한 나라에서는 무차별적으로 사용되어 위험이 극대화되고 있다. 더위, 영양실조 그리고 질병 부담의 중첩은 제3세계의 농민과 가족들을 살충제의 위험에 특별히 영향 받기 쉽게 만든다.

"영양이 좋고, 편안한 생활을 하는 사람들은 적당한 휴식과 건강법을 즐길 수 있어 영양실조, 질병, 피로의 부담을 안고 있는 사람들보다 독성 화학물질의 공격을 덜 받는다."
「(농업노동에서의 건강과 위생법에 대한 ILO의 지침」중에서)

그러나 제3세계 농민들은 보통, 부유한 나라에서 살충제의 안전한 사용을 위해 필수적인 것으로 받아들여지고 있는 보호 복장을 착용 할 수 없다. 설령 보호 복장이 사용될 수 있는 곳이라해도, 가난한 농민들은 그것을 살 여유가 없으며 더위로 인해 하루 중 서늘한 때의 짧은 시간 혹은 기온이 온화한 고도를 제외하는 착용이 거의 불가능하다.

말나드에서는 아시아의 많은 여타의 지역에서 그렇듯이, 어류나 다른 수생생물들이 살충제의 사용으로 인하여 죽어 가고 있다. 부유한 세계에서는 살충제에 의해 야기되는 환경파괴를 방지하는 조치가 취해져 왔다. 그러나 부유한 세계의 강에 사는 물고기의 죽음이 낚시꾼에게 있어 하루 위안의 상실을 의미하는 데 불과한 반면, 제3세계 빈민에게 있어 그것은 실제로 사실상 삶과 죽음의 문제가 될 수도 있다.

- ☐ **malnutrition** n. 영양실조, 영양부족
- ☐ **burden** n. 무거운 짐, 부담 vt. ~에게 짐을 지우다(with)
- ☐ **susceptible** a. 느끼기 쉬운, (~에) 걸리기 쉬운, (~에) 영향 받기 쉬운
- ☐ **cannot afford to** ~할 여유가 없다
- ☐ **altitude** n. 높이, 고도, 높은 곳
- ☐ **aquatic** a. 수생(水生)의, 물의 cf) aquatic organism 수생물
- ☐ **angler** n. 낚시꾼

At present levels of use, the impact of pesticides on the Third World environment appears to be relatively small. But pesticide use is increasing and there are some areas where environmental effects are already appearing. The closeness of the poor to the agricultural environment makes this a problem which must be taken very seriously and dealt with before it goes any further. For rural Third World people, concern for the environment is not just a matter of 'amenity' or the enjoyment of a day out in the country. Rather, the environmental impact of pesticides can have a dramatic effect on their livelihoods, most particularly through the impact on the supply of fish and other marine life which provide food.

It is a fact that pesticides considered unsuitable in rich countries remain in use in many poor ones. Because Third World conditions differ, it is often argued that hazardous pesticides are acceptable there due to differences in the balance of costs and benefits.

Third World countries, though, often lack the scientific and financial resources to carry out such assessments in order to regulate pesticide imports and use. Indeed, they may even lack the relevant legislation under which to make such regulations. In these cases, while it is reasonable to assume that different countries will have different pesticide requirements, it is dangerous to assume that pesticides restricted in Europe or North America will be acceptable in the Third World where no cost-benefit assessment has actually been made. Indeed, it is more reasonable to assume that, if a pesticide is restricted in the rich world, it will be equally unsuitable in the poor. In fact, because Third World safety precautions are less, the first assumption should be that they need stricter regulatory safeguards.

지금의 사용수준으로 보아 살충제가 제3세계의 환경에 미치는 영향은 상대적으로 적은 것으로 보인다. 그러나 살충제의 사용은 증대되고 있으며 환경에 대해 영향이 이미 나타나고 있는 지역도 일부 있다. 가난한 사람들과 농업 환경간의 밀접함은 살충제의 사용을 매우 신중하게 받아들여 더욱 악화되기 전에 다루어야만 하는 문제로 만든다. 제3세계 농민에게 있어, 환경에 대한 관심은 교외에서의 한나절의 쾌적함이나 즐거움의 문제만은 아니다. 오히려 살충제가 환경에 주는 충격은, 식량을 제공하는 어류나 다른 해양생물의 공급에 대한 충격을 통해 아주 독특하게 제3세계 농민들의 생계에 대한 결정적인 영향을 미칠 수 있다.

부유한 나라에서는 부적합하다고 간주되는 살충제들이 많은 빈국(貧國)에서 여전히 사용되고 있는 것은 사실이다. 제3세계의 상황이 다르기 때문에 비용과 효과상의 편차로 인해 독성 살충제가 제3세계에 받아들여질 만한 것이라고 흔히 주장되고 있다.

그러나 제3세계 나라들은 종종 살충제와 수입과 사용을 조절하기 위한 그러한 평가를 수행할만한, 과학적·재정적 자원이 부족하다. 사실상 그들은 그러한 규제를 만들만한 관련 법률도 부족할지도 모른다. 이러한 경우에 상황이 다른 나라에서는 살충제의 필요성도 달라질 것이라는 가정이 합리적이라 해도, 유럽이나 북미에서 사용이 제한된 살충제들은 비용 - 편익 평가를 실질적으로 수행할 능력이 없는 제3세계에게 받아들여질 만한 것이라고 가정하는 것은 위험하다. 사실, 부유한 세계에서 사용이 제한된 살충제들은 가난한 세계에서 역시 부적합하다고 가정하는 것이 보다 합리적이다. 실제로 제3세계는 부유한 세계보다 보다 안전예방책이 보다 적으므로, 첫 번째 가정은 제3세계는 보다 엄격하게 조절할 수 있는 안전장치를 필요로 한다는 것으로 되어야만 한다.

- ☐ rural a. 시골의 opp. urban 도시의
- ☐ amenity n. 쾌적함, 기분 좋음
- ☐ livelihood n. 생계, 살림
- ☐ financial a. 재정상의 cf) ~ resources 재원
- ☐ assessment n. 사정, 평가 vt. assess
- ☐ regulate vt. 조절하다, 조정하다, 규정하다 n. regulation
- ☐ safeguard n. 안전장치

The farmers of the Third World and their governments are faced with a choice. This choice is not between pesticides and no pesticides. They can choose a hazardous and potentially ineffective or counterproductive dependence on a pest management strategy based solely on the uncontrolled application of chemicals. Or they can choose instead to opt for a pest management strategy which is both safer and more effective. Such a strategy would incorporate farmers' traditional practices instead of replacing them. It would apply only technologies which could be safely used under Third World conditions. It would reduce dependence on imported inputs and would be geared to the needs of small farmers and landless labourers. Despite the attraction and promotion of the chemical strategy, many people, including some of the farmers themselves, are beginning to realise that a change is needed.

The farmers should be actively involved in this change not simply its passive recipients. There are no panaceas, but the search is on for a better way.

Individual pesticide users have responsibility for their own safety and should ensure as far as possible that they use the products in accordance with sensible and recommended standards. They are able to exercise these responsibilities, however, only in so far as they have access to full, correct and usable information. In the Third World such information is often not available, especially to small farmers and farm labourers. Lack of literacy, equipment and services and a harsh environment make it difficult for users to follow even the advice they are given.

제3세계의 농민들과 그들의 정부는 선택의 기로에 서 있다. 이 선택은 살충제냐 아니냐의 문제는 아니다. 그들은 위험하고 잠정적으로 비효과적이거나 반생산적인 해충구제 전략에 의존하는 것을 선택할 수 있는데, 이는 단지 화학물질의 무절제한 사용에만 기초를 둔 것이다. 그 대신 보다 안전하고 효과적인 해충구제 전략을 선택할 수도 있다. 그러한 전략은 농민들의 전통적인 경험을 대체하는 대신에 그것과 결합할 것이다. 그것은 제3세계의 조건 속에서 안전하게 사용될 수 있는 기술에만 적용될 것이다. 그것은 수입된 투입량에 대한 의존을 줄이고 소농과 토지 없는 노동자의 필요에 따라 조정될 것이다. 화학 전략의 매력과 장려에도 불구하고, 농민 일부를 포함한 많은 사람들이 변화가 필요하다는 사실을 깨닫기 시작하고 있다.

농민들은 이 변화를 단순히 수동적으로 받아들이는 것만이 아니라, 이 변화에 적극적으로 참여해야만 한다. 만병통치약은 없지만 보다 좋은 방법을 위한 모색은 계속되어야 한다.

살충제를 개인적으로 사용하는 사람들은 그들 자신의 안전에 대한 책임을 가지고 그들이 섬세하고 권장된 표준에 일치하는 제품을 사용하는 것을 될 수 있는 한 지켜야 한다. 그들은 이러한 책임을 실행할 능력은 있지만, 그것은 단지 그들이 충분하고 정확하며 이용 가능한 정보에 접근할 경우에 한해서이다. 제3세계에서 그러한 정보는 거의 이용 불가능하며, 소농과 농업 노동자들에게는 특히 그러하다. 책자와 장비 및 서비스의 부족과 가혹한 환경으로 인하여, 사용자들은 그들이 받은 조언조차 따르기 어렵다.

- [ ] strategy n. 전략, 용병학 cf) tactics 전술학, 방법
- [ ] incorporate vt. 통합하다, 혼합하다 a. incorporated
- [ ] gear vt. 조정하다(to) vi. 연결되다
- [ ] promotion n. 촉진, 조장, 장려 a. promotive
- [ ] recipient a. 받는, 수령하는 n. 받는 사람, 수령인
- [ ] panacea n. 만병통치약
- [ ] in accordance with ~에 따라, ~대로, ~와 일치하여
- [ ] recommend vt. 추천하다, ~을 권하다 n. recommendation
- [ ] in so far as ~하는 한에서는
- [ ] harsh a. 거친, 사나운, 가혹한 syn. severe 엄한, 엄격한, 심한

Under these circumstances a primary responsibility for the safety and health of Third World farmers and farmworkers must lie with their employers and with their own governments. The primary responsibility for protecting the Third World consumer and environment and for defining national policies with regard to agriculture must similarly lie with the appropriate authorities in each Third World country.

Even if these duties were fully accepted and acted upon, though, there would remain a heavy burden of responsibility on the exporting countries and on the companies producing and marketing pesticides. These latter responsibilities are increased and made more critical to the extent that Third World governments and employers fail, or are unable, to fulfil their own obligations effectively.

Ideally Third World governments should enact strict legislative controls over import, formulation, distribution, advertising, promotion and use of pesticides. In addition, they should ensure adequate resources for effective enforcement of this legislation. Legislation should be complemented by an efficient and well-trained agricultural research, training and extension service especially geared to the needs of small and marginal farmers and farm labourers. In order for all these measures to be fully effective, other social and political measures would be necessary to improve the status of the rural poor through, for example, greater investment in the countryside and the redistribution of land.

Finally, there should be a primary health care system closely allied with the agricultural extension service and including specifically occupational health care — especially the prevention, recognition and treatment of pesticide poisoning.

이러한 상황하에서 제3세계 농민과 농업 노동자의 안전과 건강에 대한 근본적인 책임은 그들의 고용주와 그들 자신의 정부에 있음이 분명하다. 마찬가지로 제3세계의 소비자와 환경을 보호하고 농업에 관한 국가정책을 규정짓는 근본적인 책임 역시 제3세계 각 국가의 관계 당국에 있음이 분명하다.

비록 이들 의무가 충분히 받아들여져 수행된다 할지라도, 책임에 대한 무거운 짐은 살충제를 생산하고 판매하는 수출국과 회사들에게 남겨질 것이다. 이들 후자의 책임은 증대되고 있으며, 제3세계 정부와 고용주들이 그들 자신의 의무를 효과적으로 이행하는 데 실패하거나, 이행할 수 없는 정도까지 심화되고 있다.

이상적으로는 제3세계 정부는 살충제의 수입, 명확한 설명, 분배, 광고, 장려 및 사용에 대한 엄격한 입법상의 통제를 제정해야만 한다. 이와 더불어 그들은 이러한 입법의 효과적인 시행을 위해 적당한 수단을 보장해야만 한다. 입법은 효과적이고 잘 훈련된 농학 연구에 의해 보완되어져야 하며, 훈련과 특별 공개 봉사는 특히 영세하고 한계에 이른 농민과 농업 노동자의 요구에 부응해야만 한다. 이러한 모든 수단들이 충분히 효과적이기 위해서 농촌의 가난한 사람들의 지위를 향상시킬 수 있는, 예를 들면 지방에의 더 큰 투자와 토지의 재분배 등과 같은, 다른 사회적 및 정치적 수단들이 필수적으로 될 것이다.

마지막으로 영농 확대 서비스와 밀접한 관련이 있고 특수하게 직업적인 건강 보호 — 특히 살충제 중독의 예방, 인식, 치료 — 를 포함하는 기본적인 건강 보호 체계가 있어야만 한다.

- ☐ lie with ~의 의무이다
- ☐ with regard to ~에 대해서는, ~에 관해서는
- ☐ obligation n. 의무, 책임 syn. duty 의무, 임무
- ☐ enact vt. 제정하다, 법령화하다
- ☐ extension service 특별 (공개) 봉사
- ☐ In order for all these measures to be fully effective 구문은 In order to의 문장, for 이하를 주어처럼 해석한다.

제 5 장 

R. P. Turco
Nuclear Winter: Global Consequences of Multiple Explosion

R. P. 터르코

핵겨울: 다중 폭발로 인한 세계적인 결과

Concern has been raised over the short-and long-term consequences of the dust, smoke, radioactivity, and toxic vapors that would be generated by a nuclear war. The discovery that dense clouds of soil particles may have played a major role in past mass extinctions of life on Earth has encouraged the reconsideration of nuclear war effects.

Also, Crutzen and Birks recently suggested that massive fires ignited by nuclear explosions could generate quantities of sooty smoke that would attenuate sunlight and perturb the climate. These developments have led us to calculate, using new data and improved models, the potential global environmental effects of dust and smoke clouds (henceforth referred to as nuclear dust and nuclear smoke) generated in a nuclear war. We neglect the short-term effects of blast, fire, and radiation. Most of the world's population could probably survive the initial nuclear exchange and would inherit the postwar environment. Accordingly, the longer-term and global-scale aftereffects of nuclear war might prove to be as important as the immediate consequences of the war.

지난 1945년 나가사키와 히로시마의 원폭 투하로 인류는 전대미문의 엄청난 파괴력을 경험하게 되었다. 그 이후 계속되는 강대국 간의 핵무기 개발 경쟁으로 인류는 이른바 '핵겨울'의 공포에 휩싸이고 있다. 그도 그럴 것이 이미 보유하고 있는 핵탄두만 하더라도 1만 기를 넘어섰으며, 이를 모두 폭발시킬 경우 히로시마 표준 원폭의 60만 배가 넘는 8천 메가톤의 위력을 발휘, 세계의 모든 사람을 무려 30차례나 살육하고도 남는다. 따라서 우리는 인류 문명의 발전과 핵 대결이 갖는 함수관계를 명확히 인식하고, 오늘날 우리 사회가 당면하고 있는 갖가지 과제의 해결에 매진하여야 한다.

핵전쟁에 의해 발생할 수 있는 분진과 연기, 방사성 물질과 유독가스 등이 낳는 장·단기적 결과에 대한 우려가 고조되고 있다. 과거 지구 상의 생명체를 대량으로 멸종시키는 데 큰 몫을 한 것으로 여겨지는 토양 입자의 농축된 덩어리의 발견으로 인해 핵전쟁의 결과에 대해 재고해 볼 필요성이 고취되었던 것이다.

또한 최근 크루첸과 벅스는 핵폭발에 의해 점화된 대형 섬광이 만드는 다량의 검은 연기가 태양열을 약화시키고 기상에 이변을 초래하는 원인이 될 수 있다고 예견한 바 있다. 이러한 발달로 인해 우리는 새로운 자료와 개량된 모형을 사용하면서 핵전쟁의 결과로 생성된 분진과 연기 구름(이제부터는 핵진과 핵연기로 칭한다)이 지구의 환경에 미치는 잠재적 영향을 추정할 수 있게 되었다. 우리는 열폭풍, 화재, 방사능의 단기간의 효과는 무시하고 있다. 세계 인구의 대다수는 초기의 핵변화에서는 살아남을 가능성이 있으며, 따라서 전후의 환경을 물려 받게 될 것이다. 그러므로 핵전쟁 이후의 장기적이며 전세계적인 후유증은 전쟁의 직접적인 결과만큼이나 중요한 것으로 입증될 수 있는 것이다.

- ☐ radioactivity n. 방사능(성) a. radioactive
- ☐ toxic vapor 유독성 증기(가스)
- ☐ sooty a. 그을은, 거무스름한
- ☐ attenuate vt. 묽게 하다, 약하게 하다, 희석하다
- ☐ perturb vt. 교란하다, 혼란(동요)시키다

To study these phenomena, we used a series of physical models: a nuclear war scenario model, a particle microphysics model, and a radiative-convective model. The nuclear war scenario model specifies the altitude-dependent dust, smoke, radioactivity, and NO_x injections for each explosion in a nuclear exchange (assuming the size, number, and type of detonations, including heights of burst, geographic locales, and fission yield fractions). The one-dimensional microphysical model predicts the temporal evolution of dust and smoke clouds, which are taken to be rapidly and uniformly dispersed.

The one-dimensional radiative-convective model(1-DRCM) uses the calculated dust and smoke particle size, distributions and optical constants and Mie theory to calculate visible and infrared optical properties, light fluxes, and air temperatures as a function of time and height. Because the calculated air temperatures are sensitive to surface heat capacities, separate simulations are performed for land and ocean environments, to define possible temperature contrasts.

이러한 현상을 연구하기 위하여 우리는 일련의 물리적 모형, 즉 핵전쟁 시나리오 모형, 입자 미세물리 모형, 방사대류 모형 등을 이용했다. 핵전쟁 시나리오 모형은 (폭발의 고도, 지형적 위치, 분열 산출파편 등을 포함, 폭발의 규모, 횟수, 그리고 유형을 가정하여) 핵 변화 내에서 각각의 폭발에 따른 고도별 분진, 연기, 방사능, NO_x 가스의 주입 등을 구체화하고 있다. 일차원적 미세물리 모형은 급속히, 그리고 획일적으로 확장되는 분진과 연기 구름의 주기적 진전 상태를 예측하고 있다.

또한 일차원적 방사대류 모형(1-DRCM)은 가시 시각과 적외선 시각 특성, 빛의 유동, 공기 온도를 시간 - 고도 방정식으로 측정하기 위하여 이미 계측된 분진, 연기 입자의 크기, 분포, 그리고 시각 상수와 미의 이론을 이용하다. 한편 계측된 공기 온도는 표면 열용량에 민감하기 때문에, 가능한 온도차를 정하기 위해서는 육지와 해상의 환경에 대한 별도의 모의실험이 수행되어야 한다.

- microphysics n. 미시 물리학 opp. macrophysics 거시 물리학
- radiative-convective model R. C. M. (방사 대류 모형)
- NO_x: NO계 화합물 cf) NO_1 (일산화질소), NO_2 (이산화질소)
- detonation n. 폭발, 폭음 vt. vi. detonate
- fission n. 분열, 분체
- infrared a. 적외(선)의 opp. ultraviolet 자외(선)의
- flux n. 유동, 흐름

The studies outlined here suggest severe long-term climatic effects from a 5000-MT nuclear exchange. Despite uncertainties in the amounts and properties of the dust and smoke produced by nuclear detonations, and the limitations of models available for analysis, the following tentative conclusions may be drawn.

1) Unlike most earlier studies we find that a global nuclear war could have a major impact on climate — manifested by significant surface darkening over many weeks, subfreezing land temperatures persisting for up to several months, large perturbations in global circulation patterns, and dramatic changes in local weather and precipitation rates — a harsh "nuclear winter" in any season. Greatly accelerated interhemispheric transport of nuclear debris in the stratosphere might also occur, although modeling studies are needed to quantify this effect. With rapid interhemispheric mixing, the Southern Hemisphere could be subjected to large injections of nuclear debris soon after an exchange in the Northern Hemisphere. In the past, Southern Hemisphere effects have been assumed to be minor. Although the climate disturbances are expected to last more than a year, it seems unlikely that a major long-term climatic change, such as an ice age, would be triggered.

여기에 요약된 연구는 5천 메가톤의 핵 변화에서 야기된 극심하고도 장기간에 걸친 기후상의 결과를 제시하고 있다. 핵폭발에 의해 발생한 분진과 연기의 양과 그 특성이 모호하고, 분석에 유용한 모형이 한계가 있음에도 불구하고, 다음과 같은 가상적인 결론이 도출될 수 있다.

1) 대다수 초기 연구와는 달리, 전 세계적 규모의 핵전쟁은 기후에 중대한 영향을 미쳐 — 수주간에 걸친 상당한 지표 감광, 수개월 간 지표 기온이 빙점 이하로 내려가고, 지구의 자전 방식에 일대 혼란이 일어나고, 특정 지역 내의 기후 및 강우량이 급변하는 현상 등으로 나타나는 — 사시사철 혹독한 '핵겨울'을 낳게 된다는 점을 알 수 있다. 모형 연구가 이 효과를 양적으로 계산할 필요가 있지만, 성층권 내의 핵 잔해들이 반구 내에서 엄청난 가속도로 이동할 수도 있다. 즉 반구 사이의 급속한 혼합 작용으로 북반구에서 핵 변화가 있은 직후 남반구도 다량의 핵 잔해를 주입받게 되는 것이다. 과거에는 남반구의 영향력이 미세한 것으로 추정되고 있었다. 물론 기후상의 혼란이 일 년 이상 지속되리라고 예상되지만, 이것이 빙하기와 같이 장기 기후변화를 일으킬 것으로는 보이지는 않는다.

- ☐ tentative a. 시험 삼아, 일시의 n. 시험, 시안, 가설
- ☐ subfreeze vt. 빙점 이하로 얼리다
- ☐ precipitation n. 강우량, 투하, 낙하
- ☐ stratosphere n. 성층권
- ☐ trigger vt. 일으키다, 촉발시키다, 실마리가 되다

2) Relatively large climatic effects could result even from relatively small nuclear exchanges(100 to 1000 MT) if urban areas were heavily targeted, because as little as 100 MT is sufficient to devastate and burn several hundred of the world's major urban centers. Such a low threshold yield for massive smoke emissions, although scenario-dependent, implies that even limited nuclear exchanges could trigger severe after effects.

3) The climatic impact of sooty smoke from nuclear fires ignited by airbursts is expected to be more important than that of dust raised by surface bursts. Smoke absorbs sunlight efficiently, whereas soil dust is generally nonabsorbing. Smoke particles are extremely small (typically<1μm in radius), which lengthens their atmospheric residence time. There is also a high probability that nuclear explosions over cities, forests, and grasslands will ignite widespread fires, even in attacks limited to missile silos and other strategic military targets.

2) 만약 도심 지역이 집중적인 목표물이 된다면, 상대적으로 소규모의 핵 변화(100~1,000메가톤)로도 엄청난 기후상의 영향을 초래하게 되는데, 이는 100메가톤 정도의 적은 양으로도 세계의 주요 대도시 수백 개를 황폐화시키고 태워 버리기에 충분하기 때문이다. 비록 시나리오에 기초한 것이기는 하나, 이같이 적은 양이 거대한 핵 연기를 발산할 수 있다는 것은, 제한된 핵 변화조차 극심한 후유증을 남길 수 있다는 사실을 의미한다.
3) 공중 폭발에 의해 발화된 핵 화재에서 나오는 검은 연기가 초래하는 기후상의 영향은 지표 폭발에 의해 생긴 분진이 초래하는 기후상의 영향이 더 심각한 것으로 여겨진다. 연기가 효과적으로 태양 광선을 흡입하지만, 그 반면 토양 분진은 이를 일반적으로 흡수하지 않는다. 연기입자는 극도로 작기 때문에(1마이크로미터 이하의 반경), 대기에 머무는 시간은 연장된다. 또한 핵폭발은 도시나 삼림지대, 그리고 초원에서 대규모의 화재를 일으킬 가능성이 높은데, 이는 심지어 미사일 격납고나 여타의 전략적 군사 목표물에 대한 제한적인 공격일 때에도 그렇다.

- ☐ be sufficient to ~하기에 충분하다
- ☐ devastate vt. 유린하다, 황폐화시키다
- ☐ missile silo 미사일 기지(격납고)

4) Smoke from urban fires may be more important than smoke from collateral forest fires for at least two reasons: (i) in a full-scale exchange, cities holding large stores of combustible materials are likely to be attacked directly; and (ii) intense firestorms could pump smoke into the stratosphere, where the residence time is a year or more.
5) Nuclear dust can also contribute to the climatic impact of a nuclear exchange. The dust-climate effect is very sensitive to the conduct of the war; a smaller effect is expected when lower yield weapons are deployed and airbursts dominate surface land bursts. Multiburst phenomena might enhance the climatic effects of nuclear dust, but not enough data are available to assess this issue.
6) Exposure to radioactive fallout may be more intense and widespread than predicted by empirical exposure models, which neglect intermediate fallout extending over many days and weeks, particularly when unprecedented quantities of fission debris are released abruptly into the troposphere by explosions with submegation yields. Average NH mid-latitude whole-body gamma-ray doses of up to 50 rads are possible in a 5000-MT exchange.

4) 도시의 화재에서 유발되는 연기는 다음과 같이 적어도 두 가지 이유에서 임야의 화재에서 나오는 연기보다 심각한 것이다. (i) 전면적인 규모의 핵 변화라는 측면에서, 가연성 물질을 많이 보유하고 있는 도시가 직접 공격을 받을 가능성이 크며, (ii) 강렬한 물 바람이 성층권 내에 연기를 뿜어내며, 그 연기는 잔류 기간이 1년 이상 되기 때문이다.

5) 핵 분진은 핵 변화에 따른 기후상 영향에 있어 역시 제 몫을 할 수 있다. 분진-기후의 영향은 핵전쟁의 수행에 매우 민감하다. 보다 저급한 무기가 투입되고 공중폭발이 지표 폭발을 압도할 때에는 영향이 덜하다. 동시 다발 현상은 핵 분진의 기후 상 영향을 강화할 수 있으나, 이 문제를 다룰 자료가 충분치 못할 실정이다.

6) 특히 예기치 못한 핵분열 파편이 메가톤 미만의 폭발로도 형성되어 갑자기 대류권 안으로 밀려들어 올 경우, 여러 날, 여러 주에 걸쳐 확산될 중간 낙진의 양을 무시하고 있는 경험적 노출 모형으로 예견한 것보다는, 방사능 낙진 노출이 더욱 확산될 수 있다. 5,000메가톤의 핵 변화에서는 북반구 평균 중위도 지방에서 50rds 이상의 모든 감마선 선량이 가능하다.

- ☐ collateral a. 평행의, 부차적인, 부수적인
- ☐ combustible a. 가연성의, 타기 쉬운, 흥분하기 쉬운
- ☐ be likely to ~하기 쉬운 (= be apt to)
- ☐ deploy vt. vi. 전개하다(시키다) n. 전개 (= development)
- ☐ fallout n. 죽음의 재, 방사성 낙진
- ☐ extending over ~앞에 which is가 생략
- ☐ troposphere n. 대류권

7) Synergisms between long-term nuclear war stresses — such as low light levels, subfreezing temperatures, exposure to intermediate time scale radioactive fallout, heavy pyrogenic air pollution, and UV-B flux enhancements —aggravated by the destruction of medical facilities, food stores, and civil services, could lead to many additional fatalities, and could place severe stresses on the global ecosystem. An assessment of the possible long-term biological consequences of the nuclear war effects quantified in this study is made by Ehrlich *et al.*

Our estimates of the physical and chemical impacts of nuclear war are necessarily uncertain because we have used one-dimensional models, because the data base is incomplete, and because the problem is not amenable to experimental investigation. We are also unable to forecast the detailed nature of the changes in atmospheric dynamics and meteorology implied by our nuclear war scenarios, or the effect of such changes on the maintenance or dispersal of the initiating dust and smoke clouds.

Nevertheless, the magnitudes of the first-order effects are so large, and the implications so serious, that we hope the scientific issues raised here will be vigorously and critically examined.

7) 장기간의 핵전쟁으로 생긴 스트레스 — 저하된 광량(光量), 빙점 이하의 기온, 방사능 낙진의 노출, 심한 발열성 대기오염과 UVB 유동의 증진 — 의 상조현상은 의학 설비와 식량 저장고, 그리고 공공 서비스 등이 파괴됨에 따라 악화되어, 더 많은 참사를 일으키거나 지구의 생태계에 극도의 긴장감을 유발할 수 있다. 본 연구에서 핵전쟁이 낳는 일어날 수 있는 장기적인 생물학적 영향을 양적으로 계산해서 규명한 사람들은 엘를리히와 그의 동료들이다.

핵전쟁의 물리적·화학적 충격에 대한 우리의 추정은 필경 불확실한 것일 수 있는데, 이는 우리가 일차원적인 모형을 이용하였고, 또한 자료의 근거가 불완전할 뿐만 아니라, 이 문제가 실험적 연구에 좌지우지될 성질의 것이 아니기 때문이다. 또한 우리는 핵전쟁 시나리오 속에 함축되어 있는 대기 역학과 기상학을 통해 이러한 변화의 구체적인 특성을 예견할 수 없으며, 분진과 연기구름의 지속과 분산에 대해 미치는 이 같은 변화의 결과를 예측할 수도 없다.

그럼에도 불구하고 일차적인 결과의 영향이 너무나 크고 또한 그 함축된 의미가 너무나 심각하므로, 우리는 여기서 제기된 과학적인 문제가 활발히, 그리고 비판적으로 검토되기를 바라는 바이다.

- ☐ synergism n. 상조 현상(어떤 2가지 요인이 한꺼번에 작용하여 나타나는 효과는 각각이 나타나는 효과의 양적인 합보다 더욱 크게 나타나는 현상)
- ☐ amenable a. 양순한, 순종하는, 복종할 의무가 있는
- ☐ meteorology n. 기상학
- ☐ dispersal n. 흐뜨림, 살포, 분산

제 6 장

E. F. Schumacher
Small is Beautiful

E. F. 슈마허
작은 것이 아름답다

The modern world has been shaped by its metaphysics, which has shaped its education, which in turn has brought forth its science and technology. So, without going back to metaphysics and education, we can say that the modern world has been shaped by technology. It tumbles from crisis to crisis; on all sides there are prophecies of disaster and, indeed, visible signs of breakdown.

If that which has been shaped by technology, and continues to be so shaped, looks sick, it might be wise to have a look at technology itself. If technology is felt to be becoming more and more inhuman, we might do well to consider whether it is possible to have something better — a technology with a human face.

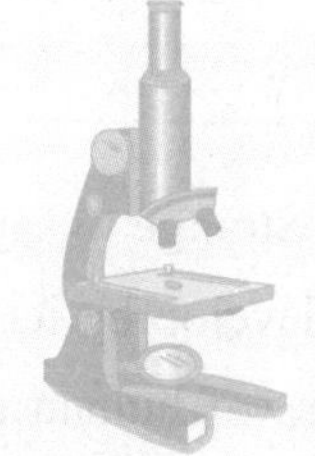

제2차 세계대전 이후 구미 제국으로부터 독립한 제3세계 국가들은 다양한 방법으로 근대화를 모색하게 된다. 그러나 이러한 근대화 방안은 국내에서의 지역 간, 계층 간 격차 확대를 초래하였다. 즉 그 성과를 독점적으로 향유할 수 있는 일부 특권계급과, 근대화와는 상관없이 농촌에서 겨우 생존을 유지해가는 계층 사이의 격차를 확대시켰던 것이다. 이러한 분위기 속에서 선진국으로부터의 기술도입에 의존하지 않고 대중노선에 입각하여 선진국과는 다른 기술개발의 방향을 모색하려는 운동이 1970년대 전반에 제3세계 각처에서 일기 시작했다. 이러한 노력의 결과 중 하나가 적정기술이라 할 수 있는데, 이 적정기술이라는 용어는 독일 태생의 경제학자 슈마허가 사용했던 중간기술에서 비롯된다.

현대 세계는 현대 세계의 교육을 형성한 형이상학에 의해 형성되었으며, 차례로 교육은 과학기술을 탄생시켰다. 따라서 형이상학과 교육까지 거슬러 올라가지 않으면, 현대 세계는 기술에 의해 형성되었다고 말한다. 이 세계는 잇따른 위기로 혼란스럽고, 모든 분야에서 재난이 예견되고 정녕 붕괴의 조짐을 볼 수 있다.

만일 기술에 의해 형성되었고 또한 계속해서 기술에 의해 형성되어 갈 이 세계가 잘못된 것으로 보인다면, 기술 자체를 진단해 보는 것이 현명할 것이다. 기술이 더욱 비인간적인 것으로 되고 있다고 느껴진다면 좀 더 나은, 즉 인간 중심의 술이 획득 가능한지를 생각해 보아야 할 것이다.

- ☐ metaphysics n. 형이상학, 순수철학, 탁상공론
- ☐ bring forth 낳다, 생기다, 나게 하다
- ☐ breakdown n. 붕괴, 파손, 좌절
- ☐ that = modern world, 뒤에 나오는 looks의 주어

Strange to say, technology, although of course the product of man, tends to develop by its own laws and principles, and these are very different from those of human nature or of living nature in general. Nature always, so to speak, knows where and when to stop. Greater even than the mystery of natural growth is the mystery of the natural cessation of growth. There is measure in all natural things — in their size, speed, or violence. As a result, the system of nature, of which man is a part, tends to be self-balancing, self-adjusting, self-cleansing.

Not so with technology, or perhaps I should say: not so with man dominated by technology and specialization. Technology recognizes no self-limiting principle —in terms, for instance, of size, speed, or violence. It therefore does not possess the virtues of being self-balancing, self-adjusting, and self-cleansing. In the subtle system of nature, technology, and in particular the super technology of the modern world, acts like a foreign body, and there are now numerous signs of rejection.

기술은 물론 인간이 만들어 내는 것임에도 불구하고, 이상하게도 기술은 그 자체의 법칙과 원칙에 의해 발전되는 경향이 있고, 인간의 본성 또는 살아 있는 자연 일반의 그것과는 대단히 다르다. 말하자면 자연은 항상 언제 어디서 그쳐야 하는가를 알고 있다. 자연의 성장이라는 신비보다 더 신기한 것은 자연의 성장 정지이다. 자연의 모든 일에는 규모, 속도, 격렬함(사물의 움직임의)의 척도라고 할 수 있는 것이 존재한다. 그 결과로 자연의 체계 — 인간은 그 일부이지만 — 는 자기 균형, 자기 조정, 자기 정화의 경향을 갖는다.

기술에는 이것이 없다. 혹은 기술과 전문화의 지배를 받고 있는 인간에게는 이것이 없다고 할 수 있을 것이다. 기술은 예컨대 규모, 속도 또는 격렬함에 있어서 어떠한 자기 제한의 원칙도 인정하지 않는다. 따라서 기술은 자기 균형, 자기 조정, 자기 정화의 미덕을 가지고 있지 않다. 자연의 신비로운 체계 속에서 기술, 특히 현대 세계의 초기 술은 이방인처럼 행동한다. 그래서 지금 대단한 거부반응이 일어나고 있다.

- [ ] those = laws and principles
- [ ] cessation n. 중지, 휴지, 정지
- [ ] self-limiting n. 자기 제한

Suddenly, if not altogether surprisingly, the modern world, shaped by modern technology, finds itself involved in three crises simultaneously. First, human nature revolts against inhuman technological, organizational, and political patterns, which it experiences as suffocating and debilitating; second, the living environment which supports human life aches and groans and gives signs of partial breakdown; and, third, it is clear to anyone fully knowledgeable in the subject matter that the inroads being made into the world's nonrenewable resources, particularly those of fossil fuels, are such that serious bottlenecks and virtual exhaustion loom ahead in the quite foreseeable future.

Any one of these three crises or illnesses can turn out to be deadly. I do not know which of the three is the most likely to be the direct cause of collapse. What is quite clear is that a way of life that bases itself on materialism, i.e. on permanent, limitless expansionism in a finite environment, cannot last long, and that its life expectation is the shorter the more successfully it pursues its expansionist objectives.

반드시 놀랄 만한 일은 아니지만 현대 기술에 의해 형성된 현대 세계는 갑자기 동시적으로 세 가지 위기에 휩쓸리고 있다. 첫째로, 인간의 본성은 비인간적인 기술과 조직, 그리고 정치의 패턴 — 이 속에서 인간은 질식하고 쇠약해진다 — 에 반항한다. 둘째로, 인간의 생명을 유지하는 생활환경은 아픔을 호소하고 신음 소리를 내며 반쯤 붕괴의 조짐을 보이고 있다. 셋째로, 자원 문제에 대해 충분히 알고 있는 사람들에게는 잘 알려져 있지만 재생이 불가능한 세계 자원, 특히 화석연료 자원의 낭비가 극도에 이르러 공급의 애로와 사실상의 고갈이 예견할 수 있는 장래에 닥치리라는 것을 잘 알고 있다.

이러한 세 가지 위기 또는 병 중에서 그 어느 것이라도 치명적인 것이 될 가능성이 있다. 세 가지 중에서 어느 것이 제일 먼저 붕괴의 직접적 원인이 될 것인지는 알 수 없다. 매우 명백한 것은 물질주의, 다시 말하면 한정된 환경 속에서의 영구적이고 무제한적인 팽창주의에 기초한 생활방식은 오래 지속될 수 없다는 것이고, 팽창주의의 목적추구가 성공하면 할수록 앞으로의 삶에 대한 기대는 더욱 충족되지 않으리라는 것이다.

- suffocate vi. 질식하다, 숨이 막히다
- debilitate vt. 쇠약하게 하다
- groan vi. 신음하다, 괴로워하다
- inroad n. 내습, 침입, 잠식, 침해
- bottleneck n. 병의 목, 좁은 통로, 애로, 장애물(= obstacle)
- loom vi. 흐릿하게 나타나다, 불안스럽게 다가오다

If we ask where the tempestuous developments of world industry during the last quarter-century have taken us, the answer is somewhat discouraging. Everywhere the problems seem to be growing faster than the solution. This seems to apply to the rich countries just as much as to the poor. There is nothing in the experience of the last twenty-five years to suggest that modern technology, as we know it, can really help us to alleviate world poverty, not to mention the problem of unemployment which already reaches levels like thirty per cent in many so-called developing countries, and now threatens to become endemic also in many of the rich countries.

In any case, the apparent yet illusory successes of the last twenty-five years cannot be repeated; the threefold crisis of which I have spoken will see that. So we had better face the question of technology — what does it do and what should it do? Can we develop a technology which really helps us to solve our problems — a technology with a human face?

As Gandhi said, the poor of the world cannot be helped by mass production, only by production by the masses. The system of *mass production*, based on sophisticated, highly capital-intensive, high energy-input dependent, and human labor-saving technology, presupposes that you are already rich, for a great deal of capital investment is needed to establish one single workplace. The system of *production by the masses* mobilizes the priceless resources which are possessed by all human beings, their clever brains and skillful hands, and *supports them with first-class tools*.

The technology of *mass production* is inherently violent, ecologically damaging, self-defeating in terms of nonrenewable resources, and stultifying for the human person.

지난 25년간의 눈부신 세계 공업 발전이 우리를 어디로 이끌어 왔는가를 물어보면 대답은 비관적이다. 어디서나 해결보다는 문제가 더 빨리 커 가고 있다. 이것은 풍요한 나라에서나 가난한 나라에서나 마찬가지인 듯하다. 지난 25년 동안의 경험을 통해 우리가 알다시피 현대 기술이 세계의 가난을 줄이는데 일익을 담당하고 있다는 사실을 보여 주는 일은 전혀 없었다. 소위 수많은 개발도상국가에서는 이미 30퍼센트에 이르고 이제는 수많은 풍요한 나라에서도 유행될 것 같은 실업문제는 더 말할 것도 없다.

어쨌든 지난 25년 동안의 명백하지만 착각하기 쉬운 성공은 다시 되풀이될 수는 없다. 내가 지적하는 세 가지 위험은 이 점에 주의를 촉구할 것이다. 그래서 우리는 기술의 문제 — 기술은 무엇을 행하고 있고 무엇을 행해야 하는가 — 를 고찰해 보는 것이 좋다. 우리들의 문제를 해결하는 데 참으로 기여할 기술, 곧 인간을 위한 기술을 개발하는 것은 가능한가?

간디가 말한 것처럼 세계의 가난은 대량 생산이 아니라 대중에 의한 생산에 의해서만 구할 수 있는 것이다. 정교하고 고도로 자본집약적이고 대량의 에너지를 소모하며 인간의 노동을 절약하는 기술을 기초로 하는 대량 생산체제는 사람이 이미 풍요해야 한다는 것을 전제로 한다. 단 하나의 공장을 세우는 데에도 많은 투자가 필요하기 때문이다. 대중에 의한 생산 체제는 모든 인간이 갖고 있는 귀중한 자원, 곧 그들의 뛰어난 머리와 솜씨 있는 손을 동원하고 최상의 도구로 머리와 손을 뒷받침해 준다.

대량 생산의 기술은 본질적으로 폭력적이고 생태계에 타격을 주며 재생불능한 자원을 낭비하며 인간성을 망친다.

- ☐ tempestuous a. 큰 폭풍우의, 격렬한, 광포한
- ☐ alleviate vt. 덜다, 완화하다
- ☐ endemic a. 한 지방 특유의, 풍토성의
- ☐ illusory a. 사람을 현혹하는, 착각하기 쉬운
- ☐ workplace n. 공장, 작업장
- ☐ priceless a. 가치를 따질 수 없는, 무한히 귀중한 (= invaluable) opp. valueless 값어치가 없는
- ☐ them = skillful hands, priceless resources
- ☐ inherently ad. 선천적으로, 본질적으로
- ☐ stultify vt. 어리석게 보이게 하다, 망쳐 놓다

The technology of *production by the masses*, making use of the best of modern knowledge and experience, is conducive to decentralization, compatible with the laws of ecology, gentle in its use of scarce resources, and designed to serve the human person instead of making him the servant of machines. I have named it *intermediate technology* to signify that it is vastly superior to the primitive technology of bygone ages but at the same time much simpler, cheaper, and freer than the super-technology of the rich.

One can also call it self-help technology, or democratic or people's technology — a technology to which everybody can gain admittance and which is not reserved to those already rich and powerful.

The real task may be formulated in four propositions:

First, that workplaces have to be created in the areas where the people are living now, and not primarily metropolitan areas into which they tend to migrate.

Second, that these workplaces must be, on average, cheap enough so that they can be created in large numbers without this calling for an unattainable level of capital formation and imports.

Third, that the production methods employed must be relatively simple, so that the demands for high skills are minimized, not only in the production process itself but also in matters of organisation, raw material supply, financing, marketing, and so forth.

Fourth, that production should be mainly from local materials and mainly for local use.

현대의 지식과 경험을 잘 이용하는 대중에 의한 생산 기술은 분산력이 있고 생태계의 법칙에 적합하며, 희소 자원의 사용에 알맞고 인간을 기계의 노예로 하는 대신에 기계를 인간에 이바지 하도록 만들어 진다. 나는 이것을 중간기술이라고 부른다. 그 뜻은 지난날의 원시적인 기술보다는 훨씬 뛰어나지만, 동시에 부유한 사람들의 초기술보다는 더 간단하고 더 값싸고 더 자유롭다는 것이다.

우리는 이 기술을 자조의 기술 또는 민주적인 기술, 사람의 기술 — 모든 사람이 얻을 수 있고 이미 부유하고 유력한 사람들을 위해 예약되어 있지 않은 기술 — 이라고 부를 수도 있을 것이다.

참된 과제는 다음 네 가지 제안으로 요약할 수 있을 것이다.

첫째, 작업장은 사람들이 주로 이주하려 하는 대도시 지역이 아니라 사람들이 사는 곳에 마련해야 한다.

둘째, 이러한 작업장은 쉽게 얻어낼 수 없을 정도의 자본축적이나 수입을 필요로 하지 않으면서도 평균적으로 값싸서 많은 양의 제품을 생산해 낼 수 있어야 한다.

셋째, 비교적 단순한 생산방식을 채용해야 하고 생산공정만이 아니라 조직, 원료의 공급, 금융, 판매, 그 밖의 문제에서도 높은 수준의 기술 수요는 최소한으로 해야 한다.

넷째, 생산은 주로 현지의 원료를 사용하고 현지용의 제품을 만들어내야 한다.

- ☐ conducive a. ~에 도움이 되는, ~에 이바지 하는
- ☐ decentralization n. 분산, 집중 배제, 지방분권
- ☐ compatible a. 모순이 없는, 일치되는, 양립할 수 있는
- ☐ intermediate technology 중간기술
- ☐ admittance n. 허가, 승인
- ☐ formulate vt. 공식화하다, 성문화하다
- ☐ proposition n. 제안, 발의, 건의, 계획, 명제
- ☐ migrate vi. 이주하다, 이동하다
- ☐ minimize vt. 최소화하다, 극소화하다

These four requirements can be met only if there is a 'regional' approach to development and, second, if there is a conscious effort to develop and apply what might be called an 'intermediate technology.'

There is ambiguity as to what counts as appropriate technology. According to Morawetz(1974), 'Appropriate technology may be defined as the set of techniques which make optimum use of available resources in a given environment. For each process or project, it is the technology which maximises social welfare if factor prices are shadow priced.'

This definition takes as given the set of techniques available, and defines appropriate technology as the best choice within the available set, using shadow prices to select that best choice. The definition is open to two objections. First, it implies that society may arrive at a unique set of social shadow prices to select the optimum technique. In reality conflicts between different parts of any given society mean that different groups have different objectives, which discredits the concept of a single set of shadow prices and a single optimum.

Secondly and particularly important in relation to discussion of technology, is the mistaken assumption of a given set of techniques. The main point of the discussion of appropriate/inappropriate technology is thereby missed; as argued earlier, the whole thrust of technological development has been such as to create an entire set of inappropriate techniques, and to leave undeveloped and underdeveloped the techniques which suit the conditions in poor countries. There are two issues here: one is the question of choice within existing techniques, or what we might describe as the 'appropriate choice,' the other is the question of the development of more appropriate techniques.

이러한 4가지 요구 사항은 개발에 대한 '지역적' 접근과 '중간기술'이라고 부르는 것을 개발하고 적용하려는 의식적 노력이 있을 때 비로소 충족될 수 있다.

적정기술이라고 여겨지는 것에는 애매함이 있다. 모라베츠(1974)에 따르면, '적정기술이란 주어진 환경 내에서 사용가능한 자원을 최적으로 이용하도록 하는 기술 체계로 정의될 수 있을 것이다. 즉 각각의 과정과 계획에 있어서, 가격 요소가 최소의 비용일 때 사회적 부를 극대화하는 기술을 말한다.'

이 정의는 이용 가능한 기술의 체계를 주어진 것으로 간주하고, 이용 가능한 체계 내에서 최상의 선택을 하는, 그리고 그 최상의 선택을 함에 있어서 최소의 비용을 지출하는 것이라고 적정기술을 정의하고 있다. 이러한 정의는 두 가지 반대에 부딪히기 쉽다. 첫째, 이 정의는 사회는 최고의 기술을 선택하기 위해 독특한 사회적 최소 비용 체계에 도달할 수도 있다는 사실을 함축하고 있다. 사실 주어진 사회의 서로 다른 부문 간의 알력은 다른 집단들이 다른 목표를 갖고 있음을 의미한다. 그런데 이 사실은 단 하나의 최저 비용 체계와 단 하나의 최적 조건의 개념을 신용하지 않는다.

둘째, 주어진 기술의 체계라는 가정은 오류라 하는 것인데, 이 사실은 기술에 대한 논의와의 관계에 있어 특히 중요한 것이다. 적정기술과 비(非)적정기술 사이의 중요한 논쟁점은 그 때문에 생략되어 있다. 즉 앞서 언급한 바와 같이 모든 기술 발전의 추진력은 온전한 비(非)적정기술 체제를 창조하는 그런 것이어 왔고, 빈곤한 나라의 조건에 알맞은 기술들을 미개발과 저개발의 상태로 버려두었다. 여기에 두 가지 문제가 있다. 하나는 이미 존재하는 기술 내에서의, 혹은 우리가 '적정 선택'이라고 묘사하는 것 내에서의 선택의 문제이고, 또 하나는 더 많은 적정기술의 발전이 문제인 것이다.

- ☐ ambiguity n. 애매함, 애매한 표현
- ☐ count as ~라고 간주되다
- ☐ optimum n. (성장의) 최적 조건 a. 최적의, 최고의
- ☐ This definition takes as given ~ as given과 the set of techniques available이 도치되어 있다. 목적어가 길 때 목적보어 뒤로 갈 수 있다.
- ☐ In reality conflicts ~, which discredits ~에서 discredits가 단수형 동사이므로 that 이하를 받고 있다
- ☐ discredit vt. 의심하다, 신용하지 않다
- ☐ secondly and particularly important ~, is the mistaken ~에서 is의 주어는 assumption 이하. 주어도 아주 길 때는 맨 뒤로 갈 수 있다. 영어에서는 주로 짧은 말이 앞에, 긴 구나 절은 뒤에 놓이는 경향이 있다.
- ☐ assumption n. 가설, 가정, 전제
- ☐ undeveloped a. 미발달의, 미개발의, 미발전의
- ☐ underdeveloped a. 저개발의, 발달이 불충분한

제 7 장 

Bill Zimmerman
People's Science

빌 짐머맨
인간의 과학

There is a wide range of activities that might constitute a Science for the People. This work can be described as falling into five broad areas:

1. **Technical assistance to movement organizations and oppressed people.**

The free people's health centers have already been described as an example of this approach. Another example would be designing environmental poisoning detection kits for groups trying to protect themselves from pollution and trying to organize opposition to the capitalist system which hampers effective solutions to pollution problems. The lead poisoning test was such an effort, and other kinds of pollution are equally amenable to this approach. These kits would have to be simple to operate, easy to construct, and made from readily available and cheap materials.

과학은 이제 생산과 이윤을 위한 '산업화 과학', 군사나 사회 관리를 위한 '체제화 과학'으로 변화되었다. 1960년대 후반의 베트남 반전운동과, 대학 투쟁 이후 체제에 종속·독점 이용되고 있는 과학과, 이 속에서 지식인으로서의 사회적 책임을 방기하고 한낱 품을 파는 인간이 되어 가는 과학자 집단에 대한 비판이 대두되었다. 이러한 비판적 조류의 하나로서 '민중을 위한 과학'을 들 수 있는데, 이는 예전에 소수 엘리트 과학자들이 과학 이용 구조 체제를 비판하던 것에서 한 걸음 더 나아가, 일반 민중들에게 올바른 과학관을 심어주고 과학에 대한 비판적 안목을 길러주며, 과학의 평가와 이용도 일반 민중들의 필요와 의견에 따라야 한다고 주장하고 있다.

민중을 위한 과학이 될 수 있는 활동은 광범위한 범위에 걸쳐 있다. 이 작업은 다음의 개략적인 다섯 가지 분야로 나누어 설명할 수 있다.

1. 운동 조직과 억압된 민중에 대한 기술 지원

무료 민중 건강 센터는 이러한 접근의 한 사례로서 이미 설명된 바있다. 또 다른 예는 환경의 독성을 탐지하는 장치를 설계하는 일일 것이다. 이것은 공해로부터 자신을 지키고 또한 공해 문제의 효과적인 해결을 방해하는 자본주의 체계에 대한 반대를 조직화하려는 집단들을 위해 제공될 것이다. 납 중독 실험은 그러한 노력의 하나였고, 이 접근은 마찬가지로 다른 종류의 공해에 적용될 수 있다. 이때 이 장비는 작동이 간단하여야 하고, 만들기 쉬우며, 쉽게 구할 수 있고 값싼 재료들로 제작될 수 있어야 한다.

- ☐ kit n. 장구, 장비, 연장, 용구
- ☐ hamper vt. 방해하다, 난처하게 하다
- ☐ amenable a. 양순한, 제재를 받아들이는

Research could be performed which would assist rank-and-file groups now attempting to organize politically in the factories. Useful information might include the correlation between industrial accident rates and the class, race, and sex of the work force, the mechanics of the unemployment compensation and accident compensation programs which more often make profits for insurance companies than help workers, the nature of union management contracts, how they have served to undermine workers' demands and how they might be made more effective, and so on. All of these projects would be examples of Science for the People as technical assistance.

2. People's research

For use in liberation struggles, self-defense techniques could be developed that would be readily available to the people, and useless to their highly technological opposition. Biologists and chemists, for example, could develop an all-purpose gas mask for which the necessary materials are simple, easy to assemble, readily available, and inexpensive. Physiologists and others could perform definitive research in nutrition and disseminate their findings so that poor and working-class people would have information on how to get the most nourishing diet for the least cost. Furthermore, such research could aid them in avoiding the possibly dangerous food additives and contaminants that are now found in most packaged foods.

현재 공장에서 정치적 조직화를 시도하고 있는 일반 시민 집단을 도와주는 연구도 수행될 수 있을 것이다. 유용한 정보들 가운데는 산업 재해율과 노동자의 계급·인종·성(性) 사이의 상관관계, 노동자를 돕기보다는 보험회사에 이익을 가져다주는 경우가 많은 실업수당과 재해보상금 계획의 메커니즘, 조합 관리 계약의 본질 및 이것들이 어떻게 노동자들의 요구를 묵살하는 데 기여했으며 어떻게 이것들을 보다 효과적인 것으로 만들 수 있는가 등이 포함될 것이다. 이러한 모든 사업들이 기술 지원으로서의 민중을 위한 과학의 사례들일 것이다.

2. 민중을 위한 연구

해방 투쟁에 사용하기 위해서, 민중들이 쉽사리 입수할 수 있고 또한 고도로 기술적인 상대편에게는 소용없는 자기방어 기술들이 개발될 수 있을 것이다. 예를 들면 생물학자와 화학자는 필요한 재료가 간단하고, 조립하기 쉽고, 손쉽게 구할 수 있고, 값싼 다목적 방독면을 개발할 수 있을 것이다. 생리학자와 여타의 학자들은 영양 섭취에 대한 명확한 연구를 수행하고 발견된 사실을 확산시킬 수 있을 것이다. 그럼으로 빈민과 노동자 계층 사람들은 가장 적은 비용으로 가장 영양이 풍부한 식품을 얻는 방법에 대한 정보를 구할 수 있을 것이다. 더욱이 그러한 연구는 그들로 하여금 현재 포장된 거의 모든 음식물에서 발견되는 위험한 식품 첨가제와 오염물질을 아마 피하도록 도와 줄 수 있을 것이다.

- ☐ rank-and-file 대중, 일반 시민, 서민
- ☐ compensation n. 보상, 변상, 보상금
- ☐ undermine vt. 손상시키다, ~의 밑을 파다
- ☐ physiologist n. 생리학자
- ☐ disseminate vt. 유포하다, 퍼뜨리다
- ☐ additive n. 첨가물
- ☐ contaminant n. 오염물, 오염균

As a minimal effort, medical researchers could begin to concentrate their work on the health needs of the poor. The causes of the higher infant mortality rates and lower life expectancy of a large part of the working class, particularly racial minorities, should get much more research attention. Occasionally funds are available for this kind of research but the class background and biases of many researchers often predispose them toward work on other problems. In addition, new ways of distributing and utilizing medical knowledge, especially with respect to prevention, must be designed.

3. Exposes and power structure research

Most of the important political, military and economic decisions in this country are made behind closed doors, outside the public arena. Questions about how U.S. corporations dominate foreign economic markets and governments, how corporate conglomerates control domestic markets and policy making, how party machines run city governments, how universities and foundations interlock with military and various social-control strategies, how the class struggle in the U.S. is blunted and obscured, etc., must be researched and the conclusions published to inform all the people.

Exemplary work of this kind has already been performed by research collectives like the North American Congress on Latin America(NACLA), the National Action Research on the Military Industrial Complex(NARMIC), the Africa Research Group and others.

최소한의 노력으로도 의료 연구원들은 가난한 사람들의 건강유지를 위해 노력을 집중시킬 수 있을 것이다. 대부분의 노동자 계층, 특히 소수 인종의 높은 유아사망률과 낮은 평균수명의 이유에 관한 연구는 더욱 주목되어야 할 것이다. 가끔 이런 종류의 연구에 대해 자금이 지원되지만, 많은 연구원들이 종종 계층적 배경과 편견으로 인해 다른 문제에 관한 연구로 기울어진다. 나아가 의료 지식 특히 예방에 관한 지식을 유포하고 활용하는 새로운 방법들이 고안되어야 한다.

3. 폭로와 권력 구조 연구

대부분의 중요한 정치·군사·경제적 결정이 미국에서는 대중이 볼 수 없는 밀실에서 이루어진다. 많은 의문들, 즉 어떻게 미국의 기업들이 외국의 경제 시장과 정부를 지배하는가, 어떻게 기업 복합체들이 국내시장과 정책 결정을 좌우하는가, 어떻게 당 조직이 시 정부를 운영하는가, 어떻게 대학과 재단이 군사전략 및 다양한 사회통제 전략들과 관련되어 있는가, 어떻게 미국에서 계층 갈등이 무디어지고 흐지부지되는가 등의 의문점들이 연구되어야 하고 그 결과가 출판되어 모든 사람들이 알 수 있게끔 해야 한다.

이런 종류의 모범적인 작업이 '남미에 관한 북미 회의', '군사복합체에 관한 행동 연구', '아프리카 연구그룹' 등의 연구 집단들에 의하여 이미 수행되어 왔다.

- ☐ bias n. 사선, 선입관, 편견
- ☐ predispose vt. ~에 기울게 하다
- ☐ prevention n. 방지, 예방
- ☐ this country 미국을 가리킴
- ☐ arena n. 활동 무대, 경기장
- ☐ conglomerate n. 복합 기업, 집합체
- ☐ blunt vt. 무디게 하다, 둔하게 하다
- ☐ obscure vt. 덮어가리다, 불명료하게하다
- ☐ exemplary a. 모범전형적인, 본보기의
- ☐ collective n. 집단공동체
- ☐ the Military Industrial Complex 군사복합체

These groups have provided valuable information for community and campus groups in campaigns such as those against university collaboration with the Indochina War and exploitation in various Third World countries, against anti-personnel weapons manufacturers (like Minneapolis Honeywell), and against specific corporations involved in particularly noxious forms of oppression (like Polaroid's large investments in South Africa and their current contract to provide the government there with photo-ID cards for all citizens which will help that government to implement more effectively its racist apartheid policy).
There is growing need for research in the biological and physical sciences to expose how the quest for corporate profits is poisoning and destroying irreplaceable and critical aspects of our environment. This information, in a form anyone can understand, should be made available to action-oriented community ecology groups.

4. Ideological struggle

Ruling-class ideology is effectively disseminated by educational institutions and the mass media, resulting in misinformation that clouds people's understanding of their own oppression and limits their ability to resist it. This ruling-class ideology must be, exposed as the self-serving manipulation that it is. There are many areas where this needs to be accomplished. Arguments of biological determinism are used to keep blacks and other Third World people in lower educational tracks, and these racist arguments have recently been bolstered by Jensen's focusing on supposed racial differences in intelligence.
The elitist biases of most American social scientists oppress students from working-class and poor backgrounds, as well as women and minorities, by failing to adequately portray their history and culture.

이러한 집단들은 다양한 운동을 벌이는 지역사회 및 대학의 집단들에 유익한 정보를 제공했다. 예컨대 그 운동들은 인도차이나 전쟁과 여러 제3세계 국가들의 착취에 대한 대학 협조에 반대하고 또 대인살상용 무기제작자들(미네아폴리스 하니웰과 같은)에 반대하며, 특히 악랄한 형태의 억압에 개입된 특정 기업들(이를테면 폴라로이드 사는 남아프리카에 대규모의 투자를 하였으며, 최근 현지정부와 모든 시민에게 사진 신분증명 카드를 발급하는 계약을 맺었다. 이 카드는 남아프리카 정부가 인종차별정책을 보다 효과적으로 수행하는 데 도움을 줄 것이다)에 반대하는 것들이다.

기업의 이익 추구가 어떻게 하나밖에 없는 중요한 우리의 환경을 악화시키고 파괴하고 있는가를 폭로할 생물학과 물리학 연구에 대한 요구가 증가하고 있다. 누구나 이해할 수 있는 형태로 만들어진 이 정보는 행동지향의 지역사회 생태학자 집단에서 이용될 수 있도록 해야 한다.

4. 이념 투쟁

지배 계층의 이데올로기는 교육기관과 대중매체를 통해 효과적으로 확산되며, 그리하여 민중은 이러한 잘못된 정보 때문에 그들 자신이 억압받고 있는 것을 이해하지 못하게 되고 그것에 저항할 역량마저 제한되게 된다. 이 지배 계층의 이데올로기는 자기중심적 조작임이 폭로되어야 한다. 이러한 요구가 이루어져야 할 많은 분야들이 있다. 생물학적 결정주의의 주장들은 흑인과 다른 제3세계 국민들을 낮은 교육 수준에 머물게 하는 데 쓰이고 있다. 이러한 인종주의자들의 주장들은 최근 인종에 따라 지능이 다를 것이라는 데 초점을 맞춘 옌센의 연구에 의해 지지되었다.

엘리트주의의 편견에 가득 찬 대부분의 미국 사회과학자들은 여성과 소수인종뿐만 아니라 노동계층과 빈민층의 학생들을, 그들의 역사와 문화를 부당하게 묘사함으로써 억압한다.

- ☐ noxious a. 해로운, 유독한, 불건전한
- ☐ racist n. 민족(인종)차별주의자
- ☐ apartheid n. (남아프리카) 인종차별정책
- ☐ irreplaceable a. 대치할 것이 없는
- ☐ critical a. 위기의, 결정적인, 중대한
- ☐ disseminate vt. 유포하다, 퍼뜨리다
- ☐ cloud vt. 흐리게 하다, 어두운 그림자를 던지다
- ☐ manipulation n. 교묘한 수작, 속임수
- ☐ bolster vt. 지지하다, 강화하다, 보강하다

Instead, bourgeois culture and ruling-class history are emphasized as if they were the only reality. This laying on of culture is particularly heavy-handed in community and working-class colleges (for an elaboration of this point, see J. McDermott, *Nation*, March 10, 1969). To combat this, the social scientist should work to make available to the people their true history and cultural achievements.

This kind of Science for the People as ideological struggle can be engaged in at several levels, from the professional societies and journals to the public arena, but for it to be most effective it should reach the people whose lives it is most relevant to, and who will use it. Those in teaching positions especially have an excellent opportunity to do this. For example, courses in any of the biological sciences should deal with the political reasons why our society is committing ecological murder/suicide.

대신 부르주아 문화와 지배 계층의 역사는 마치 그것들이 유일한 진실인 것처럼 강조되고 있다. 문화에 대한 이러한 편견은 특히 지역대학과 노동계층을 위한 대학에서 고압적이다(이러한 점에 대한 노작으로는 맥더모트의「국가」1969년 3월 10일호가 있다). 이것과 싸우기 위하여 사회 과학자는 민중들이 그들의 진정한 역사와 문화적 업적들을 손에 넣을 수 있도록 노력해야 한다.

이념 투쟁으로서 이런 종류의 민중을 위한 과학은 전문 학회와 학술지로부터 대중 무대에 이르기까지 여러 차원에서 착수될 수 있다. 그러나 이념 투쟁이 최대의 효과를 거두기 위해서는, 그것이 가장 밀접한 관련을 맺고 있는 민중의 삶에, 그것을 사용할 민중에게 도달해야 한다. 가르치는 입장에 있는 사람들은 특히 이를 실행할 훌륭한 기회를 가지고 있다. 예를 들면 생물학의 어느 강의에서든 왜 우리 사회가 생태학적인 살인/자살을 저지르고 있는가에 대한 정치적 이유들을 다루어야 한다.

- ☐ laying n. 꼬는 법, 쌓음
- ☐ heavy-handed a. 억압적인, 서투른
- ☐ elaboration n. 고심작, 노작
- ☐ relevant a. 관련된, 적절한

5. Demystification of science and technology

In the interests of democracy and people's control, the false mystery surrounding science and technology must be removed and the hold of experts on decision making must be destroyed. Understandable information can be made available to all those for whom it is pertinent. For example, the Women's Liberation Movement has taken the lead in teaching the facts about human reproductive biology to the people who need it the most for control over their own bodies. An example of this is a group of women in the Chicago Women's Liberation Union who have written a series of pamphlets on pregnancy and childbirth, giving complete medical information in language everyone can understand.

Free schools and movement publications teach courses and run articles on medical and legal first-aid, self-defense, effective nutrition, building houses, repairing cars and other necessary appliances, and so on. Much more of this kind of work needs to be done. In addition, the relevant scientific information on issues that have important political repercussions, such as radiation poisoning and pesticide tolerance, should be made available to the public.

Part of the job of demystification will have to take place internally, within the scientific community. Scientific workers themselves must expose and counter the elitist, technocratic biases that permeate the scientific and academic establishments.

5. 과학과 기술의 미신 타파

민주주의와 민중의 관리를 위해서는, 과학과 기술을 둘러싼 그릇된 신비가 타파되어야 하며, 전문가에 의한 결정 과정의 장악은 저지되어야 한다. 이해할 수 있는 정보는 그것과 관계있는 모든 사람들에게 사용 가능해야 한다. 예를 들면, 자신의 신체를 관리하기 위해 인간의 생식에 관한 생물학에 관한 사실들을 가장 필요로 하는 사람에게 그것들을 교육시키는 데 여성해방운동은 주도적 역할을 했다. 그 한 실례가 '시카고 여성해방연합' 내의 한 여성 그룹인데, 모든 사람이 이해할 수 있는 말로 완벽한 의학지식을 제공하면서 임신과 출산에 관한 소책자를 썼다.

개방학교와 운동 단체의 출판물은 응급처치, 법률상식, 자기방어, 효과적인 영양섭취, 집짓기, 자동차 수리와 다른 필요한 설비 등에 대한 강의를 하고 글을 발표한다. 더 많은 이런 종류의 작업들이 실행될 필요가 있다. 게다가, 방사선 오염이나 살충제의 내성과 같은 중대한 정치적 영향을 갖는 문제들에 관계된 과학 정보는 대중들이 손에 넣을 수 있어야 한다.

신비화를 타파하는 작업의 일부는 과학계 내부에서 일어나야 할 것이다. 과학자들은 과학계와 학계와 스며든 엘리트주의적이고 기술 관료적인 편견을 폭로하고 반대해야 한다.

- in the interests of ~을 위하여, ~의 일로
- hold n. 장악, 지배력, 위력
- pertinent a. 적절한, ~에 관한 한, ~에 속하는
- reproductive a. 생식의, 재생의, 다산의
- who need it ~에서 it은 human reproductive biology를 가리킨다.
- first-aid a. 응급의, 구급의
- appliance n. 가구, 장치, 설비
- repercussion n. 튕김, 반사, 영향
- demystification n. 탈신비화

The doctrine that problems of technology can be met with technological rather than political solutions is increasingly being incorporated into the ruling ideology. The counter argument should be made that only political reorganization will be effective in the long run, and this argument will need to be bolstered by more research. On the level of daily practice, elitist tendencies can be undermined in laboratories and classrooms by insisting that *all* workers or students participate in decision making that affects what they do and by creating conditions that insure them the information necessary to make those decisions. The elitism and hierarchical structuring of most scientific meetings and conventions can be opposed by members forcefully insisting that they be given some control over the selection of speakers and that all scheduled speakers address themselves to the political implications of their work. This is already happening with increasing frequency as radical caucuses begin to form in many of the professional associations.

The practice of Science for the People is long overdue. If scientific workers and students want to overcome the often alienating nature of their own work, their impotence in bringing about meaningful social change, their own oppression and that of most of the other people in the world, they will have to relinquish their uncritical devotion to the pursuit of new knowledge. Scientific workers must reorganize scientific work, not in terms of the traditionally defined disciplines, but according to the real problems they consciously set out to solve. The old breakdown into separate disciplines, which produces "experts" who can barely communicate with each other, must give way to new structures which allow more cooperation and flexibility, and which will undoubtedly demand the acquisition of new skills. Such work can be as intellectually stimulating as the work we do now, with the added satisfaction that it is meeting real needs of people.

기술의 문제가 정치적 해결책보다는 오히려 기술적으로 해결될 수 있다는 교의는 점차 지배 이데올로기에 편입되고 있다. 오직 정치적인 재구축만이 종국적으로 효과적일 것이라는 반대 주장이 이루어져야 하며, 이러한 주장은 더 많은 연구에 의해 보강될 필요가 있을 것이다. 일상생활의 차원에서, 실험실과 강의실에서의 엘리트주의적 경향은 '모든' 과학자와 학생이 그들이 하는 일에 영향을 미치는 결정과정에 참여해야 함을 주장함으로써, 그리고 그들에게 그러한 결정을 하는데 필요한 정보를 보장하는 조건을 만들어냄으로써 붕괴될 것이다. 대부분의 과학 회의와 집회 내에 도사리고 있는 엘리트주의와 위계 구조에 대한 반대는, 모임의 참석자들에게는 연사를 선택할 어느 정도의 권리가 있으며 모든 지정된 연사들은 모두 자신의 연구가 지니는 정치적 함의에 대해 진술해야 한다고 강력히 주장함으로써 이루어질 수 있다. 이러한 현상은 수많은 전문가 협회 안에 진보적인 간부회의가 형성되기 시작함에 따라 더욱 번번이 벌어 지고 있다.
민중을 위한 과학의 실천은 너무 늦은 감이 있다. 만일 과학자들과 학생들이 그들 자신의 연구가 종종 지니는 소외적 속성의 극복을 원하고, 의미 있는 사회 변화를 불러일으키는 데에서 드러나는 무기력함과 그들 자신과 전 세계 민중에 대한 억압의 극복을 원한다면, 그들은 새로운 지식의 무비판적 추구를 포기해야만 할 것이다. 과학자들은 과학 활동을 전통적으로 정의된 전문 분야가 아닌 그들이 의식적으로 풀기 시작할 실제적 문제들에 따라서 재조직하여야 한다. 서로 간에 거의 의사소통을 할 수 없는 '전문가'들을 생산하는 독립적인 분과 학문 분야의 낡은 분류법은 더 많은 협력과 융통성을 허용하는, 그리고 의심할 여지없이 새로운 기능의 획득을 요구하는 새로운 구조로 대치되어야 한다. 새로운 구조 속에서의 연구는 우리가 현재 행하는 일 못지않게 지적인 활기를 띨 것이며 더불어 민중의 진정한 욕구를 충족시킨다는 만족감을 줄 수 있다.

- ☐ incorporate vt. 통합하다, 편입하다
- ☐ undermine vt. ~을 깎아 버리다, 손상시키다
- ☐ hierarchical a. 위계 조직의
- ☐ overdue a. 지불 기한이 넘은, 늦은, 연착한
- ☐ impotence n. 무기력, 허약
- ☐ their own oppression and that에서 that은 oppression을 의미한다
- ☐ relinquish vt. 철회하다, 포기하다
- ☐ barely ad. 거의 ~않다
- ☐ give way ~ 무너지다, 꺾이다, 양보하다(to)
- ☐ flexibility n. 구부리기 쉬움, 유연성
- ☐ acquisition n. 획득, 습득, 이득

If projects like those described above are to constitute a real Science for the People, they must achieve more than their immediate technical goals. They should relate to issues around which people can organize to act in their own self-interest. Research projects should both flow out of the needs and demands of the people, and be relevant to their political struggles. This requires consulting with and relying on the experience of community and movement groups, and taking seriously the criticisms and suggestions that they put forth. Scientists must succeed in redirecting their professional activities away from services to the forces and institutions they oppose and toward a movement they wish to build. Short of this, no matter how much they desire to contribute to the solution, they remain part of the problem.

위에서 언급된 것과 같은 계획들이 민중을 위한 진정한 과학 활동이 되려면 그것들은 당면한 기술적 목표 이상의 것을 이루어야 하며, 민중이 이기심에서 행동을 계획할 수 있는 현안들과 관계된 것이어야 한다. 연구 계획은 민중의 필요와 요구로부터 흘러나와야 하며 또 그들의 정치투쟁과 관련되어 있어야 한다. 이를 위해서는 지역사회와 운동 집단이 협의하고 그들의 경험을 신뢰할 것이 요청된다. 아울러 그들이 제기하는 비판과 제안을 진지하게 받아들여야 할 것이다. 과학자들은 그들이 반대하는 권력과 제도에 대한 봉사로부터 벗어나 그들이 이룩하고자 하는 운동을 향하여 그들의 전문적 활동들을 재정립하는 데 성공해야 한다. 이런 조치를 취하지 않을 경우, 아무리 문제 해결에 공헌하기를 원하더라도 그들은 문제의 일부로 남게 된다.

- ☐ consulting with ~의 목적어는 community and movement groups이다.
- ☐ put forth vt. 내다, 출판하다, 제출하다
- ☐ short of ~을 제외하고 (= except)
- ☐ no matter how 아무리 ~하더라도

ENGLISH READING

NATURAL SCIENCE

제2부 과학과 사회

제 1 장

Thomas S. Kuhn
The Structure of Scientific Revolution

토머스 쿤
과학 혁명의 구조

History, if viewed as a repository for more than anecdote or chronology, could produce a decisive transformation in the image of science by which we are now possessed. That image has previously been drawn, even by scientists themselves, mainly from the study of finished scientific achievements as these are recorded in the classics and, more recently, in the textbooks from which each new scientific generation learns to practice its trade. Inevitably, however, the aim of such books is persuasive and pedagogic; a concept of science drawn from them is no more likely to fit the enterprise that produced them than an image of a national culture drawn from a tourist brochure or a language text. This essay attempts to show that we have been misled by them in fundamental ways. Its aim is a sketch of the quite different concept of science that can emerge from the historical record of the research activity itself.

과학은 역사 속에서 존재하며, 인간의 창조적 문화 활동의 일부분으로서 인간 사회의 여러 요소에 영향을 끼치는 현대사회의 가장 커다란 변수이다. 문화 현상으로서 사회의 변혁을 초래하는 구심체인 과학의 성격, 본질, 역할 등을 이해하기 위해서는 과학을 역사적으로 고찰하는 것이 필요하다. 과학사의 기술, 즉 접근법에는 두 가지가 있는데, 하나는 과학의 변천을 과학 내용의 논리적 전개 과정에서 이해할 목적으로 과학의 문헌을 중심으로 살펴보는 내적 접근법이고, 또 하나는 과학의 사상적, 사회적 배경, 그리고 과학과 이들 배경 사이에 서로 어떠한 영향을 주고 받았는가를 살펴보는 외적 접근법이다. 내적 접근법과 외적 접근법 모두 중요한 것이며 역사 속의 과학을 이해하는 데 필수적이다.

역사를 일화라든가 연대기 이상의 것들로 채워진 보고라고 간주한다면, 우리가 지금 갖고 있는 과학의 이미지를 결정적으로 변형시킬 수 있을 것이다. 그런 이미지는 이전에 어떻게 형성되었는가 하면, 과학자들 자신조차도 주로 고전에 기록된 그대로, 완결된 과학적인 성취를 연구하는 데서 끌어냈으며, 근래에 와서는 새로운 과학의 세대가 그 작업을 실습하도록 익히는 교과서에 기록된 것들로부터 이미지가 형성되어 왔다. 그렇지만 이런 책들의 목적은 별수 없이 설득력이 짙은데다가, 교육용이 되는 것이다. 이런 것들로부터 얻어진 과학의 개념이란, 어느 나라의 문화의 이미지를 관광 안내책자나 어학 교본에서 끌어낸 격이나 마찬가지로, 그런 성취를 생산해 낸 작업에 꼭 맞지 않는다. 이 글에서 우리는 그런 것들에 의해서 근본적으로 잘못 이끌려왔다는 것을 증명해보려고 한다. 여기서 겨냥하는 것은, 연구 활동 자체의 역사적인 기록으로부터 표출될 수 있는 전혀 새로운 과학의 개념을 개괄하는 것이다.

- ☐ repository n. 저장소, (지식 따위의) 보고, 매장소
- ☐ anecdote n. 일화, 비사 pl. ancedota
- ☐ chronology n. 연대순, 연표 a. chronologic(-al)
- ☐ decisive a. 결정적인, 단호한, 명백한
- ☐ pedagogic a. 교육학적인 n. pedagogy n. pedagogue 선생, 교육자
- ☐ no more (likely to) A than B: B와 마찬가지로 (꼭) A하지 않는다

Even from history, however, that new concept will not be forthcoming if historical data continue to be sought and scrutinized mainly to answer questions posed by the unhistorical stereotype drawn from science texts. Those texts have, for example, often seemed to imply that the content of science is uniquely exemplified by the observations, laws, and theories described in their pages. Almost as regularly, the same books have been read as saying that scientific methods are simply the ones illustrated by the manipulative techniques used in gathering textbook data, together with the logical operations employed when relating those data to the textbook's theoretical generalizations. The result has been a concept of science with profound implications about its nature and development.

If science is the constellation of facts, theories, and methods collected in current texts, then scientists are the men who, successfully or not, have striven to contribute one or another element to that particular constellation. Scientific development becomes the piecemeal process by which these items have been added, singly and in combination, to the ever growing stockpile that constitutes scientific technique and knowledge. And history of science becomes the discipline that chronicles both these successive increments and the obstacles that have inhibited their accumulation. Concerned with scientific development, the historian then appears to have two main tasks. On the one hand, he must determine by what man and at what point in time each contemporary scientific fact, law, and theory was discovered or invented. On the other, he must describe and explain the congeries of error, myth, and superstition that have inhibited the more rapid accumulation of the constituents of the modern science text. Much research has been directed to these ends, and some still is.

그렇지만 과학 교재에 나온 비역사적인 상투적 문구가 던지는 질문에 답하기 위해서 역사적인 자료를 찾고 세밀히 조사한다면, 역사를 살펴보았자 새로운 개념이 나타나지 않을 것이다. 이런 교과서들로 말하자면, 예를 들어, 과학의 내용이란 그 책장에 쓰인 관찰, 법칙, 그리고 학설에 의해서 특이하게 예시되는 것 같은 인상을 풍긴다. 거의 빠짐없이 이런 책들에는, 과학적 방법이란 교과서 자료를 모으는 데 쓰이는 그저 손재주의 기술인 것처럼 쓰여 있으며, 아울러 그런 자료를 교과서의 이론적 일반화와 연관시키는 논리적인 조작을 가리켜 과학적 방법이라고 설명한다. 그 결과가 바로 과학의 본질과 발달에 대한 심오한 함축성을 지닌 과학의 개념이 되어 왔다.

만일 과학이 요즘의 교재에 수집된 사실, 이론 그리고 방법의 집합이라면, 과학자는 그 특정한 집합에 한두 가지 요소를 기여하기 위해서 성공적이건 아니건 간에 온갖 애를 쓰는 사람일 따름이다. 과학의 발달이란 것은 과학 기술과 지식을 이루는 점점 늘어 가는 재료더미에 이런 항목이 덧붙여져 — 하나씩이건 또는 여럿이건 간에 — 뿔뿔이 진행된 과정이 된다. 그리고 과학의 역사는 이렇게 이어 내려온 증대와 그 축적을 훼방 놓은 장애를 기록하는 훈련이 된다. 과학의 발달에 대해서 생각해 보면, 역사가는 두 가지 주요한 임무를 띠게 되는 것 같다. 한편으로는, 누가 언제 당대의 과학적 사실이나 법칙 또는 이론을 발견하거나 창안해 냈는가를 일일이 결정해야 한다. 또 한편으로는 현대 과학 교재의 구성 요소가 더 빨리 쌓이지 못하도록 방해해 온 오류, 신화, 그리고 미신의 퇴적 더미를 기술하고 설명해야 한다. 많은 연구가 이런 목표를 겨냥해서 이루어져 왔으며, 더러는 지금도 진행되고 있다.

- ☐ forthcoming a. 곧 닥쳐올, 수중에(준비되어), 상냥한(= amiable)
- ☐ scrutinize vt. 면밀히 조사하다, 음미하다 cf) inspect 면밀하게 살피다, 시찰하다
- ☐ stereotype n. 상투적인 문구, (판에 박힌) 사고방식
- ☐ exemplify vt. 예증(예시)하다, 복사하다 n. exemplification
- ☐ simply the ones (which are) illustrated ~: which are이 생략
- ☐ manipulative a. 손끝으로 다루는, 속임수의, 교묘하게 다루는 vt. manipulate
- ☐ constellation n. 성운, 성좌, 한 무리, 집합
- ☐ piecemeal ad. 조금씩, 점차로, 산산조각으로 a. 단편적인
- ☐ chronicle v. 연대기를 쓰다, 기록하다 n. chronicler
- ☐ increment n. 증가, 증진, 이익(= profit)
- ☐ congeries n. 퇴적, 덩어리
- ☐ inhibit vt. 방지하다, 억제하다, 금하다 n. inhibition

In recent years, however, a few historians of science have been finding it more and more difficult to fulfil the functions that the concept of development-by-accumulation assigns to them. As chroniclers of an incremental process, they discover that additional research makes it harder, not easier, to answer questions like: When was oxygen discovered? Who first conceived of energy conservation? Increasingly, a few of them suspect that these are simply the wrong sorts of questions to ask. Perhaps science does not develop by the accumulation of individual discoveries and inventions.

Simultaneously, these same historians confront growing difficulties in distinguishing the "scientific" component of past observation and belief from what their predecessors had readily labeled "error" and "superstition." The more carefully they study, say, Aristotelian dynamics, phlogistic chemistry, or caloric thermodynamics, the more certain they feel that those once current views of nature were, as a whole, neither less scientific nor more the product of human idiosyncrasy than those current today. If these out-of-date beliefs are to be called myths, then myths can be produced by the same sorts of methods and held for the same sorts of reasons that now lead to scientific knowledge.

그렇지만 최근에 들어서는 과학사가들 몇 사람은 누적에 의한 발달이라 는 개념이 그들에게 부과하는 기능을 완수하기가 점점 더 어려워진다는 것을 끼고 있다. 증가 일로에 있는 과정의 연대기 기록자로서, 그들은 더 연구할수록 다음과 같은 질문에 답하기가 더욱 곤란해진다는 것을 — 쉬워지는 것이 아니라 — 발견한다. 산소는 언제 발견되었는가? 에너지의 보존에 대해서 처음으로 알아낸 사람은 누구인가? 몇몇 과학사가들은 갈수록 이런 따위의 질문은 묻는 것조차 잘못되지 않았나 의심하고 있다. 어쩌면 과학이란 개별적인 발견과 발명의 축적에 의해서 발달되는 것이 아닌지도 모를 일이다.

이와 동시에, 이들 학자들은 과거의 관찰과 신념의 '과학적' 요소와 옛날 과학자들이 주저하지 않고 '오류'와 '미신'이라 못 박았던 것들을 구별 짓는 데 있어서 점점 난관에 부딪치고 있다. 예를 들어 아리스토텔레스의 역학, 플로기스톤(연소설) 화학, 또는 칼로리 열역학은 자세히 조사하면 할수록, 과학사가들은 자연에 대해 그 당시를 풍미하던 견해가 대체로, 오늘날 받아들이는 것보다 덜 과학적인 것도 아니요, 인간 특성의 산물도 아님을 느끼게 된다. 시대에 뒤지는 이러한 믿음을 신화라 부르기도 한다면, 신화는 현재 과학적 지식에 이르는 똑같은 방법으로 형성될 수가 있고, 그와 똑같은 이유로 지켜질 수 있다.

- □ finding it ~ to ~ that ~: it은 가목적어, 진목적어는 to ~ them
- □ assign vt. 배당하다, 임명(지정)하다, ~의 탓으로 돌리다 n. assignment
- □ conservation n. 보호, 관리, 보존
- □ confront vt. 직면하다(= face), 대비하다
- □ the more ~, the more certain they feel that those ~ were neither (less) A not (more) B than C: The more ~, the more 구문으로 that ~ 이하는 feel의 목적어 neither ~ 이하는 'C보다 A도 아니고 B도 아니다'
- □ phlogistic a. 연소하는 n. phlogistion 연소, 열소
- □ thermodynamics n. (단수 취급) 열역학 a. thermodynamic
- □ idiosyncrasy n. 특성, 개성, 특출

If, on the other hand, they are to be called science, then science has included bodies of belief quite incompatible with the ones we hold today. Given these alternatives, the historian must choose the latter. Out-of-date theories are not in principle unscientific because they have been discarded. That choice, however, makes it difficult to see scientific development as a process of accretion. The same historical research that displays the difficulties in isolating individual inventions and discoveries gives ground for profound doubts about the cumulative process through which these individual contributions to science were thought to have been compounded.

The result all these doubts and difficulties is a historiographic revolution in the study of science, though one that is still in its early stages. Gradually, and often without entirely realizing they are doing so, historians of science have begun to ask new sorts of questions and to trace different, and often less than cumulative, developmental lines for the sciences. Rather than seeking the permanent contributions of an older science to our present vantage, they attempt to display the historical integrity of that science in its own time.

다른 한편으로 그런 것을 과학이라 부른다면, 과학은 요새 우리가 가진 것들과는 상당히 어긋나는 신념의 무리로 이루어져 왔다고 할 수 있다. 이러한 양자택일이 주어지면, 사가(史家)는 후자를 택해야 한다. 시대에 뒤진 이론들은, 폐기되어 버렸다는 이유로 해서 원칙적으로 비과학적인 것은 아니다. 그러나 이 선택은 과학적 진보를 증대하는 누적과정이라고 보는 것을 어렵게 만들고 있다. 개개의 발명과 발견을 분리함에 있어 난점을 드러내는 그 역사적인 고찰은 누적되는 과정에 대하여 심각한 회의를 일으키는 근거가 되는데, 누적되는 과정이란 그것을 거쳐서 과학에의 이런 개별적인 기여가 복합화된다고 생각되는 과정이다.

이런 의문과 난제가 빚은 결과는 과학의 연구에서 사료 편찬의 혁명이 되는데, 아직은 초기 단계에 머물고 있다. 점차로, 그리고 흔히 자기들이 그렇게 하고 있다는 것을 잘 모르는 채로, 과학사가들은 새로운 유형의 의문을 제기하고 과학에 대해 색다른 — 그리고 흔히 누적성을 떠난 — 발전의 노선을 추적하기 시작하였다. 보다 옛 과학이 현재의 우리에게 베푼 영속적인 기여를 따지기보다는, 사가들은 당대에 미친 그 과학의 사적(史的)인 완전성을 표현하려고 애쓴다.

- ☐ incompatible a. 성미가 맞지 않는, 모순되는
- ☐ accretion n. 증대, 부착, 자연 증가
- ☐ cumulative a. 누적하는
- ☐ historiographic a. 사료 편집의
- ☐ vantage n. 우세, 이익
- ☐ integrity n. 고결, 완전, 보전

They ask, for example, not about the relation of Galileo's views to those of modern science, but rather about the relationship between his views and those of his group, i.e., his teachers, contemporaries, and immediate successors in the sciences. Furthermore, they insist upon studying the opinions of that group and other similar ones from the viewpoint — usually very different from that of modern science — that gives those opinions the maximum internal coherence and the closest possible fit to nature. Seen through the works that result, works perhaps best exemplified in the writings of Alexandre Koyré, science does not seem altogether the same enterprise as the one discussed by writers in the older historiographic tradition. By implication, at least, these historical studies suggest the possibility of a new image of science. This essay aims to delineate that image by making explicit some of the new historiography's implications.

예를 들어 말하면, 사가들은 현대 과학의 견해에 대한 갈릴레오의 견해가 어떤 관계가 있는가를 묻는 것이 아니라, 그의 견해와 그의 그룹, 즉 그의 스승들, 같은 시대 사람들, 그리고 과학에서의 직계 제자들과의 의견 사이에 어떤 관계가 있는가를 묻는다. 더구나 사가들은 그 시대 과학자들의 견해에 최대의 내적 일관성을 제공하며, 또한 자연에 가깝게 들어맞도록 하는 관점으로부터 — 대체로 현대 과학의 것과는 전혀 다른 — 그 그룹과 또 비슷한 다른 그룹들의 의견을 연구해보아야 한다고 주장한다. 이렇게 얻어진 연구 결과를 살펴보면 — 코이레의 저술에서 가장 잘 예시된 것 같다 — 과학이란 옛날의 역사적 방법론의 전통 속에서 편찬자들이 논한 것과 상당히 다르게 보인다. 암시적으로는 적어도 이런 사적 고찰은 과학의 새로운 이미지에 대한 가능성을 시사하고 있다. 이 에세이는 새로운 역사 기술의 언외의 의미를 분명하게 함으로써 그 이미지의 윤곽을 잡고자 쓰인 것이다.

- [ ] They ask ~ not A, but B: B라기보다 A이다
- [ ] coherence n. 결합력, 일관성, 통일
- [ ] delineate vt. 윤곽을 그리다, 묘사하다

제 2 장 

S. F. Mason A History of the Science (1)

S. F. 메이슨
과학의 역사 (1)

In the philosophies of Thales and the other Ionian Greeks nature became more impersonal than it had been in the bronze-age cosmologies. The pre-Socratic Greek philosophers tended to remove the gods from nature, supposing that the heavenly bodies were solid material objects, not powerful personalized beings. In a complementary way, their approximate contemporaries, the Hebrew, Amos, the Persian, Zoroaster, and the Indian, Buddha, separated their gods from nature. These religious reformers minimized the roles assigned to the gods in the bronze-age civilizations, the tasks of making rain and providing a good harvest, and indicated that the gods were concerned primarily with the spiritual welfare of man. Hence the old gods became more abstract and spiritual, just as the world of the Greeks became more impersonal and material.

독자적인 학문 영역으로서 자연과학은 자연 세계에 대한 통일적인 사고 체계가 확립되면서
모습을 갖추었다. 이런 점에서 이에 필요한 제반 조건을 갖추었던
고대 그리스 사회에서 이미 자연과학이 성립되었다고 하겠다.
자연력에 비해 상대적으로 열등한 위치에 있던 인력이 생산력의 발전에 따라 현저히 증대되어,
인간의 힘에 대한 새로운 자각이 형성, 과거 인간의 나약함을 반영하던 관념적·신비적 자연관의
극복과 물질적 자연 세계의 합법칙성에 대한 유물론적 인식이라는
두 가지 경향이 이 시기에 대두되었던 까닭이다.

탈레스를 비롯한 이오니아계 그리스인들의 철학에서, 자연이란 청동기 시대의 우주관보다도 한층 비인격적인 것으로 여겨졌다. 소크라테스 이전의 그리스 철학자들은, 천체란 실질이 있는 물체이지 전능한 인격체가 아니라고 간주하여 자연계에서 신격(神格)을 배제하려는 경향을 보이고 있었다. 이에 호응이라도 하듯, 그들과 거의 동시대인인 헤브라이의 아모스와 페르시아의 조로아스터, 그리고 인도의 석가모니도 그들의 숭배신들을 자연계와 분리시켰던 것이다. 이들 종교 개혁자들은 청동기 시대 문명사회에서 제(諸) 신들에게 맡겨진 역할, 말하자면 비를 내리게 하거나 수확을 증대하게 하는 등의 역할을 극소화시켜, 제 신은 우선적으로 인간의 영(靈)적 행복에 관심을 두고 있음을 입증하였다. 이리하여 그리스인의 세계가 한층 비인격적·물질적으로 된 것과 마찬가지로, 고대의 제 신들 역시 더욱 추상적·영적 존재로 변모하게 되었다.

- ☐ impersonal a. 비인격적인, (특정) 개인과 관계없는 n. impersonality
- ☐ bronze-age 청동기 시대 cf) ice-age, stone-age, iron-age
- ☐ supposing that ~라고 간주하면서 (부대상황)
- ☐ complementary a. 보충(완)의 (= complemental) n. vt. complement
- ☐ assigned to A: A에게 부여(할당)된
- ☐ just as ~와 마찬가지로, ~가 ~하였던 것과 같이

Retribution was a principle of change, and it was with processes of change in nature, rather than the structural features of the world, that Heraclitus concerned himself. He was of the view that fire was the origin and image of all things, the burning flame symbolizing the universal flux and change in nature. Fire was the common substratum of all things, and so, behind the qualitative changes in nature, which were governed by the principle of retribution, there was a quantitative continuity of substance, governed by principles analogous to those employed in commercial transactions: 'All things are an exchange for fire, and fire for all things, even as wares for gold, and gold for wares.'

Empedocles held that all things were composed of quantitatively different proportions of the four elements, just as all colours were compounded by the artist from different amounts of four pigments. The agencies which combined the elements and separated them from their compounds were Love and Strife, both forces being inherent in the very nature of the elements. Water was allied to earth because they had the quality of coldness in common, yet they were opposed at the same time for water possessed the quality of wetness and earth that of dryness. Similarly air and fire were both hot, but the one was moist whilst the other was dry. Again, water and air, and earth and fire, possessed both a common quality and opposing qualities.

헤라클레이토스 자신이 관심을 둔 것은 응징이 변화의 원리이며, 이는 세계의 구조적 특징이 아니라 자연계 내의 변화 과정과 연관된 것이었다. 그는 불이 만물의 근원이자 형상이며, 타오르는 불꽃은 자연계에 보편적인 유동(流動)과 변화를 상징한다는 견해를 피력하였다. 즉 불은 만물에 공통되는 근본이며, 따라서 응징의 원리에 의해 지배되는 자연계의 질(質)적 변화 이면에는, 실체의 양(量)적 연관성이 존재하며, 이는 상거래에서 활용되는 것과 유사한 원리에 의해 움직이는 것이었다; "흡사 황금의 교환물이 상품이고, 또한 상품의 교환물이 황금이듯, 만물은 불의 교환물이며, 불은 만물의 교환물인 것이다."

엠페도클레스는, 마치 화가가 4가지 색상으로 모든 색깔을 만들어 내듯이 만물도 4원소가 양적으로 서로 다르게 결합하여 만들어졌다고 주장하였다. 이 4원소를 서로 합성하기도 하고, 또는 그 합성물을 분리시키기도 하는 힘이 바로 애정과 투쟁인데, 이 두 힘은 4원소의 본성 그 자체에 내재하고 있다는 것이었다. 물은 흙과 결합하는데, 이는 두 원소가 모두 차가운 성질을 가지고 있기 때문이며, 이와는 달리 물은 습한 성질이 있고 흙은 건조한 성질이 있으므로 이 두 원소는 서로 대립하기도 한다고 보았다. 이와 마찬가지로 공기와 불은 모두 뜨거운 것이지만, 전자는 습하고 후자는 건조한 것이다. 또한 물과 공기, 흙과 불도 공통된 성질과 대립적인 성질 모두 지니고 있다는 것이다.

- ☐ retribution n. 보복, 응징 a. retributive, -tory cf) the day of ~ 최후의 심판일
- ☐ and it was ~ the world는 삽입 구문
- ☐ flux n. (물) 흐름 (= flowing) (액체·기체 등의) 유동, 유출 vt. 녹이다
- ☐ substratum n. 토대, 기초, 근저 pl. -ta
- ☐ analogous to ~와 유사한 (= similar to)
- ☐ commercial transaction 상거래
- ☐ Empedocles held that 엠페도클레스는 ~라 주장하였다
- ☐ be composed of ~로 구성되다 (= be made up of, consist of, compris(z)e)
- ☐ pigment n. 색소, 그림물감
- ☐ separate A from B A와 B를 분리하다 (= remove A from B)
- ☐ inherent in ~에 내재한, 선천적인
- ☐ the very nature of A는 A의 본성 그 자체
- ☐ be allied to ~와 결합하다, 연대하다

The Atomists carried the unit conception of nature further, extending it from the organic to the physical world. The early Atomists were Leucippus of Miletus, *fl.c.* 440 B.C., and Democritus of Abdera, *fl.c.* 420 B.C., their contributions being inseparable. They believed that everything in the universe was composed of atoms, which were physically indivisible. There were an infinite number of atoms, and they moved perpetually in an infinite void. They had existed from eternity, for they had not been created, and could not be destroyed. Atoms differed as to their size, shape, and perhaps their weight. By their motions in the void, the atoms had set up a whirlpool motion, which drove the larger atoms to a centre where they formed the earth.

Such large earth atoms interlocked so that their motions became restricted; they could only throb or oscillate. The finer atoms of water, air, and fire, were driven out into space, where they generated a vortex motion round the earth. Large atoms outside of the earth came together to form moist lumps, which were dried and ignited by their motion through the vortex. These were the heavenly bodies. As the number of atoms, and the space in which they moved, were infinite, there were many worlds, some coming into being, others passing away. Some had no sun or moon, others had several of each, but all had a beginning and an end.

원자론자들은 나아가 자연의 단위개념을 유기체에서 물질세계에까지 확장시켰다. 초기 원자론자들로는 밀레투스의 레우키포스(B. C. 440년)와 아브데라 데모크리토스(B. C. 420년)가 있었는데, 이들의 업적은 불가분의 관계에 있는 것이었다. 그들은 우주의 만물이 물리적으로 더 이상 분할될 수 없는 원자로 구성되어 있다고 믿었다. 이들 원자의 수는 무한하며, 끝없는 공간 속에서 부단히 운동하는 것이었다. 원자는 태고 적부터 존재해 왔는데, 이는 원자가 다시 창조되거나 파괴될 수도 없는 까닭이었다. 원자는 그 크기와 형상, 그리고 아마도 무게에 따라 서로 상이한 것들이었다. 공간 속의 운동을 통해 원자들은 소용돌이를 만들어 냈으며, 그 소용돌이가 큰 원자를 중심부로 끌어내어 그곳에서 대지를 만들었다.

이처럼 커다란 대지의 원자들은 서로 맞물려 운동을 억제하게 되었다. 즉 그들은 단지 진동을 할 뿐이었다. 그리고 물·공기·불과 같이 훨씬 작은 원자들은 빈 곳으로 밀려나, 이들이 대지의 주변에 소용돌이를 형성하였다. 또한 대지 외계의 커다란 원자들이 모여 습한 덩어리를 만들어 냈는데, 이것이 소용돌이를 지나면서 운동을 하게 되자 다시 건조해져서 불덩이가 되었다. 이들이 바로 천체(天體)였던 것이다. 원자의 수와 이들이 운동하는 공간은 무한한 것이었으므로, 일부는 새로이 생성되고 일부는 소멸하는 등 수많은 세계가 존재하게 되었다. 태양도 달도 없는 세계가 있는가 하면, 태양과 달이 몇 개씩 있는 세계도 존재하였지만, 이 모든 것에는 시종(始終)이 있었던 것이다.

- ☐ perpetually ad. 영구히, 끊임없이 syn. continual 계속적인
- ☐ void n. 공허, 진공, 공간 (= vacuum) a. 빈 (= vacant)
- ☐ differ as to ~에 따라 상이하다, 다르다
- ☐ set up 새로이 만들다, 구상하다
- ☐ whirlpool n. 소용돌이
- ☐ drive A to B A를 B로 몰고 가다, 전환시키다
- ☐ interlock vi. 맞물리다, 연결되다
- ☐ throb n. 진동 vi. 떨다
- ☐ oscillate vi. (진자와 같이) 요동하다, 진동하다, (마음, 의견 등이) 동요하다
- ☐ be driven out 축출되다, 추방되다
- ☐ vortex n. 소용돌이 (= whirlpool)
- ☐ outside of A A의 외계(外界)에
- ☐ ignite vt. 불을 붙이다, 점화하다 n. ignition
- ☐ come into being 생성되다 opp. pass away 죽다

The Atomists supposed that life had developed out of a primeval slime, man as well as animals and plants. Man was a microcosm of the universe, for he contained every kind of atom. Life and the soul were akin to fire, for they all consisted of small spherical atoms. Such atoms were constantly given off from the body, and were constantly taken in with the air. Thus when respiration ceased, life departed. The cosmology of the Atomists was almost entirely mechanistic; all things were predetermined — 'By necessity were foreordained all things that were, and are, and are to be.' They did not use the analogies of human purposes, love and strife, or the principle of retribution, to explain the workings of the world.

The daily motion of the earth round the central fire, postulated by the Pythagoreans, explained the apparent diurnal rotation of the heavens about the earth, and indicated that all of the movable bodies in the universe moved round the central fire in the same west-to-east direction, their periods of revolution increasing the more noble they became. The earth, the basest body in the universe, moved round the central fire once a day, the moon took a month, the sun a year, and the planets longer periods still, whilst the sphere of the fixed stars was stationary.

원자론자들은 동식물과 마찬가지로 인간도 그 생명이 원시적인 진흙에서 만들어졌다고 가정하였다. 인간은 곧 소우주였는데, 이는 인간이 모든 종류의 원자를 포함하고 있는 까닭이었다. 또한 생명과 영혼은 불과 유사하였는데, 그 이유는 그들이 모두 작은 구형의 원자들로 구성되었다는 데 있었다. 이러한 원자들은 몸체로부터 끊임없이 발산되어 공기와 함께 섭취되었다. 따라서 호흡이 멎으면 생명 역시 끊어지는 것이다. 이처럼 원자론자들의 우주관은 전적으로 기계론적이었다. 즉 만물은 예정되어 있다고 본 것이다 — "(과거에) 존재했던 것도, (현재) 존재하는 것도, 그리고 (미래에) 존재할 그 모든 것은 필연적으로 이미 운명 지어진 것이다." 또한 그들은 세계의 작용을 해석하기 위해 애정과 투쟁, 혹은 응징의 원리와 인간적인 목적성을 지닌 유추법을 활용하지 않았다.

중심부 불의 주위를 대지(지구)가 날마다 회전한다고 본 피타고라스 학파의 가설은, 천공(天空)의 외형적인 대지 일주운동을 해석하였으며, 또한 우주의 모든 운동체들이 중심부 불의 주변을 서에서 동으로 일제히 회전하고 있으며, 그 회전주기는 그들이 보다 당당한 것일수록 증대하고 있음을 입증하였다. 우주에서 가장 하등한 천체인 대지는 중심부 불의 주위를 하루에 1회전, 달은 1개월에, 태양은 1년에, 그리고 행성은 훨씬 더 긴 기간에 1회전한 반면, 항성구는 정지하고 있다고 보았다.

- ☐ develop out of ~로부터 전개(발전)하다
- ☐ slime n. 차진 흙, 끈끈한 물질
- ☐ microcosm n. 소우주 opp. macrocosm 대우주
- ☐ be akin to A ~와 혈족(동족)의, 유사한 (= be analogous(similar) to)
- ☐ give off 내다, 발하다
- ☐ By ~ to be. 문장은 all things(S) + that were ~ to be(관계대명사절) + were foreordained(V) + by necessity(부사구)로 해석한다.
- ☐ be foreordained 운명 지어지다 (= be destined to)
- ☐ analogy n. 유추 cf) homology 상동(일치) 관계
- ☐ 마지막 문장의 골격은 S + V(did not use) + O + to inf.이다
- ☐ postulated by 앞에는 which was가 생략
- ☐ diurnal a. 낮의, 날마다의 opp. nocturnal 밤의
- ☐ move round 회전하다
- ☐ stationary a. 움직이지 않는, 고정(정지)된

Plato developed the view of the Pythagoreans that the heavenly bodies were divine and noble beings whose motions were perfectly uniform and circular. 'All of us Hellenes,' he said, 'tell lies about those great gods, the sun and the moon ... We say that they, and diverse other stars, do not keep the same path, and we call them planets or wanderers.' On the contrary, he affirmed, 'each of them moves in the same path — not in many paths, but in one only, which is circular, and the varieties are only apparent.'

Plato, like his predecessors in Greece, Babylonia, and Egypt, held that the universe was an uncreated chaos in the beginning. The ordering of this chaos was not a mechanical process, as the Ionian philosophers had imagined, but a result of the activities of a supernatural being. Plato's God differed from the gods of the Bronze Age in that he did not order the universe by a process of organic procreation, nor by uttering words of command, but by realizing an intellectual design. The most important feature of the ordering of the universe from chaos according to Plato, was the *formulation* of a rational design for the world by the Creator; the mechanics of the process whereby the design was put into *practical operation* were ignored by Plato, or rather were taken for granted as something occurring naturally.

플라톤은 천체란 신성하고 훌륭한 존재이며 그 운동이 한결같이 일정하며 순회적이라고 주장한 피타고라스학파의 견해를 전개하였다. 그는 "우리 그리스인들은 이들 위대한 제 신들, 즉 태양과 달 등을 두고 거짓말을 일삼고 있다…… 우리들은 태양과 달, 그리고 기타 여러 항성들이 같은 궤도를 취하고 있지 않다고 하며, 이들을 행성, 또는 '떠돌이 별'이라고 일컫고 있다."고 언명한 바 있다. 그리고 덧붙여 반론을 펴 "이들 모두는 동일한 궤도로 운동하고 있다 — 여러 개의 궤도가 아니라 원형으로 된 유일한 궤도로 운동하고 있는 것이며, 그 궤도가 다양하게 보이는 것은 외관에 지나지 않는다."고 단언하였다.

플라톤은 그리스나 바빌로니아, 그리고 이집트의 선학(先學)들과 마찬가지로, 우주란 태초부터 원래 혼돈이라고 주장하였다. 이 혼돈에 질서를 부여하는 것은, 이오니아계 철학자들이 상정(想定)하였던 것 같은 기계적인 과정이 아니라, 초자연적인 존재의 활동이 낳은 결과라고 보았다. 플라톤의 하나님이 청동기 시대의 제 신들과 다른 것은, 유기체의 생성과정이나 천명을 통해 우주의 질서를 잡지 않고, 이성적인 계획의 실현을 통해 이를 수행한다는 점에 있었다. 플라톤에 의하면, 혼돈 상태의 우주에 질서를 부여한 것 중 가장 중요한 특성은 조물주가 세계를 위한 합리적인 계획을 '구상'한 점이었다. 플라톤은 그 계획이 '실천'에 옮겨지는 과정상의 조작은 무시하고, 오히려 이를 그 무엇인가 자연스럽게 생성되는 것으로 간주하였다.

- ☐ develop the view of ~의 견해를 전개하다
- ☐ affirm vt. 확언(단언)하다 n. -ance a. -ative
- ☐ chaos n. 혼돈, 무질서 a. chaotic opp. cosmos 우주, 질서
- ☐ in the beginning 태초부터, 처음부터(에) cf) in the end 결국에는
- ☐ ~ in that he did not ~에서 in that은 '~라는 점에서'로 해석
- ☐ the Creator (대문자) 조물주, 하나님
- ☐ whereby는 여기에서 by which로 보아야 한다.
- ☐ be taken for granted 당연지사로 여기다 cf) take ~ for granted ~을 당연하게 받아들이다

Aristotle supposed that there was an absolute difference in kind between the material of the heavens and terrestrial matter. All things below the sphere of the moon were made up of the four terrestrial elements, earth, water, air, and fire. The heavens were composed of a fifth and purer element, the quintessence. The heavenly bodies were incorruptible and eternal and so too were their motions which accordingly were circular and uniform. On earth there was generation and decay, and thus terrestrial motions were rectilinear, possessing a beginning and an end like all terrestrial phenomena. The heavenly bodies were always within their appointed spheres, but terrestrial bodies were not, and they strove continuously to return to their proper places.

The elements of earth and water possessed gravity, tending to move towards the centre of the universe. Air and fire possessed a lightness which tended to take them upwards to their proper places in the upper atmosphere. Fire was a more noble element than air as it had a higher natural place. Similarly air was more noble than water, and water more noble than earth. All of the heavenly bodies were more noble than any terrestrial object, but they increased in perfection the further they were from the centre of the universe.

아리스토텔레스는 천상의 구성요소와 지상의 물질은 전혀 다르다고 생각하였다. 달의 구역 아래에 존재하는 만물은 지상의 4원소인 흙·물·공기·불로 구성되어 있고, 하늘은 한층 더 순수한 원소인 제5원소로 구성되어 있다는 것이었다. 천체는 부패하지 않고 영원하며, 따라서 일정하게 선회하는 그 운동 또한 그러하였다. 지상에는 생성과 소멸이 존재하며, 이에 따라 지상의 운동은 일체의 지상 현상과 마찬가지로 시종(始終)이 있는 직선 운동이었다. 천체는 언제나 정해진 천구(天球)내에 존재하지만, 지상의 물체는 그렇지 않아 본래의 장소로 회귀하려고 부단히 운동하였다.

흙과 물, 이 두 원소는 중력이 있어 우주의 중심을 향해 운동하려는 경향을 보였다. 공기와 불을 가벼우므로 본래의 장소인 천공으로 상승하려는 경향을 보였다. 불은 공기보다도 더 높은 곳에 본래의 장소를 두고 있었기 때문에, 공기보다 더 고귀한 원소였다. 이와 마찬가지로 공기는 물보다, 물은 흙보다 더 고귀하였다. 또한 천체의 만물은 지상의 그 어느 것보다도 더 고귀하지만, 이들은 우주의 중심에서 멀어지면 질수록 한층 그 완전성을 더해 갔다(고 아리스토텔레스는 생각했다.)

제2부
제2장

- ☐ terrestrial a. 지구의, 육지의 cf) celestial 하늘의
- ☐ be made up of ~으로 구성되다 (= be composed of, consist of, compris(z)e)
- ☐ quintessence n. 정수, 본질, 여기에서는 (고대·중세철학의) 제5원소
- ☐ and so too ~: and so their motions (which ~ uniform) were too로 해석
- ☐ rectilinear a. 직선의, 직선으로 나가는
- ☐ atmosphere n. 대기, 환경
- ☐ but they increased ~: but the further ~ the universe, they increased in perfection으로 해석

제 3 장 

S. F. Mason
A History of Science (2)

S. F. 메이슨
과학의 역사 (2)

Alchemy was another practical activity which was revived in Europe during the thirteenth century. With the spread of alchemy came new chemicals, such as the mineral acids, first mentioned by the French Franciscan, Vital du Four, about 1295, and alcohol, prepared by the distillation of wines and beers, which was first described by the so-termed Magister Salernus, who died in 1167.

Alcohol was called the 'water of life' and it was regarded as second only to the alchemist's elixir of life, The properties of alcohol appear to have been studied extensively by the monks and friars, perhaps to excess in some cases, as the possession of apparatus for distilling alcohol was forbidden to members of the Dominican chapter at Rimini in 1288. However, the monastic orders continued their studies, developing a number of celebrated liqueurs.

대부분의 중세 대학에서 과학의 위치는 교양과정의 일부에 불과했지만 프란체스코파의 영향 하에 있었던 몇몇 대학에서는 잘짜인 과학교육이 비교적 중요한 위치를 차지하고 있었다. 연금술은 13세기에 들어 유럽에서 부활되어 그 확산의 결과 무기산과 알코올 등 새로운 화학물질의 발견을 낳았다. 수도원의 승려들까지 포함하여 대학의 교양과정 교수들 대부분은 이 분야에 대한 어느 정도의 관심을 지니고 실제적인 연구 활동을 하게 되는데, 이는 신비적인 종교적 성질과 함께 실제적이고 경험적인 과학의 성질을 동시에 가지고 있었던 연금술의 특성에서 기인한 것이었다.

연금술은 13세기의 유럽에서 부활한 또 하나의 실제적인 활동이었다. 연금술의 보급과 함께 새로운 화학제품이 나타났는데, 이를테면 무기산은 1295년경 프랑스의 프란체스코회의 수사인 비탈 두 푸르에 의해 처음으로 기술되었으며, 또한 포도주와 맥주를 증류하여 만든 알코올은, 1167년에 사망한 이른바 살레르누스에 의해 처음 기술되었다.

알코올은 '생명의 물'이라 불려, 연금술의 불로장생약 다음으로 중요시되었다. 알코올의 성질은 수도사에 의해 널리 연구되었던 것 같다. 아마도 그 연구가 과열된 일이 있었기에 그랬겠지만, 1288년의 리미니에서 있은 도미니쿠스회의 집회에서는, 그 회원들에게 알코올 증류 기구를 갖는 것을 금했을 정도이다. 그러나 수도회는 그 연구를 계속하여 여러 가지 유명한 리큐어를 만들어 냈다.

- ☐ Alchemy n. 연금술
- ☐ with the spread of ~의 보급(확산)과 더불어
- ☐ distillation n. 증류, 증류물 cf) distillate 증류액, 정수
- ☐ elixir n. 연금약액, 불로장생(만병통치)약 (= cure-all)
- ☐ friar n. 탁발승, 수사
- ☐ liqueur n. 리큐어(향료, 감미료가 든 독한 술)

Alchemy in general was forbidden in a bull issued by Pope John XXII in 1317, a prohibition which indicates that the practice of alchemy must have been fairly widespread. In the theories of the medieval alchemists there was not a great deal that was new. The metals, they believed, were generated by the union of the male principle of sulphur and the female principle of mercury, and the base metals could be ennobled by a process of death and resuscitation. Inorganic substances in general were living beings, made up of a body and a soul, or matter and spirit. The constituents of substances could be separated by heating, when the spirit came off as a vapour which could be condensed into a liquid in some cases. The characteristics and properties of a substance were determined by its spirit, and so a liquid obtained by distillation contained the concentrated essentials of the substance from which it came.

Such liquids were therefore highly active and potent agents, giving new life to old bodies, and conferring noble properties upon base matter. Thus, in theory, a transmutation could be effected by transferring the spirit of a noble metal to the matter of base metals. However, of the various metals only mercury would distil and give an isolatable 'spirit.' In accordance with the theory of the alchemists, mercury vapour silvered the surfaces of base metals, and so mercury was regarded as the spirit of silver, the progenitor of the metals, and indeed the origin of all things.

연금술은 1317년에 교황 요한 22세가 내린 교서에 의해 금지됐다. 이 금지령은 연금술이 꽤 퍼져 있었음을 반증해 주고 있다. 중세의 연금술사들의 이론에는 새로운 것이 그다지 많지 않았다. 금속은 유황의 남성적인 원리와 수은의 여성적인 원리와의 결합으로 생겨나고, 비금속은 죽음과 소생의 과정을 거쳐 고귀하게 된다고 그들은 믿었다. 무기물은 대개 살아 있는 것으로서, 육체와 영혼, 또는 물질과 정신으로 이루어져 있었다. 물체의 구성 요소는 열을 가함으로써 분해할 수 있고, 그때 정신은 증기로 되어 사라지는데, 그 증기는 때에 따라서는 액체로 응축할 수가 있다. 물체의 성질과 특징은 그 정신에 의해 결정된다. 그러므로 증류를 해서 얻은 액체에는 그 실체를 만들어 주는 정수가 농축되어 포함돼 있다.

이러한 액체는 매우 활성적이고 유력한 작용제인 까닭에 늙은 육체에다 새로운 생명을 넣어 주고 하급물질에다 급이 높은 성질을 부여한다. 이리하여 이론적으로는, 변성은 비금속의 물질에 귀금속의 정신을 불어 넣음으로써 이룩할 수가 있다. 그러나 갖가지 금속 가운데서 수은만이, 증류하여 유리(遊離)할 수 있는 '정신'을 나타낸다. 수은의 증기는 연금술사의 이론에 따르면 비금속의 표면을 은빛이 되게 했으므로, 수은은 은의 정신이며 금속의 조상으로 간주되었을 뿐더러, 만물의 기원이라 했다.

- ☐ bull n. (로마교황의) 교서(敎書)
- ☐ medieval a. 중세의, 중세풍의 cf) ~ age 중세기
- ☐ sulphur n. 유황 cf) ~ spring 유황천
- ☐ mercury n. 수은 cf) Mercury 수성(水星)
- ☐ ennoble vt. 품위 있게 하다 (= make noble)
- ☐ resuscitation n. 소생, 부활 (= revival)
- ☐ constituent n. 구성요소, 성분 (= element)
- ☐ transmutation n. 변형, 변화(한 원소의 타 원소로의 변환)
- ☐ in accordance with ~에 따라, ~와 일치하여
- ☐ progenitor n. (사람, 동물들의) 조상, 선배, 원본

Such a system in which mercury was central was put forward by Raymond Lull, c. 1232-1315, an alchemist and a mystic who was regarded as something of a heretic by his fellow Christians, and who was martyred by the Muslims whilst attempting to convert them to Christianity.

In the beginning Lull held, God created mercury. The mercury then circulated as in a reflux distillation and differentiated out into all other things. The finest parts of the primeval mercury separated out first and formed the bodies of the angelic beings, whilst the less fine parts formed the heavenly bodies and the celestial spheres. The coarse parts formed the four elements and the quintessence, which gave rise to all terrestrial things. From the four elements were formed the bodies of terrestrial substances, while from the quintessence were formed their spirits. The quintessence, for Lull, was not confined to the celestial sphere as Aristotle had supposed. It was a spiritous air, the pneuma, pervading the whole universe as an immediate and universal manifestation of God.

Lull therefore was much opposed to the Muslim philosopher Averroes who, like his master Aristotle, had placed God, or the Prime Mover, outside of the universe beyond the sphere of the fixed stars.

이와 같이 수은을 중심으로 하는 세계는 레이몬드 룰(1232~1315)에 의해 성립되었는데, 그는 그의 기독교 동료들에게는 이단자로 간주되고 있는 연금술사이고 신비주의자였으나, 실제로 회교도들을 기독교로 개종시키고자 하다가 순교한 인물이었다.

룰의 주장에 따르면, 처음에 신이 수은을 만들었다. 다음에 수은은 환류 증류(還流蒸溜)처럼 순환하여 다른 모든 것으로 분화했다. 원초의 수은의 가장 미세한 부분이 먼저 분리하여 천사의 육체를 만들고, 그보다 약간 덜 미세한 부분은 천체와 천구를 형성했다. 조잡한 부분은 네 가지의 원소와 제5원소를 만들고, 그것들로부터 지상의 모든 사물이 생겨났다. 4원소로부터는 지상에 있는 것의 물체가 만들어지고, 제5원소에서는 그 정신이 만들어졌다. 룰에게 있어서는, 제5원소는 아리스토텔레스가 가정했던 것처럼 천구에 국한되지 않았다. 제5원소는 정신적인 공기, 다시 말해서 프네우마인데 신의 직접적이고 보편적 표현으로서 우주에 충만해 있다.

그러므로 룰은 회교도의 철학자인 아베로에스와는 아주 대립적이었다. 아베로에스는 그의 스승인 아리스토텔레스처럼 신 또는 종동천(鐘銅天)을 항성의 천체로 넘어선 우주의 바깥쪽에 두고 있었다.

- ☐ heretic n. 이교도, 이단자 cf) heathen 이방인
- ☐ martyr. vt. 주의(신앙) 때문에 죽이다, 박해하다 n. 순교자, 희생자
- ☐ whilst conj. ~하는 동안 (= while)
- ☐ heavenly body 천체(天體)
- ☐ quintessence n. 정수, 진수, 원형, 제5원소
- ☐ pneuma n. 정신, 영, 성령(= Holy Ghost)

Lull, like other alchemists, held that the quintessences or spirits of terrestrial things could be isolated and concentrated by distillation. Alcohol, he thought, was an important but an impure spirit. If it were subject to reflux distillation, Lull held that it would separate out into two layers, an upper one that was sky-blue and a lower one that was turbid, just as the primeval circulation of mercury had separated out into heaven and earth. The upper layer would then be the pure spirit of alcohol. Lull and his followers believed that one spirit would attract another, and hence they extracted substances, particularly plants, with alcohol to isolate their quintessences, their tastes, perfumes, and medicinal virtues. Such alcoholic extracts they used for pharmaceutical purposes, the followers of Lull tending more and more to the medical side of alchemy. At the same time they became increasingly critical of orthodox Galenical medicine, forming a movement that culminated with the medical latrochemistry of Paracelsus in the sixteenth century.

The mainstream of medieval learning in the universities passed by the alchemists, perhaps because they were associated with mystical religion on the one hand, and with practical, manual activities on the other. After the ephemeral experimentation of the thirteenth century, the scholarly tradition developed by rational discussion rather than by empirical enquiry, remaining largely isolated from the craft tradition throughout the middle ages. Perhaps for such reason, little that was really novel originated from the scholars of the middle ages, though some propositions suggested by ancient scientists in opposition to Aristotle were developed at length.

룰도 다른 연금술사들처럼 제5원소, 또는 지상의 사물의 정신은 증류에 의해 분리시켜 응축할 수 있다고 주장했다. 알코올은 중요하기는 하지만, 불순한 정신이라고 그는 생각했다. 룰의 주장에 따르면, 만일 알코올이 환류 증류를 받는다면, 알코올은 두 가지 층으로 분리될 것이다. 말하자면 위층은 하늘색의 층이 되고 아래층은 혼탁한 층이 된다. 이것은 마치 수은의 원초적 순환이 천지로 분리된 것과 비슷하다. 위층은 알코올의 순수한 정신이 될 것이다. 룰과 그 후계자들은, 하나의 정신은 다른 또 하나의 정신과 서로 끌어당긴다고 믿었다. 그러므로 그들은 제5원소·맛·향기·약효를 분리시키기 위해 여러 가지 물체, 그 중에도 특히 식물을 알코올로 추출했다. 알코올에 의한 이러한 추출물을 그들은 약제학상의 목적으로 사용했다. 이리하여 룰의 후계자들은 점차로 연금술의 의학적인 면으로 기울어져 갔다. 동시에 그들은 정통적인 갈렌 의학에 대해서는 더욱 비판적으로 되어 갔다. 그리하여 이것이 하나의 운동으로 발전하여 마침내 16세기에 파라켈수스의 의학적인 의약 화학으로 발달된 것이다.

대학에 있어서의 중세 학문의 주류는 연금술사들을 거들떠보지 않았다. 아마도 그것은 그들이 한편에서는 신비적인 종교에, 또 한편에서는 손을 사용하는 실제적인 활동에 관계하고 있었기 때문이었을 것이다. 13세기에 잠깐 동안 실험이 행해진 뒤로는 학자적인 전통은 경험적인 탐구에 의하기보다는 오히려 합리적인 논의에 의해 발전하여, 중세에는 수공업의 전통으로부터는 분리된 채로 있었다. 아마도 이러한 이유에서 중세의 학자로부터는 진정 새로운 것이 거의 나오지 않았던 것 같다. 그러나 고대 과학자들이 아리스토텔레스에 반대하여 제안한 몇 가지의 명제는 충분히 발전되었다.

- ☐ terrestrial a. 지구(상)의, 지상의 opp. celestial 하늘의
- ☐ impure a. 불결한, 불순한 opp. pure 순수한, 깨끗한, 결백한, 순결한
- ☐ turbid a. 흐린, 혼탁한
- ☐ orthodox a. (특히 종교상의) 정설의, 정교의 opp. heterodox 이교의
- ☐ culminate vi. 정점(최고점)에 이르다 vt. 끝나게 하다
- ☐ latrochemistrty n. 의약 화학(醫藥化學)
- ☐ manual a. 손의, 손으로 만드는
- ☐ ephemeral a. 하루밖에 안 가는, 단명의 (= ephemerid)
- ☐ empirical a. 경험의 opp. rational 이성이 있는, 제정신의, 합리적인
- ☐ at length 마침내 (= at last, finally, in the long run)

제 4 장 

J. D. Bernal Science in History (1)

J. D. 버널 역사 속의 과학 (1)

Newton, in his *Principia*, did far more than establish the laws of motion of the planets. His grand object was certainly to demonstrate how universal gravity could maintain the system of the world. But he wished to do this not in the old philosophical way but in the new, quantitative, physical way. In this he had two other tasks to fulfil: first of all to demolish previous philosophic conceptions, old and new; and secondly to establish his own as not only the correct but also the most accurate way of accounting for the phenomena.

근대과학은 르네상스와 종교개혁, 그리고 지리상의 대발견에 이르는 일련의 흐름 속에서 탄생한 근대 자본주의 경제체제의 발흥과 때를 같이 했다. 이는 과학의 발전에 커다란 장애 요소였던 아리스토텔레스의 세계관과 중세의 스콜라 철학, 그리고 과학의 사변적인 추구 방법의 극복을 통해 가능해졌다.
15세기 중반 이래 모든 기술의 발전을 근간으로 하여 이루어진 근대과학을 모두 집약한 뉴턴은 근대의 역학 체계를 완성했다. 뉴턴에 의해 확립된 근대과학은 과학으로부터 형이상학적 가정이나 철학적 사변을 축출하고, 사실의 관찰과 실험 및 수학적 방법에 의해 자연을 지배하는 원인과 결과 사이의 필연적 법칙을 발견하는 일이 기본 과제가 되었다.

뉴턴은 그의 「프린키피아」에서, 단지 행성의 운동 법칙만을 확립한 것은 아니었다. 그의 대목표는 분명히 어떻게 만유인력이 세계의 질서를 유지할 수 있는가를 논증하는 데에 있었다. 그러나 그는 이것을 낡은 철학적 방법이 아니라, 새로운 정량적·물리학적 방법에 의해 행하려고 하였다. 이 점에서는 그는 다른 두 개의 과제를 해결해야만 하였다. 즉 첫째로 신·구를 막론하고 종래의 철학적 개념을 타파하고, 두 번째로 자신의 것을 제 현상을 설명하는데 있어 올바를 뿐만 아니라, 가장 엄밀한 방법으로서 확립하는 일이었다.

- ☐ demonstrate vt. 증명하다, 설명하다
  n. demonstration a. demonstrative
- ☐ maintain vt. 유지하다(= keep up)
  n. maintenance
- ☐ demolish vt. 부수다, 분쇄하다
  n. demolition
- ☐ accurate a. 정확한, 정밀한 syn. correct 옳은

A great deal of the *Principia* is taken up with a careful and quantitative refutation of the system most in vogue and with which he himself had flirted, that of Descartes with its set of whirlpools in which each planet was held. This was a genial intuitive idea but one totally incapable, as Newton showed, of giving accurate quantitative results. In doing so, he was led into founding the science of hydrodynamics, discussing and refining the ideas of viscosity and the resistance of the air, and indeed laying the basis for a mechanics of fluids that was to come into its own only in the day of the aeroplane.

Though Newton used the calculus in arriving at his results, he was careful in the *Principia* to recast all the work in the form of classical Greek geometry understandable by other mathematicians and astronomers. The immediate practical consequence of its publication was to provide a system of calculation enabling the positions of the moon and planets to be determined far more accurately, on the basis of a minimum of observations, than his predecessors could by their empirical extension of long series. Three observations, for instance, were sufficient to fix the position of a celestial object for an indefinite future.

「프린키피아」의 대부분은 당시 유행중이어서 그 자신이 일찍이 익숙해 있었던 체계, 즉 일련의 소용돌이 속에서 각 행성이 유지되고 있다는 데카르트의 체계를 주의깊게 정량적으로 논박하는 데에 할애되어 있다. 데카르트의 체계는 천재적인 직관적 사상이었지만, 뉴턴이 보인 바와 같은 정밀한 정량적 결과를 전혀 산출할 수 없다는 것이었다. 이 증명을 통해 뉴턴은 마침내 '유체역학'이라는 과학을 수립하고 점성과 공기의 저항에 대한 관념들을 논하여 그것을 정밀화하고, 항공기 시대가 되어서야 제 모습을 갖추게 된 유체역학에 대한 기초를 쌓았던 것이었다.

뉴턴은 미적분법을 사용하여 자신의 결과에 도달하였지만 「프린키피아」에서 그는 일체의 일을 다른 수학자와 천문학자들이 이해할 수 있는 그리스 고전 기하학의 형태로 주의깊게 고쳐 만들었다. 「프린키피아」출판의 즉각적이고 실질적인 결과는 달과 행성의 위치를 최소한의 관측에 의거하여, 이전에 그의 선배들의 오랫동안 경험적 확장을 통해 결정할 수 있었던 것보다 훨씬 정밀하게 결정할 수 있는 계산법을 제공한 점이었다. 예를 들어 특정하지 않은 미래에 있어 한 천체 대상의 위치를 결정하는 데에는 세 번의 관측이면 충분했다.

- ☐ take up with ~에 흥미를 갖다, (학설 따위를) 신봉(채택)하다
- ☐ refutation n. 논박, 논파 vt. refute
- ☐ in vogue 유행하여 cf) out of vogue 유행이 지나, 인기를 잃어
- ☐ hydrodynamics n. 수(水)력학
- ☐ viscosity n. 점성
- ☐ mechanics of fluids 유체역학
- ☐ recast vt. 고쳐 만들다
- ☐ on the basis of ~을 기초로 하여
- ☐ empirical a. 경험의, 경험적인 n. empiric
- ☐ celestial object 천체

The proof of this was furnished soon after Newton's time by his friend Halley in his famous comet, whose return he successfully predicted on the basis of Newton's theories. As a result of using Newtonian theories nautical tables became far more accurate. Unfortunately, the most suitable celestial object to observe for the purpose of finding the longitude is the moon, and the moon's motion is quite the most complicated in the solar system. It was never reduced to good enough order to be a reliable guide to sailors, and in the end it was the scientifically minded clockmakers who took the prize — or as much of it as they could persuade the Admiralty to part with — from the mechanically minded astronomers.

Newton's theory of gravitation and his contribution to astronomy mark the final stage of the transformation of the Aristotelian world-picture begun by Copernicus. For a vision of spheres, operated by a first mover or by angels on God's order, Newton had effectively substituted that of a mechanism operation according to a simple natural law, requiring no continuous application of force, and only needing divine intervention to create it and set it in motion.

Newton himself was not quite sure about this, and left a loophole for divine intervention to maintain the stability of the system. But this loophole was closed by Laplace and God's intervention dispensed with. Newton's solution, which contains all the quantities necessary for the practical prediction of the positions of the moon and the planets, stops short of any fundamental questioning of the existence of a divine plan. Indeed, Newton felt he had revealed this plan and wished to ask no further questions.

이것의 증거는 뉴턴 시대 직후, 그의 친구인 핼리에 의해 유명해진 핼리 혜성을 통해 제공되었다. 그는 뉴턴의 이론에 의거하여 핼리 혜성의 회기를 성공적으로 예언했었다. 뉴턴의 이론을 사용한 결과, 항해표가 훨씬 더 정확하게 되었다. 불행하게도 경도를 찾기 위한 관측에 가장 적당한 천체는 달인데, 달의 운동은 태양계 중에서 가장 복잡하다. 그것은 결코 선원에게 확실한 안내자가 될 정도로 충분하게 계산되지 않았다. 그리고 마침내 과학적 기질이 있는 시계공이 역학적인 기질의 천문학자에게서 — 그들이 해군성을 설득하여 상금을 내놓도록 할 수 있는 만큼 — 상금을 획득하였다.

뉴턴의 중력 이론과 천문학에 대한 그의 공헌은 코페르니쿠스에 의해 시작된 아리스토텔레스의 세계상의 전환의 최종 단계를 의미한다. 뉴턴은 최초의 기동자 혹은 신의 명령을 받은 천사에 의해 작동되는 천체라고 하는 환상을, 단순한 자연법칙에 따라서 작동한다는 기계론적 세계관으로 효과적으로 대체했다. 이 기계장치는 계속 작동되어야 하는 힘을 필요로 하지 않았으며, 단지 신의 간섭이 필요로 되는 것은, 그것을 창조하고 시동하는 것뿐이었다.

뉴턴 자신은 이 점에 대해 완전하게 확신하지는 않았으며, 이 체계의 안정성을 유지하는 데에 신의 간섭을 허용하는 허점을 남겨 놓았다. 그러나 이 허점은 라플라스에 의해 극복되어 신적인 간섭은 제거되었다. 뉴턴의 해답은 달과 행성의 위치를 실질적으로 예언하는데 필요로 한 것을 모두 포함하고 있지만, 신적 계획의 존재에 대한 근본적인 질문은 바로 앞에서 멈추고 있다. 실제로 뉴턴은 자신이 이 계획을 밝혀냈다고 느꼈으며 그 이상의 물음을 제기하려 하지 않았다.

- ☐ longitude n. 경도
- ☐ minded a. ~한 마음의, 기질의, ~의 성격의
- ☐ take ~ from ~에서 끌어내다, ~에게서 이어 받다
- ☐ as much (of it) as ~와 같은 정도(만큼), ~만큼
- ☐ (the) Admiralty n. 해군성
- ☐ part with (가진 것을) 내어 놓다, 내주다
- ☐ divine a. 신의, 신성한(= holy) ad. divinely
- ☐ set A in motion A를 움직이게 하다
- ☐ loophole n. 허점, 총구멍
- ☐ stability n. 안정성 a. stable
- ☐ dispense vt. ~을 요구치 않다, ~을 면제하다
- ☐ stop short 중단하다, 갑자기 멈추다

By this time the destructive phase of the Renaissance and Reformation was over; a new compromise between religion and science was needed just as much as those between monarchy and republic and between the upper bourgeoisie and the nobility. Newton's system of the universe did represent a considerable concession on the part of religious orthodoxy, for by it the hand of God could no longer be clearly seen in every celestial or terrestrial event but only in the general creation and organization of the whole. God had, in fact, like his anointed ones on earth, become a constitutional monarch. On their side the scientists undertook not to trespass into the proper field of religion — the world of man's life with its aspirations and responsibilities.

Although the system of universal gravitation appeared to be at the time, and still remains, Newton's greatest work, his influence on science and outside it was even more effective through the methods he employed in achieving his results. His calculus provided a universal way of passing from the changes of quantities to the quantities themselves, and vice versa. He provided the mathematical key adequate for the solution of physical problems for another 200 years. By setting out his laws of motion, which linked force not with motion itself but with change of motion, he broke definitely with the old commonsense view that force was needed to maintain motion, and relegated the friction, which makes this necessary in all practical mechanisms, to a secondary role which it was the object of the good engineer to abolish. In one word Newton established, once and for all, the *dynamic* view of the universe instead of the *static* one that had satisfied the Ancients.

이때쯤은 르네상스와 종교개혁의 파괴적 단계가 끝나 있었고 군주제와 공화제간의 시민계급과 귀족층간의 타협이 요구되는 만큼 종교와 과학간의 새로운 타협도 요구되었다. 뉴턴의 우주 체계는 종교 정설 측에서는 상당한 양보를 의미했는데, 왜냐하면 그것에 의해 신의 손은 일반적인 창조와 전체적인 구조화 이외에는 더 이상 천상과 지상의 어떠한 사건에서도 분명하게 보여지지 않게 되었기 때문이다. 실제로 신은 지상에서 하나님의 기름부음 받은 자들처럼 천상의 입헌군주가 되었다. 과학자들은 자신들의 영역으로부터 종교의 순수한 영역 — 염원과 책임을 지닌 인간의 삶 — 속으로 침입하지 않을 것을 약속했다.

만유인력 체계가 비록 그 시기에 뉴턴의 최대 업적으로서 생각되고, 아직까지도 여전히 그렇지만, 이 결과를 얻는데 사용한 방법들을 통해 그가 과학과 그 주변의 영역에 끼친 영향은 훨씬 컸다. 그의 미적분법은 양의 변화로부터 양 자신으로 이행하고, 역으로 양에서 그 양의 변화에로 이행하는 일반적인 방법을 제공하였다. 그는 그 후 2백 년에 걸친 물리학의 문제를 해결하는 데 적절한 수학적 열쇠를 제공했다. 그는 힘을 운동 자신이 아니라 운동의 변화와 결부시킨 자신의 운동법칙을 수립함으로써, 운동을 유지하는 데는 힘이 필요하다고 하는 오래된 상식적인 견해와 분명하게 관계를 끊었다. 그리고 모든 기계가 실제 움직이는 데에 있어 힘을 필요로 하게 하고, 그래서 유능한 기사가 없애는 것을 목적으로 삼았던 마찰이라는 것을 부차적인 지위로 떨어뜨렸다. 한마디로 말해, 뉴턴은 고대인을 만족시켜 온 '정적'인 우주관 대신에 '동적'인 우주관을 단번에 확립했다.

- ☐ concession n. 양보, 용인
- ☐ orthodoxy n. 정설 a. orthodox
- ☐ terrestrial a. 지상의, 지구의 cf) celestial 하늘의
- ☐ constitutional a. 입헌의, 구조상의 cf) ~ monarch 입헌군주
- ☐ undertake vt. ~할 의무를 지다, 약속하다, 장담하다
- ☐ trespass vi. 침입하다, 침해하다
- ☐ set out 명백히 하다, 강조하다
- ☐ break with ~와 관계를 끊다
- ☐ relegate vt. 지위를 떨어뜨리다, 좌천시키다 n. relegation
- ☐ friction n. 마찰 cf) frictionless 마찰이 없는
- ☐ once and for all 단호하게

This transformation, combined with his atomism, showed that Newton was in unconscious harmony with the economic and social world of his time, in which individual enterprise, where each man paid his way, was replacing the fixed hierarchical order of the late classical and feudal period where each man knew his place.

Quite apart from these actual achievements, Newton's work, itself that final refinement of a century of experiment and calculation, provided a reliable method which could be used confidently by the scientists of later times. At the same time it reassured scientists and non-scientists alike that the universe was regulated by simple mathematical laws. Thus the laws of electricity and magnetism, as we shall see, were built on a Newtonian model, and the atomic theory of the chemists was a direct outcome of Newton's atomic speculations.

The very successes of Newton carried with them corresponding disadvantages. His abilities were so great, his system so apparently perfect, that they positively discouraged scientific advance for the next century, or allowed it only in regions he had not touched. In British mathematics this restriction was to remain until the mid nineteenth century. Newton's influence lasted even longer than his system, and the whole tone he gave to science came to be taken so much for granted that the severe limitations it implied, which were largely derived from his theological preconceptions, were not recognized till the time of Einstein and are not fully even now.

이 전환은 그의 원자론과 결합하여 뉴턴이 당대의 경제 및 사회적 세계에 무의식중에 동조하고 있었음을 보여주는데, 그 시대에는 개인 기업이 — 여기서 각각의 사람들이 자기 스스로 벌어 필요한 모든 것을 지불했다. — 각각의 사람들이 자기 위치를 알고 있었던 고대 말과 봉건시대의 고정된 계층적 질서를 대체해 가고 있었다.

이들의 실제적인 성과는 완전히 별개로 치더라도, 뉴턴의 작업은 그 자체는 일 세기 간의 실험과 숙고의 최종적 극치로서 후세의 과학자들이 확신을 가지고 사용할 수 있는 신뢰할 만한 방법을 제공했다. 동시에 그것은 과학자와 비과학자 모두에게 우주가 단순한 수학적 법칙에 의해 통제되어 있음을 확신시켰다. 이리하여 전기와 자기법칙이, 다음에 살펴보는 것처럼 뉴턴의 모델에 의거하여 확립되었고, 또한 화학자의 원자이론은 뉴턴의 원자론적 사색의 직접적인 결과였다.

뉴턴의 성공, 바로 그것은 그에 상응하는 불이익을 수반하고 있었다. 그의 능력이 너무 위대하였고, 그의 체계가 너무도 완벽한 것으로 보였으므로, 이는 단연코 다음 세기의 과학적 발전을 저해하였고, 또 가능했다 하더라도 그가 접근하지 않았던 부분에 한정되었던 것이다. 영국의 수학에 있어서 이 제약은 19세기 중엽까지 남아 있었다. 뉴턴의 영향은 그의 체계보다 훨씬 오래 지속되었고, 그가 과학에 대해 말한 모든 것이 너무나 당연하게 생각되어 왔기 때문에, 주로 그의 신학적 선입관으로부터 유래되었음에도 불구하고 거기에 포함된 결정적 한계는, 아인슈타인의 시대에 이르기까지 인식되지 않았고 금일에조차 아직 완전히는 인식되고 있지 않다.

- ☐ in harmony (with) 조화되어, 사이좋게
- ☐ hierarchical a. 계층적
- ☐ apart from ~은 별 문제로 하고, ~은 그렇다 하고 (= aside from)
- ☐ refinement n. 극치, 세련 vt. vi. refine a. refined
- ☐ reassure vt. 재보증하다, 안심시키다 n. reassurance a. reassured
- ☐ speculation n. 사색, 의견, 추측 vi. speculate a. speculative
- ☐ apparently ad. 명백히, 외관상으로
- ☐ discourage vt. 용기를 잃게 하다, 저지하다
- ☐ take ~ for granted ~ 의심의 여지가 없다고(당연하다고) 생각하다
- ☐ derive vt. 끌어내다(from), 손에 넣다 vi. 유래하다, 파생하다(from)
- ☐ theological a. 신학상의, 신학의 vt. theologize n. theology

Paradoxically, for all his desire to limit philosophy to its mathematical expression, the most immediate effect of Newton's ideas was in the economic and political field. As they passed through the medium of the philosophy of his friend Locke and his successor Hume, they were to create the general scepticism of authority and belief in *laisser-faire* that were to lower the prestige of religion and respect for a divinely constituted order of society. Directly through Voltaire, who first introduced his work to the French, they were to contribute to the 'Enlightenment' and thus to the ideas of the French Revolution. To this day they remain the philosophical basis of bourgeois liberalism.

철학을 그것의 수학적인 표현 속에 한계 지으려는 그의 모든 바람에도 불구하고, 역설적으로 뉴턴 사상의 가장 직접적인 영향은 경제와 정치 분야에서 나타났다. 뉴턴의 사상이 그의 친구 로크와 계승자 흄의 철학이라는 매개를 통해 감에 따라, 그의 사상은 종교적 특권과 성스럽게 구성된 사회질서에 대한 존중을 격하시킨, 일반적으로 자유방임주의에 대한 권위와 믿음에 대한 일반적인 회의를 만들어 냈다. 볼테르는 최초로 그의 저서를 프랑스에 소개하였는데, 그를 통해 직접적으로 뉴턴의 사상은 '계몽'과, 따라서 프랑스 혁명의 사상에 기여했다. 오늘에 이르기까지 그것들은 부르주아 자유주의의 철학적 토대가 되었다.

- ☐ pass through 통과(횡단)하다, 경험하다, 꿰뚫다
- ☐ scepticism n. 회의(론)
- ☐ laisser-faire n. 방임주의 (= noninterference), (상공업에 대한 정부의) 자유방임주의
- ☐ prestige n. 위신, 명성
- ☐ remain ~에 이르다 (= come to remain)

제 5 장

J. D. Bernal
Science in History (2)

J. D. 버널
역사 속의 과학 (2)

The seventy years from 1760 to 1830, and particularly the thirty from 1770 to 1800, are a decisive turning point in world history. They mark the first practical realization of the new powers of machinery in the framework of a new capitalist productive industry. Once these steps had been taken, the enormous extension of industry and science of the nineteenth century was inevitable. The new system was so much more efficient and so much cheaper than the old that no serious competition was possible. Nor henceforth could there be any turning back. Sooner or later the whole pattern of life of every human being in the world was to be changed.

The critical transition came as a culmination of changes in technology and economics which reached, as has been shown, a breakthrough in Britain, on the technical side, around the year 1760, and in France, on the economic and political side, thirty years later. The changes were not easily effected; it was no accident that the period was one of unprecedented revolutions and wars.

산업혁명은 18세기 후반 영국의 섬유공업 부문에서부터 시작되었다. 먼저 직포 작업상의 문제점을 해결하기 위해 발명된 케이의 비사를 들 수 있다. 비사에 의해 방적 작업과 직포 작업 사이의 균형이 깨지고 만성적인 방사의 부족 현상이 야기되어, 급기야는 방적기의 발명이 뒤따르게 되었다. 증기기관의 발명은 대공업의 발전을 제한했던 여러 제약을 해소시킴으로써 대공업의 무한하고 급속한 발전을 가능하게 하였다. 증기기관과 새로운 자동기계의결합은 실로 엄청난 생산력의 발전을 가져왔다. 그때까지 잔존하고 있던 낡은 가내수공업의 급속한 몰락을 초래하였고 생산양식의 완전한 변혁을 달성하게 하였다.

1760년도에서 1830년도에 이르는 70년간, 그 중에서도 특히 1770년도부터 1800년도에 걸친 30년간은 세계사의 결정적인 전환기였다. 이 시기는 새로운 자본제 생산 산업 체계 내에 최초로 기계라는 신동력(新動力)을 실현한 시점이었다. 이러한 단계로 접어든 이상, 19세기 산업과 과학의 급격한 신장은 필연적인 것이었다. 이 신체제는 구체제보다 훨씬 능률적이고 원가가 절감되었으므로, 진정한 의미의 경쟁이 이루어질 수 없었던 것이다. 또한 이제부터 퇴보란 있을 수 없게 되었다. 조만간 세상 사람들 전부의 생활양식 일체가 변모하게끔 되어 있었다.

이 중대한 전환은 기술과 경제면에서 이루어진 변혁의 절정으로 대두하였으며, 이미 살펴보았듯이 기술의 측면에서는 1760년대의 영국에서, 경제 및 정치의 측면에서는 30년 이후의 프랑스에서 획기적인 진전을 보게 되었다. 이러한 변혁은 쉽사리 이루어지지는 않았다. 그리고 이 시대가 전례 없는 혁명과 전쟁의 시기였음은 결코 우연한 일이 아니었다.

- ☐ The new system ~ 이 문장은 so (much more ~ the old) that 용법
- ☐ was to be changed 변화할 운명이었다 (= was destined to be changed)
- ☐ culmination n. 정점, 절정 vi. vt. culminate
- ☐ breakthrough n. (과학·기술 등의) 획기적인 약진
- ☐ it was no accident that ~은 결코 우연이 아니었다
- ☐ unprecedented a. 미증유의, 전대미문의, 전례가 없는

In science, also, the eighteenth-century changes were revolutionary — the term pneumatic revolution covers only one aspect of them. Though they appear in conventional histories of science only as an appendage to the Copernican-Galilean-Newtonian rejection of ancient science, this is only a measure of how the historians themselves are still hypnotized by the classical tradition.

The seventeenth century had solved the Greeks' problems by new mathematical and experimental methods. The eighteenth-century scientists were to solve by these methods problems that the Greeks had never thought of. But they were to do more: they were to integrate science firmly into the productive mechanism. Through power-engineering, chemistry, and electricity, science was to be henceforth indispensable to industry. The first step had been taken in the seventeenth century with the contributions of science to astronomy in the service of navigation.

Nevertheless, science still remained largely what it had become in classical times, a somewhat esoteric part of the framework of belief erected in the interest of ruling classes: it was part of the ideological superstructure. Effectively, it had contributed nothing to industry. Now, in the dawn of the nineteenth century, without losing its academic character, it was to become one of the major elements in the productive forces of mankind. This, as we shall see, was to be a permanent feature of growing importance destined to outlast the social forms of capitalism which had assisted at its birth.

과학의 분야에 있어서도 18세기의 제 변화는 역시 혁명적이었다 — 기체혁명이라는 개념은 단지 그 일면만을 함축하고 있다. 비록 이러한 변화가 전통적인 과학사 내에서는 코페르니쿠스 - 갈릴레이 - 뉴턴으로 이어지는 고대 과학의 부정에 따르는 부산물로서 여겨질 뿐이지만, 이는 역사가들 자신이 아직까지 고전적인 전통에 얼마나 빠져 있는지를 보여 주는 것에 다름 아니다.

17세기는 그리스인의 문제를 새로운 수학적·실험적 방법에 의해 해결하였다. 그리고 18세기의 과학자들은 그리스인들이 전혀 생각하지도 못했던 문제들을 이러한 방법에 의해 해결하게 되었다. 그러나 그들은 훨씬 더 많은 일을 해결하게 되었다: 즉 그들은 과학을 생산적인 메커니즘 속에 확고히 통합시켰던 것이다. 그 이후 과학은 동력공학, 화학, 그리고 전기학을 매개로 하여 산업에 필수불가결한 존재가 되었다. 그 최초의 단계는 17세기에 들어와 항해술에 도움이 되는 천문학에 과학이 공헌함으로써 시작되었다.

그러나 그럼에도 불구하고 고전 시대에도 그러하였듯이 과학은 여전히 지배계급의 이익을 위해 세워진 신념 체계 중의 난해한 부분으로 잔류하고 있었다. 즉 과학은 이데올로기적 상부구조의 일부였던 것이다. 실제로 과학은 산업에 아무런 기여도 하지 않았다. 그러나 이제 19세기의 여명기에 들어서서 과학은 그 아카데믹한 성격을 상실하지 않은 채, 인류의 생산력에 있어 주요 요소의 하나가 되었다. 이는 뒤에서 살펴보는 바와 같이, 과학의 태동에 도움을 주었던 자본주의 사회 형태를 보다 오래 지속하게끔 운명 지어져 점차 그 중요성을 더해 가는 영구적인 특성이 되었던 것이다.

- ☐ pneumatic a. 공기의, 기체의 cf) -s n. (물리) 기학(氣學), 기력학
- ☐ appendage n. 부가(부속)물 vt. append
- ☐ hypnotize vt. ~에게 최면술을 걸다, 유혹하다
- ☐ were to solve 여기에서 be + to 용법은 '~하기로 되어 있다'의 의미
- ☐ integrate A into B: A를 B로 확장하다
- ☐ with the contributions는 공헌과 함께(더불어)'라는 의미
- ☐ esoteric a. 비법의, 비전(祕傳)의, 난해한 opp. exoteric 공개적인
- ☐ superstructure n. 상부구조 opp. base 토대, 기초, 기지, substructure 하부구조
- ☐ contribute A to B: A를 B에 기여하다
- ☐ ~ destined to 앞에는 which was가 생략
- ☐ outlast vt. ~보다 오래 견디다(살다, 계속하다)

In the field of ideas the age of revolutions gave little of importance comparable with that of the scientific discoveries or technical inventions of the period. Time was needed to digest the events and transformations that followed each other in rapid succession from 1760 to 1830. In thought the era lies, as it were, on a watershed. The ideas that inspired the revolutions were those of the French *philosophes* — of Voltaire and Rousseau. They were the heritage of Newton and Locke, based on emotional belief in man and in his perfectibility by free institutions and education once the shackles of Church and King had been loosened. Their German echo was to be found in the profound meditations of Kant(1724-1804), who attempted to weld in one system the achievements of science and the inner light of conscience.

The ideas that were to come in the nineteenth century were based on the hard experience of the Industrial Revolution and the reluctance of men of culture and property to apply the watch words of liberty, equality, fraternity too literally. The attempt to apply the social philosophy of the Enlightenment in the French Revolution had revealed serious limitations. It brought out particularly how little the new ideas concerned the lives of the peasants and poor workmen who made up the mass of the population.

혁명의 시대가 사상의 영역에 미친 영향은 그 시기의 과학적 발견이나 기술적 발명의 중요성에 비하면 극히 미미하였다. 1760년도부터 1830년도까지에 걸친 급속한 변천 속에 서로 뒤질세라 일어난 사건들과 변혁을 소화하는 데에는 시간이 필요하였다. 말하자면 그 시대는 사상에 있어서 하나의 분수령이었다. 혁명을 고취한 사상은 프랑스 계몽 철학자들 — 볼테르와 루소 — 의 그것이었다. 이는 뉴턴과 로크가 남긴 유산으로, 인간의 본성에 대한 감성적 믿음과 인간이 교회와 왕의 속박에서 해방된다면, 인간은 자유로운 제도와 교육에 의해 완성될 수 있다는 믿음에 근거한 것이었다. 이는 독일에서도 반향을 얻었는데, 칸트(1724-1804)의 심오한 명상 속에서 나타나고 있으며, 그는 과학의 성과와 의식의 내면적인 광명(光明)을 하나의 체계 속에 융합하고자 했던 것이다.

19세기에 등장하게 될 사상은 산업혁명이라는 냉혹한 경험과, 자유·평등·박애의 슬로건을 교양 있고 부유한 사람들이 지나치게 고지식하게 적용하는 것에 대한 저항에 뿌리를 두고 있었다. 프랑스 혁명기의 계몽주의 사회철학을 적용하려는 시도도 심각한 한계점을 드러내고 있었던 것이다. 이는 특히 새로운 사상들이 인구의 대다수를 차지하는 농민과 가난한 노동자들의 생활에 얼마나 무관심하였던가를 드러냈다.

- ☐ comparable with '~와 비교되는'의 의미로 앞에 which was가 생략
- ☐ be needed to '~하는 데 필요하다'의 의미
- ☐ succession n. 연속, 변천
  a. successional 연달은, 연속적인, successive 잇따른, 연속하는
- ☐ watershed n. 분수령
- ☐ based on 앞에 which was가 생략
  cf) be based on(upon) ~에 의거하다
- ☐ shackle n. 쇠고랑, 구속, 속박, 굴레 (= impediment)
- ☐ meditation n. 묵상, 명상
  vt. vi. meditate a. meditative
- ☐ weld vt. 용접하다, 결합시키다 n. 용접, 밀착
- ☐ were to come 등장하기로 되어 있었다 (= were going to come)
- ☐ reluctance n. 저항, 싫어함 a. reluctant
- ☐ fraternity n. 박애, 우애 a. fraternal
- ☐ Enlightenment n. 계몽
  cf) the Enlightenment 계몽운동

It was they — the *people* — who had given the Revolution its drive, but when its immediate objects — the abolition of feudal restrictions on private money-making — were achieved, the same people became the *mob*, a threat permanently suspended over the owners of property: the men with a stake in the country. Science, education, liberal theology, from being fashionable, had now become dangerous thoughts. The immediate transition can be seen by comparing Godwin's (1756-1836) optimism with Malthus'(1766-1834) grim and hopeless picture of human existence.

One fundamental advance in ideas was a direct consequence of the great changes of the time. It was the recognition of the historical and irreversible element in human affairs. According to the official, Newtonian, liberal view, Natural Laws, which had been extended from the solar system to cover the world of life and society, were deemed to hold timeless sway. All that was necessary was to discover what those laws were and to arrange industry, agriculture, and society once and for all in accordance with them. The failure of the French Revolution to institute the *age of reason* gave a chance for the alternative view of evolutionary development to gain ground.

혁명 자체에 추진력을 부여한 것은 바로 그들 — '민중'— 이었지만, 혁명의 직접적인 목적 — 사적 축재에 대한 봉건적 규제의 폐지 — 이 성취되었을 때, 민중은 '군중'으로 변모, 유산계급 즉 국가와 이해관계를 지니고 있는 사람들에게 있어 영원히 위협적인 존재가 되었다. 유행하던 과학, 교육학, 그리고 자유주의 신학도 이제는 위험한 사상이 되었다. 고드윈(1756-1836)의 낙천주의와, 인간 존재에 대한 맬서스(1766-1834)의 냉혹하고 절망적인 묘사를 비교해 보더라도 우리는 그 즉각적인 전환을 살펴볼 수 있는 것이다.

사상의 측면에 있어서 한 가지 근본적인 진보는 그 시대의 엄청난 변화가 낳은 직접적인 결과였다. 그것은 인간사에 존재하는 역사적이며 불가역적인 요소에 대한 인식이었다. 뉴턴 학설론자들의 공식적인 자유주의 견해에 따르자면, 태양계에서부터 생명과 사회의 세계까지 망라하게끔 확장된 자연법칙은 영원한 지배력을 지닌 것으로 간주되고 있었다. 이제 필요한 일은 이들 법칙이 무엇인가를 발견하고, 산업 및 농업, 그리고 사회 전체를 단 한 번 만에 이 법칙에 부합되게끔 정리하는 것이었다. 프랑스 혁명이 '이성의 시대'를 구축하는 데 실패함으로써, 이에 대신하여 진화론적 발전이라는 견해가 지지를 얻을 수 있는 기회를 얻게 되었다.

- ☐ mob n. 군중, 폭도 cf) the mob 대중, 민중, 하층민
- ☐ theology n. (기독교) 신학
- ☐ irreversible a. 돌이킬 수 없는, 불가역적인
- ☐ human affairs 인간사(人間事)
- ☐ deem vt. ~라고 생각하다, 간주하다 (= consider)
- ☐ sway n. 지배력 vt. 흔들다
- ☐ once and for all 단지 한 번만, 이번만
- ☐ gain ground 토대(지지)를 확보하다

Vico(1688-1744) had indeed glimpsed this idea in regard to human societies in the early eighteenth century(pp. 1056 f.), and later Buffon(1707-1788) and Erasmus Darwin(1731-1802) had speculated that organisms and even the earth itself had had an evolutionary history. It was, however, left to Hegel(1770-1831) to erect these ideas into a philosophical system and for Charles Darwin(1809-1882) and Karl Marx(1818-1883) later in the nineteenth century to bring out the consequences of evolutionary struggles in Nature and society(pp. 1067 ff.).

이미 비코(1688-1744)는 18세기 초기의 인간 사회에 대해 이 같은 사상을 어렴풋하게나마 파악하고 있었으며, 그 후 뷔퐁(1707-1788)과 에라스무스 다윈(1731-1802)은 생물과 지구 그 자체도 진화의 역사를 거쳐 왔음을 예측하였다. 그러나 이들 사상을 철학적 체계 속에 확립하는 일은 헤겔(1770-1831)에게 넘겨졌으며, 자연과 사회 내의 진화적 투쟁이 낳은 귀결을 제시하는 일은 19세기 후반의 찰스 다윈(1809-1882)과 칼 마르크스(1818-1883)에게 넘겨졌다.

- ☐ glimpse vt. vi. 흘끗 보(이)다
- ☐ in regard to ~에 관해서는 (= with respect to, with regard to)
- ☐ speculate vi. 추측하다(= conjecture), 숙고하다(= ponder)

제 6 장

Charles Darwin Origin of Species

찰스 다윈 종의 기원

We shall best understand the probable course of natural selection by taking the case of a country undergoing some slight physical change, for instance, of climate. The proportional numbers of its inhabitants will almost immediately undergo a change, and some species will probably become extinct. We may conclude, from what we have seen of the intimate and complex manner in which the inhabitants of each country are bound together, that any change in the numerical proportions of the inhabitants, independently of the change of climate itself, would seriously affect the others. If the country were open on its borders, new forms would certainly immigrate, and this would likewise seriously disturb the relations of some of the former inhabitants. Let it be remembered how powerful the influence of a single introduced tree or mammal has been shown to be.

다윈이 진화론을 발표했을 때 이 이론은 비교적 무리 없이 수용되었다. 그 이유는 당시 생물학의 발전에서도 찾을 수 있겠고, 진화의 요인을 풍부한 자료에 근거하여 전개하였다는 점과 당시의 사회적 배경이 상당히 작용했기 때문이다. 18세기 후반부터 영국에서는 산업혁명이 진행되어 경제구조에 변혁이 일어나고 있었다. 19세기에 들어서 자본주의 경제는 더욱 발전되었고, 그 이념으로서 자유경쟁이 전면에 대두하였다. 17세기 근대과학의 성립 이래 인간의 마음속에 신의 존재는 조금씩 후퇴하고 있었으나, 신·인간·자연이라는 세 가지 입장은 구별되어 있었다. 진화론은 인간과 자연의 경계선을 지워버렸고 경우에 따라서는 신의 존재도 부정, 거세하였던 것이다.

기후와 같은 가벼운 물리적 변화를 겪고 있는 지방의 경우를 예를 들어, 우리는 자연도태의 가능한 경로를 가장 잘 이해할 수 있을 것이다. 그 지방에 서식하는 동물들의 비율이 거의 즉각적으로 변화할 것이고, 몇몇의 종은 멸종될 것이다. 각각의 지방에 서식 동물들이 서로 얽혀져 있는 세심하고 복잡한 양식을 관찰해 온 것에 의해 우리는 기후 자체의 변화와는 독립적으로 모든 서식 동물의 수적 비율의 변화는 다른 것에 심각한 영향을 미친다는 결론을 내릴 수 있을 것이다. 만약 이 지방의 경계가 열려 있다면 새로운 형태의 생물이 분명히 이동할 것이고, 게다가 이 이동은 마찬가지로 이전에 존재했던 몇몇 서식 동물들의 관계를 심하게 변화시킬 것이다. 하나의 유입된 나무나 척추동물의 영향이 얼마나 강력하게 보였던가를 기억해 보자.

- ☐ natural selection 자연도태
- ☐ inhabitant n. 주민, 서식 동물 vt. inhabit
- ☐ species n. 종류, (생물) 종, 인류
- ☐ intimate a. 친밀한, 자세한, 심오한, 내심의 syn. familiar 잘 알려진, 잘 아는, 친한
- ☐ immigrate vi. vt. 이주하다(시키다) n. immigration
- ☐ likewise ad. 똑같이, 마찬가지로, 게다가
- ☐ Let it be remembered how: how 앞에 종속접속사 that이 생략된 것임. how는 mammal까지 걸림

But in the case of an island, or of a country partly surrounded by barriers, into which new and better adapted forms could not freely enter, we should then have places in the economy of nature which would assuredly be better filled up, if some of the original inhabitants were in some manner modified; for, had the area been open to immigration, these same places would have been seized on by intruders. In such cases, slight modifications, which in any way favored the individuals of any species, by better adapting them to their altered conditions, would tend to be preserved; and natural selection would have free scope for the work of improvement.

We have good reason to believe that changes in the conditions of life give a tendency to increased variability; and in the foregoing cases the conditions have changed, and this would manifestly be favorable to natural selection, by affording a better chance of the occurrence of profitable variations. Unless such occur, natural selection can do nothing. Under the term of "variations," it must never be forgotten that mere individual differences are included. As man can produce a great result with his domestic animals and plants by adding up in any given direction individual differences, so could natural selection, but far more easily from having incomparably longer time for action. Nor do I believe that any great physical change, as of climate, or any unusual degree of isolation to check immigration, is necessary in order that new and unoccupied places should be left for natural selection to fill up by improving some of the varying inhabitants.

그러나 섬, 또는 부분적으로 장벽에 둘러싸여 있어 새롭고 보다 적응력 있는 형태들이 자유로이 들어올 수 없는 지방의 경우에는, 우리는 본래 존재하던 서식동물의 일부가 어떠한 방식으로 변형되어 있다면 확실히 더 잘 채워질 수 있는 자연의 경제학을 생각해야 할 것이다. 그 이유는 이 영역에로의 이주가 가능하다면, 이 영역을 침입자들이 점유할 것이기 때문이다. 이와 같은 경우, 바뀐 조건에 더 잘 적응함으로써 적응할 종의 개체들에게 어떤 방법이든 유리한 약간의 변형은 보존되는 경향을 띠며, 자연도태는 생명체들의 개선 작업을 위한 자유로운 영역을 갖게 되는 것이다.

생명에 대한 조건에 있어서의 변화로 인하여 다양성이 증가한다는 것은 믿는 데는 충분한 까닭이 있고, 앞의 경우에서 이 조건들은 변화해 왔으며 이 변화는 적절한 변이의 출현에 대해 더 좋은 기회를 제공함으로써 자연도태에 분명히 알맞을 것이다. 이런 변이의 출현이 없다면 자연도태는 무의미한 것이다. '변이'라는 용어에서는 단지 개체적인 차이만이 포함된다는 것을 잊어서는 안 된다. 인간이 가축이나 식물에게 일정한 방향으로 개체적인 차이를 더해 감으로써 커다란 결과를 만들어 냈듯이 자연도태도 그러하다. 하지만 훨씬 쉽게 비교할 수 없이 기나긴 기간을 통해 작용한다. 변화하는 몇몇 서식동물을 개선시켜, 이 개선된 동물이 꽉 들어찰 새롭고 점유되지 않은 장소가 자연선택이 일어나게 남겨지도록 하기 위해, 기후와 같은 커다란 물리적 변화, 또는 이동을 방해하기 위해 보통 이상 정도의 격리가 필요하다고 나는 생각하지 않는다.

- ☐ But in ~ modified에서 주절은 we should ~이다
- ☐ adapt vt. 적응시키다, 각색하다 vi. 순응하다
- ☐ assuredly ad. 확실히, 대담하게
- ☐ for, had ~에서 had ~ 이하는 if the area had been ~으로 고쳐서 해석
- ☐ intruder n. 침입자 vt. vi. intrude
- ☐ In such cases, ~에서 which 이하 conditions는 종속절로서 modifications를 수식한다.
- ☐ manifestly ad. 분명히 syn. evidently 분명히
- ☐ variation 이 본문에서는 생물학 용어로서 생물체가 변화된 것을 지칭하는 것으로 '변이'라고 한다.
- ☐ As man ~ for action에서 action의 주체는 natural selection. as A ~ so B '(A가 ~이듯 이, B도 ~이다'의 구문)
- ☐ add up 계산이 맞다, 합계하다, 이치에 맞다

For as all the inhabitants of each country are struggling together with nicely balanced forces, extremely slight modifications in the structure or habits of one species would often give it an advantage over others; and still further modifications of the same kind would often still further increase the advantage, as long as the species continued under the same conditions of life and profited by similar means of subsistence and defence. No country can be named in which all the native inhabitants are now so perfectly adapted to each other and to the physical conditions under which they live, that none of them could be still better adapted or improved; for in all countries the natives have been so far conquered by naturalized productions that they have allowed some foreigners to take firm possession of the land. And as foreigners have thus in every country beaten some of the natives, we may safely conclude that the natives might have been modified with advantage, so as to have better resisted the intruders.

As man can produce, and certainly has produced, a great result by his methodical and unconscious means of selection, what may not natural selection effect? Man can act only on external and visible characters; Nature, if I may be allowed to personify the natural preservation or survival of the fittest, cares nothing for appearances, except in so far as they are useful to any being. She can act on every internal organ, on every shade of constitutional difference, on the whole machinery of life. Man selects only for his own good; Nature only for that of the being which she tends. Every selected character is fully exercised by her, as is implied by the fact of their selection.

각각의 지역에 있는 모든 서식 동물들은 서로 잘 균형 잡힌 힘으로 함께 투쟁하고 있는데 극단적인 경우에는 어떠한 종의 구조나 습관에서의 약간의 변형이 이따금 다른 종에 비해 종종 장점이 되기도 한다. 그리고 이 종이 같은 생활 조건하에서 계속 살아가고 비슷한 생존 수단과 방어수단에 의해 이득을 보는 한, 같은 종류의 변화가 더 많이 일어나면 그 이익 또한 증가될 것이다. 어떤 지역에 원래 서식하고 있던 서식 동물이 그들이 살고 있는 물리적 환경에 또는 동물 상호간에 이제는 완전히 적응되어서 이들 중 어떤 것도 더 이상 잘 적응하고 개선될 수 없다고 말할 수 있는 지역은 없다. 왜냐하면 모든 지역에서 외부 생물에게 그 지역을 확보하는 것을 허용한 원래의 생물은 그 생물에게 정복당해 왔기 때문이다. 그리하여 외부 생물들은 원래의 서식 동물들을 어느 지역에서든 물리치게 되었으므로, 침입자에 대해 더 나은 저항을 하기 위해서 원래의 서식 동물들은 이점을 지니도록 변형되어 왔을 것이라고 분명히 결론지을 수 있다.

인류는 방법적이고 무의식적인 선택 수단으로 커다란 결과를 만들 수 있거나, 확실히 만들어 왔는데 자연도태는 그렇게 하지 못한다는 법이 어디 있는가? 인간은 단지 외적이고 눈에 보이는 특성들에만 작용할 수 있다. 만약 자연적 보존이나 적자생존을 인격화하여 본다면, 자연은 외모가 존재에 유용하지 않는 한, 외모에 신경을 쓰지 않는다고 할 수 있다. 자연은 체내의 모든 기관, 또는 생명체 전체기관에서의 구성상의 여러 가지 것들의 모든 구석에까지 작용한다. 인류는 그들의 이익만을 위해 도태를 행한다. 모든 선택된 형질은 자연에 의해 이미 충분히 시험받은 것들이며 형질 선택이라는 사실이 이것을 의미한다.

- [ ] subsistence n. 생존, 생계
  cf) subsistence wages 최저 생활 임금
- [ ] for in ~ of the land에서 so ~ that ~이 문장 해석의 열쇠
- [ ] conquer vt. 정복하다 vi. 승리를 얻다
  n. conquest
- [ ] so as to ~하는 한
- [ ] personify vt. 인격화하다, 구체화하다
  n. personification
- [ ] constitutional a. 체질상의, 구조상의, 입헌적인 opp. autocratic 독재의
  cf) constitutionalism 입헌주의
- [ ] machinery n. 기계, 기계장치, 기관 구성

Man keeps the natives of many climates in the same country; he seldom exercises each selected character in some peculiar and fitting manner; he feeds a long and a short beaked pigeon on the same food; he does not exercise a long-backed or long-legged quadruped in any peculiar manner; he exposes sheep with long and short wool to the same climate. He does not allow the most vigorous males to struggle for the females; he does not rigidly destroy all inferior animals, but protects during each varying season, as far as lies in his power, all his productions.

He often begins his selection by some half-monstrous form; or at least by some modification prominent enough to catch the eye or to be plainly useful to him. Under nature, the slightest differences of structure or constitution may well turn the nicely balanced scale in the struggle for life, and so be preserved. How fleeting are the wishes and efforts of man! How short his time, and consequently how poor will be his results, compared with those accumulated by Nature during whole geological periods! Can we wonder, then, that Nature's productions should be far "truer" in character than man's productions; that they should be infinitely better adapted to the most complex conditions of life, and should plainly bear the stamp of far higher workmanship?

인간은 여러 기후의 생물을 하나의 지역에 몰아넣는다. 인류는 어떤 독특하고도 알맞은 방식으로 각각의 선택된 형질을 시험하지 않는다. 인간은 부리가 길건 짧건 같은 먹이를 비둘기에게 준다. 또 인간은 등이 길거나 또는 다리가 긴 짐승을 어떤 특별한 방식으로 조련하지 않으며, 똑같은 기후에서 털의 길고 짧음에 관계없이 양을 기르고, 가장 힘센 수놈이 암놈을 얻기 위해 다투도록 허용하지도 않으며, 모든 하등동물을 엄격하게 파괴하지 않고 그의 영향하에 있는 한 그의 모든 생산물을 변화하는 각 계절 중에도 보호한다.

인간은 때때로 또는 적어도 눈에 띄거나 인간이 쉽게 이용하기에 매우 충분할 정도의 변형에 의거하여, 반 정도는 괴물 같은 형태로 선택을 시작한다. 자연에서는 구조나 구성물에서의 가장 작은 차이라도 생존경쟁의 정교하게 균형 잡힌 규모를 변화시키고, 그런 상태로 보존해 나간다. 인간의 희망과 노력은 얼마나 덧없는 것인가! 인류의 시간은 얼마나 짧고, 그리하여 전(全) 지질시대 동안 자연이 축적한 결과에 비해 인간의 결과는 얼마나 보잘 것 없는 것인가! 그렇다면 인류는 인류의 생산물보다 형질에 있어서 자연의 생산물이 훨씬 진실하다는 데에 의혹을 품을 수 있을까? 자연의 생산물이 생존의 가장 복잡한 조건에 대한 적응력이 훨씬 더 강하고, 확실히 매우 뛰어난 됨됨이를 지녔을 거라고 의혹을 품을 수 있을까?

- ☐ peculiar a. 독특한, 특별한, 괴상한 n. 사유재산 cf) particular 특별한, 특정한, 특히. 이[그], 개개의, 특유의, 각별한, 상세한, singular 남다른, 둘도 없는 syn. strange 이상한, 모르는
- ☐ pigeon n. 비둘기, 젊은 처녀 vt. 비둘기로 통신하다 cf) -hearted 마음이 약한
- ☐ quadruped n. 네발짐승 a. 네발 가진
- ☐ inferior a. 아래쪽의, 열등한 opp. superior 뛰어난, 우수한
- ☐ catch the eye 눈에 들다
- ☐ fleeting a. 질주하는, 덧없는 n. fleetingness
- ☐ geological a. 지질학(상)의
- ☐ stamp n. 소인, 우표, 특징 vt. 날인하다, 무늬를 내다, 짓밟다, 발을 동동 구르다 n. stamper
- ☐ workmanship n. 솜씨, 세공, 제작품

It may metaphorically be said that natural selection is daily and hourly scrutinizing, throughout the world, the slightest variations; rejecting those that are bad, preserving and adding up all that are good; silently and insensibly working, *whenever and wherever opportunity offers*, at the improvement of each organic being in relation to its organic and inorganic conditions of life. We see nothing of these slow changes in progress, until the hand of time has marked the lapse of ages, and then so imperfect is our view into long-past geological ages that we see only that the forms of life are now different from what they formerly were.

In order that any great amount of modification should be effected in a species, a variety, when once formed must again, perhaps after a long interval of time, vary or present individual differences of the same favorable nature as before; and these must again be preserved, and so onward step by step. Seeing that individual differences of the same kind perpetually recur, this can hardly be considered as an unwarrantable assumption. But whether it is true, we can judge only by seeing how far the hypothesis accords with and explains the general phenomena of nature. On the other hand, the ordinary belief that the amount of possible variation is a strictly limited quantity is likewise a simple assumption.

은유적으로, 자연도태는 매일, 매시간 전 세계를 통해 아주 미세한 변이까지도 음미하고 있다고 말할 수 있다. 자연도태는 나쁜 것을 축출하고 좋은 것들은 보존하고 더해 간다. 자연도태는 '때와 장소를 막론하고 기회가 주어지면' 유기적·무기적 생활 조건과 관계하는 각각의 유기 생명체의 개선에 조용하고도 무감각하게 작용하고 있다. 우리는 매우 오랜 시간이 흐르기 전까지는 이런 느린 과정을 알지 못한다. 그리고 오래전에 지질시대에 대한 우리의 식견이 너무도 불완전하여 우리는 다만 과거와 지금의 생명체의 형태가 다르다는 것만을 알 뿐이다.

하나의 종에 매우 커다란 변용이 작용하려면, 변종은 한 번 형성되면, 아마도 매우 오랜 기간 후에 똑같은 좋은 성질의 개별적 차이들을 그전과 같이 재차 변화시키거나 부여해야 할 것이다. 그리고 이것은 다시 보전되기를 계속해야 한다. 같은 종류의 개체적인 차이가 계속 일어난다는 것을 볼 때, 이것은 부당한 가정이라고 할 수 없을 것이다. 그러나 이것이 진실인지 아닌지는 가설이 자연의 일반적인 현상과 얼마나 일치하고, 얼마나 이 현상을 설명하는가를 판단함으로써 가능하다. 다른 한편으로, 변이가 가능한 정도는 엄격히 제한된 것에 불과하다는 평범한 생각은 단순한 상상에 지나지 않는 것 같다.

- ☐ insensibly a. 무감각한, 감각이 둔한 n. insensibility
- ☐ until the hand of time has marked the lapse of ages '시간의 손이 몇 세대의 경과를 표시하기까지는' 보다는 '매우 오랜 시간이 흐르기 전에는'이라고 해석
- ☐ lapse n. 경과, 착오, 쇠퇴 vi. 경과하다, 실수하다 a. lapsed
- ☐ so imperfect의 구문은 원래 our view into long-past geological ages is so imperfect that이 정상 어순으로, so ~ that 구문이다.
- ☐ present vt. 선사하다, 제출하다, 나타나다
- ☐ perpetually ad. 영구히, 영속적으로, 끊임없이
- ☐ recur vi. 마음에 다시 떠오르다, 반복되다 a. recurring
- ☐ unwarrantable a. 보증할 수 없는, 부당한

제 7 장 

Werner Heisenberg Physics & Philosophy

워너 하이젠베르그 물리학 & 철학

Coming back now to the contributions of modern physics, one may say that the most important change brought about by its results consists in the dissolution of this rigid frame of concepts of the nineteenth century. Of course many attempts had been made before to get away from this rigid frame which seemed obviously too narrow for an understanding of the essential parts of reality. But it had not been possible to see what could be wrong with the fundamental concepts like matter, space, time and causality that had been so extremely successful in the history of science. Only experimental research itself, carried out with all the refined equipment that technical science could offer, and its mathematical interpretation, provided the basis for a critical analysis — or, one may say, enforced the critical analysis — of these concepts, and finally resulted in the dissolution of the rigid frame.

자연과학과 산업의 상호 협조와 결합은 인간 생활에 근본적인 변화를 주었다. 하지만 현재 그 변화는 인간의 통제 능력을 벗어나 더욱 가속화되고 있다. 그 변화의 핵심적 동인 중의 하나가 바로 현대물리학이라 할 수 있는데, 그 단적인 예로 핵무기의 발명을 들 수 있다. 이 새로운 무기의 발명은 독립국가라는 의미조차 다시 생각해 보아야 할 정도로 이 세계의 정치적 판도를 근본적으로 바꾸어 놓았다. 또한 현대물리학은 고전물리학의 철학적 근본 개념들, 예컨대 물질, 공간, 시간에 대한 경직된 틀을 해체시키는 데에도 결정적인 역할을 하였다.

현대물리학의 공헌을 돌이켜 보건대, 그 결과에 의해 야기된 가장 중요한 변화는 19세기의 개념, 즉 고전물리학의 경직된 틀을 해체시켰다는 점에서 찾아진다. 물론 실재의 본질적 요소를 이해하는 데 너무나 협소했던 이 경직된 틀에서 벗어나기 위해 이전에도 수많은 시도가 있어 왔다. 그러나 과학사적으로 볼 때 아주 성공적이었던 물질, 공간, 시간, 그리고 인과관계와 같은 근본개념들이 어디에 잘못이 있었던가 하는 점을 찾기란 불가능했다. 단지 과학 기술이 제공하는 정교한 기계에 의해 이루어진 실험 연구 자체와 그 수학적 해석은 비판적 분석에 대한 기반을 제공했으며 — 혹은 비판적 분석을 시행했다고 말할 수도 있다 — 또한 그 엄격한 틀을 해체시킬 수 있었다.

- ☐ bring about 산출하다, 일으키다 (= produce, bring forth)
- ☐ rigid a. 굳은, 딱딱한, 엄격한
- ☐ concepts of the nineteenth century 여기서는 고전물리학을 의미한다.
- ☐ obviously ad. 명백하게, 눈에 띄게
- ☐ causality n. 인과관계, 인과율

This dissolution took place in two distinct stages. The first was the discovery, through the theory of relativity, that even such fundamental concepts as space and time could be changed and in fact must be changed on account of new experience. This change did not concern the somewhat vague concepts of space and time in natural language; but it did concern their precise formulation in the scientific language of Newtonian mechanics, which had erroneously been accepted as final.

The second stage was the discussion of the concept of matter enforced by the experimental results concerning the atomic structure. The idea of the reality of matter had probably been the strongest part in that rigid frame of concepts of the nineteenth century, and this idea had at least to be modified in connection with the new experience. Again the concepts so far as they belonged to the natural language remained untouched. There was no difficulty in speaking about matter or about facts or about reality when one had to describe the atomic experiments and their results. But the scientific extrapolation of these concepts into the smallest parts of matter could not be done in the simple way suggested by classical physics though it had erroneously determined the general outlook on the problem of matter.

이 해체 과정은 두 가지 상이한 단계로 일어났다. 첫 번째는 상대성 이론에 의해서 시간과 공간과 같은 근본 개념조차 변화될 수 있고, 사실 새로운 경험에 의해서 변화되어야만 한다는 발견이었다. 이 변화는 자연언어에 있어서의 시간과 공간의 다소 모호한 개념들과 관계가 있는 것이 아니라, 뉴턴 역학의 과학 언어에 있어서 개념의 정확한 공식화와 관계가 있다. 그리고 이것은 최종적으로 잘못 받아들여졌다.

두 번째 단계는 원자구조에 관한 실험적 결과에 의해서 확보된 물질 개념에 대한 논의였다. 물질의 실재에 대한 개념은 아마 19세기의 그 경직된 틀 중에서 가장 중요한 위치를 차지한 부분이었을 것이다. 그런데 이 개념은 최소한 새로운 경험과 연관되어 수정될 필요성이 생겼다. 한편 자연언어에 속하는 개념들은 수정되지 않은 채로 남아 있었다. 원자에 관한 실험과 그 결과를 설명해야만 했을 때, 물질이나 사실 혹은 실재에 대하여 이야기한다는 것은 어려운 일이 아니다. 그러나 물질을 최소 단위로 환원시켜서 이 개념들을 과학적으로 파악하려는 것은 비록 그것이 물질 문제에 대한 일반적인 견해를 잘못 판단했지만 고전물리학에서 제시한 단순한 방법으로는 이루어질 수 없다.

- ☐ on account of ~ 때문에, ~한 까닭으로 (= due to)
- ☐ erroneously ad. 잘못되어, 그르치어
- ☐ rigid a. 경직된
- ☐ extrapolation n. 외삽법, 보외법

Furthermore, one of the most important features of the development and the analysis of modern physics is the experience that the concepts of natural language, vaguely defined as they are, seem to be more stable in the expansion of knowledge than the precise terms of scientific language, derived as an idealization from only limited groups of phenomena. This is in fact not surprising since the concepts of natural language are formed by the immediate connection with reality; they represent reality. It is true that they are not very well defined and may therefore also undergo changes in the course of the centuries, just as reality itself did, but they never lose the immediate connection with reality.

On the other hand, the scientific concepts are idealizations; they are derived from experience obtained by refined experimental tools, and are precisely defined through axioms and definitions. Only through these precise definitions is it possible to connect the concepts with a mathematical scheme and to derive mathematically the infinite variety of possible phenomena in this field. But through this process of idealization and precise definition the immediate connection with reality is lost.

게다가 현대 물리학적 발전과 분석의 가장 중요한 특징 중의 하나는 비록 모호하게 정의되긴 하였으나, 자연언어의 개념들이 단지 제한된 영역의 현상들로부터 추상화의 한 과정으로서 유도된 과학언어의 정확한 용어들보다 더욱 안정적으로 지식을 넓혀 나갈 수 있다는 경험이다. 사실상 이 점은 자연언어에 의한 개념들이 실재와의 직접적인 연관성에서 이루어진 것이므로 별로 놀랄 만한 일은 아니다. 자연 언어에 의한 개념들은 실재로 나타낸다. 분명히 자연언어의 개념들이 잘 정의되었다고는 볼 수 없다. 그러므로 실재 자체가 그러했듯이, 자연언어의 개념들은 수세기를 걸쳐 많은 변화를 겪어 왔지만, 실재와의 직접적인 연관성을 잃지 않고 있다.

반대로 과학적 개념들은 이미 추상화된 것이다. 과학적 개념은 정밀한 실험 장치에 의해 얻어진 경험에서 유도되었고, 공리와 정의를 통해 정확한 의미를 갖게 되었다. 이 엄밀한 정의를 통해서만 과학적 개념들을 수학식에 연결하고 이렇게 형성된 도식으로부터 무한히 다양한 가능 현상을 유추하는 것이 가능하다. 그러나 이러한 추상화와 엄밀한 정의를 통해서 실제와의 직접적인 연관성은 사라져 버린다.

- ☐ vaguely ad. 막연히, 모호하게
- ☐ immediate a. 직접적인
- ☐ undergo vt. 경험하다, 만나다, 견디다
- ☐ be derived from A: A로부터 발생(유래)하다
- ☐ axiom n. 원리, 공리, 격언
- ☐ scheme n. 설계, 기구, 구조, 도식, 개요

This modern science, then, penetrates in our time into other parts of the world where the cultural tradition has been entirely different from the European civilization. There the impact of this new activity in natural and technical science must make itself felt even more strongly than in Europe, since changes in the conditions of life that have taken two or three centuries in Europe will take place there within a few decades. One should expect that in many places this new activity must appear as a decline of the older culture, as a ruthless and barbarian attitude, that upsets the sensitive balance on which all human happiness rests. Such consequences cannot be avoided; they must be taken as one aspect of our time. But even there the openness of modern physics may help to some extent to reconcile the older traditions with the new trends of thought.

For instance, the great scientific contribution in theoretical physics that has come from Japan since the last war may be an indication for a certain relationship between philosophical ideas in the tradition of the Far East and the philosophical substance of quantum theory. It may be easier to adapt oneself to the quantum-theoretical concept of reality when one has not gone through the naïve materialistic way of thinking that still prevailed in Europe in the first decades of this century.

그밖에 현대 과학은 이 시대의 유럽 문명과는 전혀 다른 문화적 전통을 가진 세계의 다른 곳들로 침투하고 있다. 유럽에서 이삼 세기에 걸쳐 일어난 생활 조건의 변화가 그곳에서는 불과 수십 년 내에 일어날 것이므로, 자연과학과 산업과학에 있어서 이 새로운 활동에 대한 충격이 유럽에서보다 틀림없이 훨씬 강하게 느껴질 것이다. 이 새로운 활동이 다방면에서 난폭하고 야만스럽게 기존의 문명의 쇠퇴로 나타나야 하고 따라서 모든 인간 행복이 달려 있는 세밀한 균형이 깨지게 된다. 그러한 결과는 피할 수 없는 것이기도 하다. 즉 우리 시대의 한 양상으로 받아들여야 한다. 그러나 여기에서도 현대물리학의 개방성은 어느 정도 과거의 전통과 새로운 사상의 경향들을 융화시키는 데 도움이 될 수 있다.

예를 들면, 2차 세계대전 이후 일본의 이론물리학의 큰 과학적 공헌은 극동 아시아의 전통에 있어 철학 사상과 양자론의 철학적 본질 사이의 어떤 관계성에 대한 표시일 수도 있다. 20세기 초반, 유럽 사회에 팽배해 있던 소박한 유물론적 사유방식을 경험하지 않았다면, 실재에 대한 양자론적 개념이 더 쉽게 받아들여졌을 것이다.

- ☐ penetrate vt. 통과하다, 지나가다, ~에 침투하다, 그 뒤의 in our time은 삽입 구문
- ☐ decline vi. 사양하다, 사절하다, 기울다, 내려가다 opp. incline 기울다, 내키게 하다, 기울이다
- ☐ ruthless a. 무자비한, 무정한, 난폭한
- ☐ barbarian a. 미개인의, 야만스러운
- ☐ upset vt. 전복하다, 뒤집어엎다
- ☐ theoretical a. 이론상의, 학리적인
- ☐ indication n. 지시, 지적, 표적, 시도
- ☐ quantum n. 양, 양자

Finally, modern science penetrates into those large areas of our present world in which new doctrines were established only a few decades ago as foundations for new and powerful societies. There modern science is confronted both with the content of the doctrines, which go back to European philosophical ideas of the nineteenth century (Hegel and Marx), and with the phenomenon of uncompromising belief. Since modern physics must play a great role in these countries because of its practical applicability, it can scarcely be avoided that the narrowness of the doctrines is felt by those who have really understood modern physics and its philosophical meaning.

Therefore, at this point an interaction between science and the general trend of thought may take place. Of course the influence of science should not be overrated; but it might be that the openness of modern science could make it easier even for larger groups of people to see that the doctrines are possibly not so important for the society as had been assumed before. In this way the influence of modern science may favor an attitude of tolerance and thereby may prove valuable.

결국 현대 과학은 단지 수십 년 전에, 새롭고 강력한 사회를 위한 기반으로서 새로운 이념이 탄생된 이 세계 구석구석을 침투해 들어가고 있다. 또한 현대 과학은 19세기 유럽을 지배하였던 헤겔과 마르크스와 같은 철학적 사상으로 되돌아가려는 이념들에 대한 내용과 비타협적인 신념 현상에 정면으로 충돌되었다. 현대물리학은 그것의 실용적인 적용성으로 인하여 이들 국가에서 커다란 역할을 담당해야 하기 때문에, 현대물리학과 그 철학적 함의를 진정으로 이해했던 사람들은 불가피하게도 종래의 이념들이 매우 편협적인 것이었다고 인정하고 있다.

그러므로 이 점에 있어서 과학과 인간 정신의 일반적인 경향간에 상호작용이 일어날 수 있다. 물론 과학의 영향력이 과대평가되어서는 안 된다. 그러나 현대과학의 개방성으로 인하여, 종래의 이념들의 영향력이 전에 추측된 것과는 달리, 사회에 별로 중요하지 않았다는 사실을 많은 사람들이 쉽게 알 수 있었다는 뜻일 수도 있다. 이와 같이 현대 과학의 영향은 관용의 태도를 소중히 여기게 되고, 그로 인하여 현대 과학의 의의는 더욱 커질 수 있다.

- ☐ in which = where ~
- ☐ doctrine n. 교리, 교의, 주의, 원칙, 학설
- ☐ confront vt. ~에 직면하다, 맞서다(= face)
- ☐ uncompromising a. 타협하지 않는, 단호한, 완고한, 엄격한(= strict)

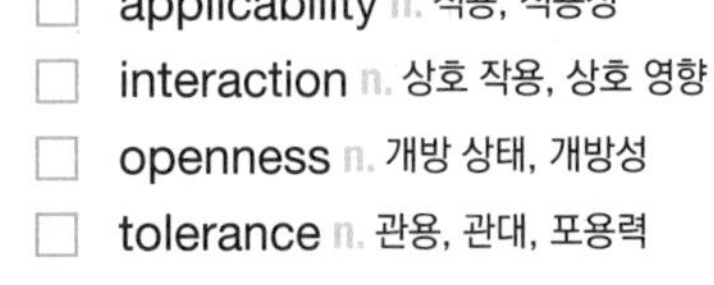

- ☐ applicability n. 적용, 적용성
- ☐ interaction n. 상호 작용, 상호 영향
- ☐ openness n. 개방 상태, 개방성
- ☐ tolerance n. 관용, 관대, 포용력

On the other hand, the phenomenon of uncompromising belief carries much more weight than some special philosophical notions of the nineteenth century. We cannot close our eyes to the fact that the great majority of the people can scarcely have any well-founded judgment concerning the correctness of certain important general ideas or doctrines. Therefore, the word "belief" can for this majority not mean "perceiving the truth of something" but can only be understood as "taking this as the basis for life." One can easily understand that this second kind of belief is much firmer, is much more fixed than the first one, that it can persist even against immediate contradicting experience and can therefore not be shaken by added scientific knowledge. The history of the past two decades has shown by many examples that this second kind of belief can sometimes be upheld to a point where it seems completely absurd, and that it then ends only with the death of the believer.

Science and history can teach us that this kind of belief may become a great danger for those who share it. But such knowledge is of no avail, since one cannot see how it could be avoided, and therefore such belief has always belonged to the great forces in human history. From the scientific tradition of the nineteenth century one would of course be inclined to hope that all belief should be based on a rational analysis of every argument, on careful deliberation; and that this other kind of belief, in which some real or apparent truth is simply taken as the basis for life, should not exist. It is true that cautious deliberation based on purely rational arguments can save us from many errors and dangers, since it allows readjustment to new situations, and this may be a necessary condition for life.

한편 비타협적인 신념 현상은 19세기의 어느 특별한 철학적 개념 이상으로 무게감이 있다. 우리는 다수의 사람은 일반적인 사상과 이념이 올바른지에 관해서 근거가 충분한 판단을 거의 할 수 없다는 사실을 눈감아 줄 수는 없다. 그러므로 '신념'이라는 말은 이 대다수에게 있어 '어떤 것의 진리를 이해한다는 것'을 의미하는 게 아니라, '삶의 기본으로서 이것을 취하고 있는 것'이라고 이해될 수 있다. 후자의 설명이 전자보다 훨씬 견고하고 안정성이 있으며, 또한 후자의 신념은 심지어 직접적인 상반된 경험에 반대하여 주장할 수 있고, 그런 까닭에 증대되는 과학적 지식에 의해서도 붕괴될 수 없다. 과거 20년 동안의 역사를 통해서 볼 때, 후자의 신념이 때때로 아주 불합리할 정도로 떠받쳐 질 수 있다는 것을 많은 실례를 통해 보아 왔다. 결국 신봉자의 죽음을 통해서만 그 불합리한 신념은 막을 내렸다.

과학과 역사는 이러한 종류의 신념이 그것을 공유하는 사람들에게 더 큰 위험이 될 수 있다는 사실을 우리들에게 가르쳐 준다. 그러나 위험을 피할 수 있는 방법을 알 수 없기 때문에 그 같은 경고는 별 소용이 없다. 따라서 그런 신념은 인간의 역사에 있어서 항상 커다란 세력의 일부를 이루어왔다. 19세기의 과학적 전통으로부터 사람들은 신념 전체가 모든 논쟁의 이성적인 분석과 주의 깊은 고찰을 토대로 해야 하며 어떤 사실이나 외관상의 진리가 (그것의 진리성 여부는 관계치 않고) 삶에 대한 (실용적) 원리로만 간주되는 다른 종류의 이 신념은 이 세상에서 없어져야 한다고 물론 희망하고 싶어질 것이다. 순수한 이성적 논의에 기초를 둔 주의 깊은 고찰은 새로운 상황을 재조정하게 해주며 삶을 위한 필수적 조건이 될 수 있기 때문에 우리를 많은 그릇된 생각과 위험에서 구제해 낼 수 있다는 것은 사실이다.

- ☐ close one's eyes to ~을 눈감아 주다, 불문에 부치다
- ☐ well-founded a. 근거가 충분한
- ☐ perceive vt. 지각하다, 인지하다, 알아차리다, 이해하다
- ☐ persist vi. 고집하다, 우기다, 주장하다
- ☐ uphold vt. 떠받치다, 고무하다, 시인하다, 확인하다, 유지하다
- ☐ absurd a. 불합리한, 터무니없는, 바보 같은
- ☐ deliberation n. 숙고, 신중함
- ☐ cautious a. 조심성 있는, 용의주도한
- ☐ readjustment n. 재정리, 재조정

제 8 장 

Loren R. Graham
Origin of Life

로렌 R. 그레이엄
생명의 기원

By 1936 Oparin could take advantage of the recent work by Bungenburg de Jong on "coacervation," a term used by de Jong to distinguish the phenomenon from ordinary coagulation. In solutions of hydrophilic colloids it is known that frequently there occurs a separation into two layers in equilibrium with each other; one layer is a fluid sediment with much colloidal substance, while the other is relatively free of colloids. The fluid sediment containing the colloids, de Jong called the coacervate, while the noncolloidal solution was the equilibrium liquid. Oparin emphasized the interface or surface phenomena that occur in coacervation; various substances dissolved in the equilibrium liquid are absorbed by the coacervate.

1930년대 중반, TMV(담배 모자이크 바이러스)의 결정화에 성공한 이후 많은 과학자들은 자연발생설의 부활을 기도했었다. 오파린은 그의 저서「생명의 기원」에서, 지구에 있어서 생물이 간단한 유기화합물의 점차적 진화 결과로 출현했다는 화학진화설을 제창하였다. 생명에 대한 일면적 이해를 당시의 천문학·지질학·생화학 등의 성과에 힘입어 바로 잡았다고 할 수 있다. 이 저서의 출간 이후에 오파린이 기본적으로 확립한, 지구상에 생명이 출현하는 과정에 대한 인식은 생물의 다면적 풍부함을 역사적·통일적으로 파악하는 입장으로 강화되었다.

1936년에 이르러 보통의 응고와 구분되는 현상으로 드 종이 사용한 코아세르베이션에 대한 벤젠버그드 종의 최근의 성과를 오파린은 이용할 수 있었다. 친수성 교질용액이 서로 평형을 이룬 상태에서, 두 개의 층으로 빈번히 분리가 일어난다고 알려져 있었다. 한 층은 많은 교질을 지닌 액체 침전물인 반면, 다른 한 층은 비교적 교질이 없는 것이다. 액체 침전물은 드 종이 코아세르베이트라고 칭한 교질을 지니고 있는 반면에, 교질이 없는 용액은 평형액이었다. 오파린은 코아세르베이션 때 일어나는 접촉면 혹은 표면 현상을 강조하였다. 즉, 평형액에 녹아 있는 다양한 물질들을 코아세르베이트가 흡수한다는 것이다.

- ☐ coagulation n. 응고 (작용), 응고물 vt. vi. coagulate
- ☐ hydrophilic a. 친수성의, 물에 잘 녹는
- ☐ colloid n. 교질, 현탁액 opp. crystalloid 정질 a. colloidal
- ☐ equilibrium n. 평행 상태
- ☐ coacervate n. 코아세르베이트, 최초의 원시 생명 형태
- ☐ Oparin emphasized ~에서 interface는 평행액과 코아세르베이트의 접촉면

Consequently, coacervates may grow in size, undergo stress with increasing size, split, and be chemically transformed. In discussing this active role of coacervates, Oparin was attempting to establish them as models for protocells. A "primitive exchange of matter" occurs between the coacervate and the equilibrium liquid, the beginning of that metabolic flow necessary for life, according to Oparin. To initiate life, however, Oparin said that it was necessary for coacervates to acquire "properties of a yet higher order, properties subject to biological laws." He had higher requirements for life in 1936 than in 1924, and his scheme now contained a phase of evolution of the lifeless coacervates.

Oparin's view of coacervate evolution depended heavily on the action of catalysts and promoters, the future enzymes of living cells. These chemicals greatly accelerated the transformations taking place in the coacervates. The "inner chemical organization" of these promoters of chemical reactions "became strengthened in the process of natural selection, insuring a gradual evolution." To be sure, this early "natural selection" was not identical with selection among advanced, truly living organisms, but nonetheless it did occur, and in the following way: Those coacervates containing superior catalysts grew more rapidly and split more often than the others and therefore gradually gained a numerical advantage. But speed was not the only requirement; even more important to Oparin was "a harmonious coordination of the velocities of the different reactions."

그 결과, 코아세르베이트는 크기가 커질 것이고 크기가 커지면서 어려움을 겪을 것이며, 분열하고, 화학적으로 변형될 것이다. 이런 코아세르베이트의 능동적인 역할을 논의하는 데 있어서 오파린은 코아세르베이트를 원시세포의 표본으로 확립하려고 시도하고 있었다. 오파린에 따르면 생명체에 필요한 대사 흐름의 시작인 '물질의 원시적 교환'이 코아세르베이트와 평형액 사이에서 일어난다고 하였다. 그러나 오파린은 생명이 시작되려면 코아세르베이트가 아직은 더 고등한 규칙의 성질과 생물학적 법칙에 따르는 성질을 획득하는 것이 필요하다고 하였다. 그는 1924년 때보다 1936년에 생명에 대한 더 많은 조건을 알게 되었고, 이제 그의 진화에 대한 골격은 무생명인 코아세르베이트의 진화라는 면을 담게 되었다.

오파린의 코아세르베이트 진화에 대한 견해는, 미래의 살아 있는 세포의 효소인, 촉매제와 촉진제의 작용에 크게 의존한다. 이런 화학물질들은 코아세르베이트에서 일어나는 변형을 크게 촉진시킨다. 화학 반응에서의 이런 촉진제들의 '내적 화학적 조직은, 점차적인 진화를 보증하는 자연도태 과정에서 강해진다.' 확실히 이런 초기의 '자연 도태'는 진화되고 진짜 살아 있는 개체들 사이의 도태와 같지는 않지만, 그럼에도 불구하고 자연도태는 일어나는데 그것은 다음과 같은 방법으로 진행된다. 좀 더 나은 촉매제를 지닌 코아세르베이트는 다른 것들보다 좀 더 빨리 자라고 더욱 자주 분열하여 점차적으로 수적인 유리함을 갖게 된다. 그러나 분열의 속도만이 필요한 것은 아니다. 오파린에게 더 더욱 중요한 것은 '서로 다른 반응속도의 조화로운 협동'이다.

- ☐ protocell n. 원시 세포
- ☐ exchange of matter 이후에 일어나는 물질 대사를 설명키 위한 것으로 '물질교환'이란 뜻
- ☐ subject to biological laws '생물학적 법칙을 따르는'으로 해석됨. 여기서 subject는 형용사로서 '~에 종속되는', 또는'~의 영향을 받기 쉬운'의 뜻
- ☐ catalyst n. 촉매제, 반응에 직접 관여하지는 않지만 반응의 속도를 빠르게 해 줌
- ☐ enzyme n. 효소, 생체 내에서 촉매제 역할을 하는 물질
- ☐ natural selection 자연도태(환경의 변화에 적응하는 생물체가 살아남는다는 설)
- ☐ insure vt. 보증하다, 안전하게 하다 vi. 가입하다
- ☐ to be sure 과연, 확실히, 어머나! (놀라는 말)

The bound enzymes in the protoplasm of a living cell are released sequentially as the need for them arises; therefore, in order for cells to develop, a complicated orchestration of temporally separated operations was necessary. It was possible for some necessary reactions to occur prematurely and to decrease survival chances: "If the increase in the rate of a given reaction so affected the coordination between assimilation and degradation as to promote the latter, such an imperfect system would become mechanically unfitted for further evolution and would perish prematurely." Therefore, a very complex interweaving of separate operations gradually developed through natural selection.

In Oparin's 1936 scheme the transition from the nonliving to the living was still not defined clearly. It occurred, he thought, when the "competition in growth velocity" was replaced by a "struggle for existence." This sharpening struggle resulted from the fact that the prebiological organic material on which the coacervates were "feeding" was being consumed. Ultimately, this shortage would lead to an important split in the ways in which organisms gained nourishment — resulting in the distinction between heterotrophs and autotrophs — but before that division occurred, the all-important transition to the biological level was reached. As the amount of organic material outside the coacervates lessened, the first true organism appeared.

살아 있는 세포의 원형질에서 세포에 함유된 효소는 필요에 따라 연속적으로 방출된다. 그래서 세포가 발전하기 위해서는 일시적으로 분리된 작용의 복합적인 협동이 필요하다. 몇몇의 필수적인 반응들이 미성숙된 채로 일어날 수 있고, 생존 기회가 감소될 수도 있다. "어떤 반응의 속도 증가가 동화작용과 분해 작용 사이의 협동에 영향을 끼쳐 분해 작용을 촉진하게 된다면, 이와 같은 불완전한 체계는 앞으로의 진화에 기계적으로 알맞지 않게 되고 미성숙된 채로 사라질 것이다." 이렇게 함으로써, 분리된 작용이 매우 복잡하게 서로 얽혀져 있는 것은 점차로 자연도태를 통해 발전하게 된다.

1936년의 오파린의 개요에서 무생물에서 생물에로의 전이는 아직 명확하게 규정되지 않았다. 그는 그 전이가 '성장속도의 경쟁'이 '생존을 위한 투쟁'으로 대체될 때 일어난다고 생각했다. 이렇게 첨예화하는 투쟁은 코아세르베이트의 '먹이'인 전(前) 생물학적 유기물질이 소모된다는 사실로부터 결과한다. 궁극적으로 이런 부족은 코아세르베이트를 개체들이 영양분을 얻는 방법에 있어서 타가영양체와 자가영양체 사이에 구분이 생기는 중요한 갈림길로 유도하게 된다. 그러나 이런 분리가 일어나기 전에 생물학적 차원으로의 모든 중요한 전이가 달성되게 된다. 코아세르베이트 바깥의 유기물질의 양이 감소함에 따라 첫 번째로 진정한 의미의 개체(생명체)가 나타난다.

- protoplasm n. 원형질
- orchestration n. 관현악 편성, 본문에서는 '조화' 또는 '협동'의 뜻으로 해석
- If the increase ~ latter, 에서의 골격은 so ~ as to (~하게 ~하다, ~할 만큼 ~한)
- assimilation n. 동화(작용), 소화, 융합 opp. dissimilation 이화(작용)
- degradation n. 분해(작용)
- interweave vt. 서로 얽어 놓다, 섞어 짜다
- this shortage ~ 문장에는 직접 목적어가 생략되어 있다.
- shortage n. 부족, 결핍
- heterotroph n. 타가 영양(체)
- autotroph n. 자가 영양(체)
- biological level 하나의 생명체로서 필요한 제조건을 구비하는 수준

As Oparin described this moment:

> The further the growth process of organic matter advances and the less free organic material remains dissolved in the Earth's hydrosphere, the more exacting "natural selection" tends to become. A straight struggle for existence displaces more and more the competition in growth velocity. A strictly biological factor now comes into play.
>
> This new factor naturally raised the colloidal systems to a more advanced stage of evolution. In addition to the already existing compounds, combinations and structures, new systems of coordination of chemical processes appeared, new inner mechanisms came into existence which made possible such transformations of matter and of energy which hitherto were entirely unthinkable. Thus systems of a still higher order, the simplest primary organisms, have emerged.

It should be obvious from Oparin's scheme of development that he thought that heterotrophic organisms (organisms that are nourished by organic materials) preceded in time autotrophic organisms (those nourished by inorganic materials). Many scientists had earlier thought that the sequence was the opposite and assumed that carbon dioxide —necessary for photosynthesis by autotrophic green plants —was the primary material used in building up living things.

이 순간에 대한 오파린의 설명에 따르면 :

유기체의 성장 과정이 더욱 진전되고, 지구의 수권에 녹아 있는 것 중에 쓸 수 있는 유기물질이 적게 남아 있을수록, 더욱 엄격한 '자연도태'의 경향이 있게 된다. 끊임없는 생존 투쟁은 더욱 더 성장 속도의 경쟁을 대체하게 된다. 엄격한 의미의 생물학적 용인이 이제 제 구실을 하게 된 것이다.

이 새로운 요인은 자연스럽게 콜로이드적 체계를 진화의 좀 더 진전된 단계로 격상시켰다. 이미 존재하는 화합물, 조화 체계, 구조 등에 더하여, 화학적 과정의 새로운 협동 체계가 나타나고, 지금까지는 전혀 생각할 수 없었던 사물과 에너지의 변형을 가능케 하는 새로운 내적 기구가 존재하게 되었다. 그리하여 가장 간단한 원시적 생명체, 더욱 고등한 질서체계가 등장하게 되었다.

오파린은 진화에 대한 그의 체계에서, 타가영양개체(유기물질을 먹이로 하는 개체)가 자가영양체(무기물질을 먹이로 하는 개체)보다 선행한다고 생각한 것이 분명하다. 많은 과학자들이 이전에는 이 차례가 반대라고 생각하였으며 자가 영양인 녹색식물에서 수행되는 광합성에 필요한 이산화탄소를, 유기물질을 만드는 데 있어서 사용되는 일차적인 물질로 간주하였다.

- The further ~ the less, the more: 'the + 비교급' 용법으로 '~할수록 ~하다'가 해석의 열쇠
- hydrosphere n. 수권, 물이 존재하는 구역
- straight a. 끊이지 않는, 계속되는
- struggle for existence 생존경쟁
- come into ~에 들어가다, 물려받다, ~을 지지하다
- hitherto ad. 지금까지는
- emerge vi. 나오다, 헤어나다, 분명해지다 n. emergence opp. submerge 물에 잠그다
- development 본문에서는 '진화'의 뜻으로 사용
- precede vt. ~에 선행하다, ~에 우선하다 vi. 선행하다
- photosynthesis 광합성(빛에너지, 이산화탄소, 물을 이용하여 식물체가 유기물질을 만들어 내는 현상)
- living things 아미노산, 탄수화물, 핵산, 지질 등 생명체를 구성하는 기본적인 유기물질

Oparin found this thesis dubious. As evidence against it he cited the fact that heterotrophic organisms are generally capable of using only organic compounds for nourishment, while many autotrophic green plants "have retained to a considerable degree" the ability to use preformed organic substances for their nourishment. The significance here of the word "retain" is obviously one of time sequence; Oparin thought that all organisms had originally been heterotrophic, but that as the supply of organic food diminished, they split along two different paths of development. (This division is not, strictly speaking, the same as that between the plant and animal worlds, but is close to it, since green plants are largely autotrophic while all the highest and lowest animals and most bacteria and all fungi are heterotrophs.)

Oparin considered the establishing of the structure of DNA to be an event of great importance, and described in detail, with the inclusion of diagrams, the achievement of Watson and Crick. But he was definitely opposed to the talk resulting from the work of molecular biologists about the "first living molecule of DNA." His argument was, at bottom, the same one he had used against spontaneous generation of organisms many years before. Referring to hopes for the appearance of complete microorganisms in infusions, Oparin had written then:

> If the reader were asked to consider the probability that in the midst of inorganic matter a large factory with smoke stacks, pipes, boilers, machines, ventilators, etc., suddenly sprang into existence by some natural process, let us say a volcanic eruption, this would be taken at best for a silly joke.

오파린은 이 발상이 의심스럽다고 생각했다. 그는 이 이론에 반대되는 증거로서 많은 자가영양적인 녹색식물이 이미 형성된 유기물질을 먹이로 사용할 능력을 '상당량 보유하여 온 데' 반해 타가영양개체는 대체로 유기화합물만 먹이로 사용할 수 있다는 사실을 인용했다. 여기에서 '보유한다'라는 단어의 의미는 분명히 시간적인 연속의 하나이다. 오파린은 모든 개체들이 원래 타가 영양이었으나, 유기물 먹이의 공급이 감소함에 따라 개체들은 두 개의 다른 경로로 갈라져 진화한다고 생각했다. (이 분리는 엄격히 말해, 식물계와 동물계로 나뉘는 것과 똑같지는 않다. 그러나 모든 고등·하등동물과 대부분의 세균, 모든 균류가 타가영양체인 반면, 녹색식물은 거의 자가영양체라는 면에서 보면, 대개 앞에서 말한 분류와 비슷하다.)

오파린은 DNA 구조의 확립을 대단히 중요한 사건으로 간주하면서 와트슨과 크리크의 업적을 그림까지 포함하여 상세하게 기술하였다. 그러나 그는 '최초의 살아 있는 분자, DNA'에 대한 분자생물학자의 연구 결과에 대한 논의에는 명백히 반대했다. 본질적으로 그의 논의는 수년 전에 개체의 자연발생에 반대하는 데에 사용한 것과 마찬가지이다. 혼합 물질에서 완전한 미생물의 출현에 대한 기대를 언급하면서, 오파린은 이렇게 썼다:

> 만약, 독자에게 무기물 가운데에서 굴뚝, 관, 보일러, 기계, 통풍기 등을 구비한 커다란 공장이 어떤 자연적인 과정, 이를테면 화산 분출과 같은 것이 갑자기 나타날 가능성을 고려하라고 한다면, 이것은 고작 어리석은 농담으로밖에 볼 수 없을 것이다.

- ☐ dubious a. 의심스러운, 모호한 ad. dubiously n. dubiousness
- ☐ but is close to it에서 it은 생물이 식물계와 동물계로 나뉘는 것을 말함
- ☐ fungi n. 균류(버섯, 곰팡이 등) sing. fungus
- ☐ DNA(Deoxyribonucleic Acid) 생명현상을 관장하는 모든 암호를 지니고 있는 분자 구조물로 4종의 염기, 당, 인산으로 구성되어 있다
- ☐ at bottom 실제는, 본질적으로는
- ☐ spontaneous generation 자연발생설 (무생물에서 갑자기 생물이 나타날 수 있다는 설)
- ☐ refer to ~ 관련하다, 문의하다, 언급하다
- ☐ infusion n. 주입, 혼합물 vt. infuse
- ☐ stack n. 굴뚝
- ☐ ventilator n. 통풍기
- ☐ spring into existence 갑자기 나타나다
- ☐ let us say 이를테면

No longer, he acknowledged, did anyone expect the spontaneous generation of complete organisms, or even of complete cells; to stick to the metaphor, no longer did they look for the sudden appearance of the whole factory. But Oparin believed that those people who thought the story of life began with the fortuitous synthesis of DAN were making the same error; they did not pretend that a factory could suddenly spring into existence, but they acted as if they believed it possible for the *blueprint* of that factory to accidentally appear. Yet that blueprint(the molecule of DNA) contained all the information necessary for the construction of the factory; for such a body of coded information to suddenly appear was as wild as to assume the sudden materialization of the factory itself. In their emphasis on a molecule as the starting point of life, many scientists were ignoring the question that to Oparin was the most important of all: "How did the rigidly determinate arrangement of nucleotides in the DNA come into being?"

To Oparin, the synthesis of nucleic acids was a complex process of interaction on the supramolecular level, one requiring the presence of a complicated enzymic apparatus. This supramolecular approach was obviously fitted to his coacervate theory, although he recognized that other supramolecular mechanisms might also account for the origin of life. The important point was that the presence of more than one substance was required and that a hand-in-hand evolution of both nucleic acids and other substances had occurred: "Thus, on the one hand, the synthesis of proteins requires the presence of nucleic acids while, on the other, the synthesis of nucleic acids requires the presence of proteins(enzymes)."

그는 어느 누구도 완전한 개체 또는 완전한 세포의 자연발생을 더 이상 예상하지 않는다는 것을 인정했다. 은유적으로 표현해 보면, 그들은 더 이상 완전한 공장 전체가 갑자기 출현한다고 기대하지 않았다. 그러나 오파린은 DNA가 우연히 합성되면서 생명의 이야기가 시작된다고 생각하는 사람들도 같은 실수를 저지르는 것이라고 믿었다. 그들은 공장이 갑자기 나타날 것을 기대하지 않지만, 그 공장의 설계도는 갑자기 나타날 수 있다고 믿는 것처럼 행동했다. 그런데 이 설계도(DNA 분자)는 공장 건설에 필수적인 모든 정보를 갖고 있는 것이다. 그리고 이와 같이 암호화된 정보가 갑자기 나타나는 것은, 공장 그 자체가 갑자기 나타나는 것을 가정하는 것만큼 무모하기 때문이다. 생명의 시작점으로서의 분자를 강조하는 데에 있어 오파린에게는 무엇보다도 중요한 문제를 많은 과학자들은 무시하고 있다. "DNA의 뉴클레오타이드의 견고하게 확정된 배열은 어떻게 생겨날까?"

오파린에게 있어서는 핵산의 합성은 복잡한 효소 장치의 존재를 필요로 하는 초분자적 차원에서의 복잡한 반응 과정이었다. 물론 그가 다른 초분자적 메커니즘도 생명의 기원에 관여할 수 있다는 것을 알았지만, 이 초분자적 접근은 그의 코아세르베이트설에 분명히 걸맞은 것이었다. 중요한 점은 한 개 이상으로 물질 존재가 필요하다는 것과 핵산과 다른 물질들 모두의 잘 어울리는 진화가 일어난다는 것이다. "따라서 한편으로는 핵산의 합성이 단백질(효소)의 존재를 필요로 하는 반면, 다른 한편으로는 단백질 합성이 핵산의 존재를 필요로 한다."

- ☐ stick to ~에 달라붙다, 집착하다, 충실하다
- ☐ metaphor n. 은유, 암유
- ☐ look for ~를 찾다, 기대하다 cf) look into 기대하다, look at ~을 보다, ~을 고찰하다
- ☐ fortuitous a. 우연의, 뜻밖의 n. fortuitousness cf) fortuity 돌발 사건, 우연성
- ☐ blueprint n. 청사진, 설계도
- ☐ for such ~ factory itself에서 as wild as가 해석의 초점
- ☐ nucleotide DNA를 형성하는 개개의 구성원
- ☐ come into being 생기다, 나다
- ☐ supramolecular a. 거대분자의, 초분자의
- ☐ hand-in-hand 잘 어울리는, 알맞은
- ☐ nucleic acid 핵산

ENGLISH READING

NATURAL SCIENCE

제3부 과학 철학

제1장 **Arthur Lovejoy**
The Great Chain of Being
아서 러브조이
존재의 대사슬

제2장 **S. F. Mason**
A History of the Science
S. F. 메이슨
과학의 역사

제3장 **Michael Ruse**
Darwinism Defended
마이클 루즈
다윈주의 옹호

제4장 **Loren R. Graham**
Science & Philosophy (1)
로렌 R. 그레이엄
과학 & 철학 (1)

제5장 **Werner Heisenberg**
Physics & Philosophy
워너 하이젠베르그
물리학 & 철학

제6장 **Thomas S. Kuhn**
The Structure of Scientific Revolution
토마스 쿤
과학 혁명의 구조

제7장 **Loren R. Graham**
Science & Philosophy (2)
로렌 R. 그레이엄
과학 & 철학 (2)

제8장 **Alvin Toffler**
The Third Wave
앨빈 토플러
제3의 물결

제9장 **Donella H. Meadows**
The Limits to Growth
도넬라 메도우
성장의 한계

제10장 **Erich Fromm**
To Have or To Be
에리히 프롬
소유나 존재냐

제 1 장

Arthur Lovejoy
The Great Chain of Being

아서 러브조이
존재의 대사슬

Now just as the Platonic writings were the principal sources both of other-worldliness and of its opposite in Western philosophy, so the influence of Aristotle encouraged two diametrically opposed sorts of conscious or unconscious logic. He is oftenest regarded, I suppose, as the great representative of a logic which rests upon the assumption of the possibility of clear divisions and rigorous classification. Speaking of what he terms Aristotle's "doctrine of fixed genera and indivisible species," Mr. W. D. Ross has remarked that this was a conclusion to which he was led mainly by his "close absorption in observed facts." Not only in biological species but in geometrical forms — "in the division of triangles, for example, into equiangular, isosceles, and scalene — he had evidence of rigid classifications in the nature of things."

아리스토텔레스는 자연계, 물질계를 정지하고 있는 것이 아니라 운동하고 있는 것으로서 파악하고자 했다는 점에서 진보적 측면의 과학관을 가지고 있었다고 할 수 있다. 그러나 근본적으로 그의 과학관은 형이상학적인 것에 불과했다. 이것은 '존재의 대사슬'로 표현되는 그의 우주관 속에 잘 나타나고 있다. 그는 사물들의 운동을 일정한 목적에 따른 형상에 의한 질료의 정복, 즉 부단히 연속되는 일련의 계열 속에서 진행되는 가능태로부터 현실태로의 점차적 이행으로 파악했다. 그의 사상은 한 사물로부터 다른 사물로의 '질적인 변화'를 인정하지 않는 점에서 본질적으로는 '운동을 부정하는' 형이상학적인 자연관을 기초로 했다.

마치 플라톤의 저작이 서양철학에 있어서 내세성과 그에 대립하는 것(현세성) 양자의 주요 전거이듯이, 아리스토텔레스의 영향은 정반대 되는 두 종류의 의식적·무의식적 논리를 촉진시켰다. 나는 그가 명료한 구분과 엄격한 분류의 가능성을 전제로 한 위대한 논리의 대표자로서 간주되는 경우가 매우 흔하다고 생각한다. W. D. 로스는 자신이 아리스토텔레스의 "고정된 속과 분할 불가능한 종의 이론"이라고 칭한 것에 관해 언급하면서, 이것은 아리스토텔레스가 주로 자신의 "관찰된 사실에 친히 몰두하는 것"에 의하여 도달한 결론이라고 말하였다. 단지 생물학적 종에 있어서 뿐 아니라 기하학적 형태에 있어서도 — "예를 들면 등각삼각형, 이등변삼각형, 부등변삼각형등의 삼각형으로 구분함에 있어서 — 그는 사물의 성질이 엄격히 분류되고 있다는 증거를 가지고 있었다."

- ☐ Now just as ~, so the influence ~는 as A ~, so B ~. 'A가 ~이듯이 B도 ~이다'식의 구문
- ☐ worldliness n. 세속적임 a. worldly
- ☐ diametrically ad. 정반대로, 전혀, 바로 (= exactly)
- ☐ rest upon 의지하다, 의거하다
- ☐ genera: genus의 복수 cf) genus(생물) 속(family와 species 와의 중간)
- ☐ absorption n. 전념, 열중
- ☐ isosceles a. (수학) 2등변의
- ☐ scalene a. 부등변의 n. 부등변 삼각형

But this is only half the story about Aristotle; and it is questionable whether it is the more important half. For it is equally true that he first suggested the limitations and dangers of classification, and the non-conformity of nature to those sharp divisions which are so indispensable for language and so convenient for our ordinary mental operations.

There are in the Platonic dialogues occasional intimations that the Ideas, and therefore their sensible counterparts, are not all of equal metaphysical rank or excellence; but this conception not only of existences but of essences as hierarchically ordered remains in Plato only a vague tendency, not a definitely formulated doctrine. In spite of Aristotle's recognition of the multiplicity of possible systems of natural classification, it was he who chiefly suggested to naturalists and philosophers of later times the idea of arranging (at least) all animals in a single graded *scala naturae* according to their degree of "perfection."

그러나 이것은 아리스토텔레스에 관해서는 절반만 이야기된 데 불과하다. 더구나 이 절반이 다른 절반보다 더 중요한 이야기인지 어떤지는 의심스럽다. 왜냐하면 그가 먼저 분류의 한계와 위험을 말했고, 그리고 또한 언어에 대해서는 불가결하고, 우리의 일상적인 정신적 활동에 대해서는 대단히 편리한 그런 날카로운 구분에 대하여 자연의 불일치 등을 말했다는 것도 마찬가지로 사실이기 때문이다.

플라톤의 대화편 속에는 때때로 이데아 및 결과적으로 이데아의 감각적 대응물이 모두 동등한 형이상학적 서열이나 탁월성을 지니고 있지는 않다는 암시가 있다. 그러나 단지 현실적 존재뿐 아니라 본질까지도 계층적으로 배열되었다는 이러한 개념은 플라톤에 있어서는 확실하게 정립된 이론이 아닌 단지 모호한 경향으로만 남아 있었다. 아리스토텔레스가 자연적 분류의 가능한 체계의 다양성을 인식하였음에도 불구하고, 후대의 박물학자들과 철학자들에게 (적어도) 모든 동물을 '완성'의 정도에 따라 단일하게 단계지어 놓은 '자연의 사다리' 속에서 배열한다는 생각을 주로 암시해 준 것은 아리스토텔레스였다.

- ☐ conformity n. 일치, 적합 cf) in ~ with(to) ~와 일치하여, ~에 따라서
- ☐ indispensable for ~에 없어서는 안 되는
- ☐ mental a. 마음의, 정신의 opp. physical
- ☐ dialogue n. 문답, 대화
- ☐ intimation n. 암시 vt. 넌지시 비추다, 암시하다(= suggest), 공표하다
- ☐ counterpart n. 대응물, 상대물
- ☐ arrange vt. 배열하다 n. arrangement
- ☐ scala naturae 자연의 사다리

For the criterion of rank in this scale he sometimes took the degree of development reached by the offspring at birth; there resulted, he conceived, eleven general grades, with man at the top and the zoophytes at the bottom. In the *De Anima* another hierarchical arrangement of all organisms is suggested, which was destined to a greater influence upon subsequent philosophy and natural history. It is based on the "powers of soul" possessed by them, from the nutritive, to which plants are limited, to the rational, characteristic of man "and possibly another kind superior to his," each higher order possessing all the powers of those below it in the scale, and an additional differentiating one of its own.

Either scheme, as carried out by Aristotle himself, provided a series composed of only a small number of large classes, the subspecies of which were not necessarily capable of a similar ranking. But there were in the Aristotelian metaphysics and cosmology certain far less concrete conceptions which could be so applied as to permit an arrangement of all things in a single order of excellence.

Everything, except God, has in it some measure of "privation."

그는 때때로 태어난 새끼가 도달한 발달의 정도를 이 사다리의 위계의 기준으로 생각했다. 그는 그 결과 인간을 정점으로 하고 식충류를 최하위에 두는 11등급이란 일반적 위계가 나온다고 생각했다. 「생명론」(De Anima)에서 유기체 전부의 또 다른 위계적 배열이 암시되고 있는데, 그것은 후대의 철학과 박물학에 더 큰 영향을 미칠 운명에 있었다. 이 위계적 배열은 유기물이 가지는 '영혼의 힘'에 근거하는 것으로서, 그 힘은 식물이 한정되는 영양을 주는 힘으로부터 시작하여 인간 및 '아마도 인간보다 더 우월한 또 다른 종류'의 특성인 이성의 힘에까지 이르고 있고, 높은 단계는 각기 그 사다리에 있어서 하위 것의 모든 능력을 소유하고 여기에 더하여 자신을 구별하는 눈금이 되는 또 다른 능력을 소유하는 것이다.

두 계열이 다 같이 아리스토텔레스 자신에 의해 제기되었는데, 그에 의하면 단지 소수의 큰 강목으로 구성되고 있는 계열이 있으며, 그 큰 강목을 더 작게 분류한 아류는 반드시 유사한 계열을 지니는 것은 아니었다. 그러나 아리스토텔레스의 형이상학과 우주론 속에는 모든 사물을 우수한 순으로 단일한 위계로서 배열하는 것이 허용되도록 적용될 수 있는, 구체성이 훨씬 결여된 개념이 있었다.

'신'을 제외한 만물은 그 내부에 어느 정도의 '결핍'이 있다.

- ☐ criterion n. 표준, 기준 syn. standard 기준
- ☐ offspring n. 자식, 자녀, 소산(= fruit), 결과(= result)
- ☐ zoophyte n. 식충류
- ☐ It is based on ~ them에서 It은 hierarchical arrangement, them은 organism
- ☐ from the nutritive, ~, to the rational, ~은 from A to B의 경우로 '영양을 주는 힘으로부터, 이성의 힘에까지'로 해석된다.
- ☐ which = large classes
- ☐ in the Aristotelian ~ cosmology는 삽입구, there 앞에 놓일 수도 있다
- ☐ so ~ as to 구문, applied를 형용사로 보라
- ☐ privation n. 결여, 결핍 a. privative

There are, in the first place, in its generic "nature" or essence, "potentialities" which, in a given state of its existence, are not realized; and there are superior levels of being, which, by virtue of the specific degree of privation characteristic of it, it is constitutionally incapable of attaining. Thus "all individual things may be graded according to the degree to which they are infected with [mere] potentiality." This vague notion of an ontological scale was to be combined with the more intelligible conceptions of zoological and psychological hierarchies which Aristotle had suggested; and in this way what I shall call the principle of unilinear gradation was added to the assumptions of the fullness and the qualitative continuity of the series of forms of natural existence.

The result was the conception of the plan and structure of the world which, through the Middle Ages and down to the late eighteenth century, many philosophers, most men of science, and, indeed, most educated men, were to accept without question — the conception of the universe as a "Great Chain of Being," composed of an immense, or — by the strict but seldom rigorously applied logic of the principle of continuity — of an infinite, number of links ranging in hierarchical order from the meagerest kind of existents, which barely escape nonexistence, through "every possible" grade up to the *ens perfectissimum* — or, in a somewhat more orthodox version, to the highest possible kind of creature, between which and the Absolute Being the disparity was assumed to be infinite — every one of them differing from that immediately above and that immediately below it by the "least possible" degree of difference.

우선 그것의 일반적 '성질' 혹은 본질 속에는 그것의 일정한 존재 상황에 있어서는 실현되지 않고 있는 '가능성'이 있다. 그리고 그 자신의 특성인 결핍의 특유한 정도 때문에 구조적으로 그가 도달할 수 없는 보다 상위의 존재가 실재한다. 그러므로 '모든 개체는 자신에게 내재되어 있는 (순수한) 가능성의 정도에 따라 등급이 나뉠 수 있을 것이다. 이러한 존재론적 사다리의 모호한 개념은, 아리스토텔레스가 이미 제기한 동물학적 및 심리학적 위계질서라는 좀 더 이해하기 쉬운 개념과 결합하게 되었다. 그리고 이런 식으로 내가 단선적인 점진적 이행의 원리라고 부르는 것이 자연에 존재하는 제형태에는 충만 및 질적 연속성이 있다는 가정에 추가되었다.

그 결과는 중세를 통하여 18세기 후반에 이르기까지 다수의 철학자들, 거의 모든 과학자들 그리고 실로 대부분의 교육을 받은 사람들이 의문을 품지 않고 받아들였던 우주의 체계와 구조에 대한 관념, 즉 '존재의 대연쇄'로서의 우주관이었다. 그것은 거대한 수의 연쇄의 고리들로 구성되거나 혹은 — 엄격하기는 하나 엄밀하게 적용되는 경우가 드문 연속 원리의 논리에 의하여 — 거의 비존재에 가까운 가장 미소한 종류의 존재물로부터 '모든 가능한' 단계를 거쳐 '완전한 존재'(ens perfectissimum) — 즉, 더 정통적인 해석에 의하면 그것과 절대자와의 차이가 무한하다고 생각되고 있는 것 같은, 최고도로 가능한 종류의 피조물에까지 — 에 이르기까지 위계질서 속에 무한한 수의 연쇄의 고리들로 배열되어 있는데 — 이러한 연쇄에 있어서 각 고리가 바로 그 위의 것과 바로 그 밑의 것이 '가능한 최소한'으로 그 정도의 차이에 의해 구분되어 있다는 우주관이다.

- ☐ generic a. 일반적인, 포괄적인(= general)
- ☐ be infected with ~에 감염되어(물들어) 있다
- ☐ ontological a. 존재론적 n. ontology
- ☐ gradation n. 단계적(점차적) 변화 vi. gradate
- ☐ which의 선행사는 the conception of ~이고 목적격 관계대명사

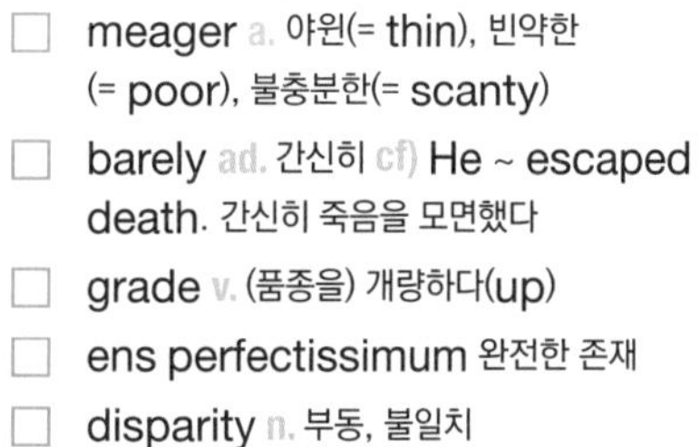

- ☐ meager a. 야윈(= thin), 빈약한(= poor), 불충분한(= scanty)
- ☐ barely ad. 간신히 cf) He ~ escaped death. 간신히 죽음을 모면했다
- ☐ grade v. (품종을) 개량하다(up)
- ☐ ens perfectissimum 완전한 존재
- ☐ disparity n. 부동, 불일치

제 2 장 

S. F. Mason
A History of the Science

S. F. 메이슨
과학의 역사

In its content Descartes' natural philosophy was diametrically opposed to the traditional world view, based on the theories of Aristotle. In Descartes' system all material beings were machines ruled by the same mechanical laws, the human body no less than animals, plants, and inorganic nature. Thus he dispensed with the traditional conception that nature was hierarchically ordered, the idea that the beings composing the world formed a vast chain of creatures stretching down from the most perfect of all beings, the Deity, at the periphery of the universe, through the hierarchies of angelic intelligences in the heavens to the grades of men, animals, plants, and minerals on earth. For Descartes the physical and organic world was a homogeneous mechanical system composed of qualitatively similar entities, each following the quantitative mechanical laws revealed by the analysis of the mathematical method.

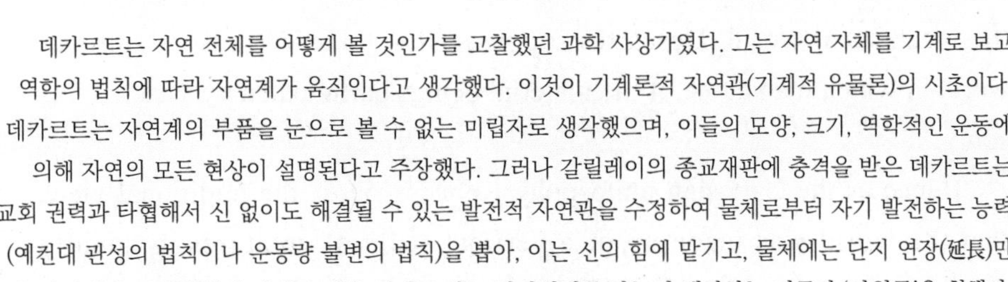

데카르트는 자연 전체를 어떻게 볼 것인가를 고찰했던 과학 사상가였다. 그는 자연 자체를 기계로 보고 역학의 법칙에 따라 자연계가 움직인다고 생각했다. 이것이 기계론적 자연관(기계적 유물론)의 시초이다. 데카르트는 자연계의 부품을 눈으로 볼 수 없는 미립자로 생각했으며, 이들의 모양, 크기, 역학적인 운동에 의해 자연의 모든 현상이 설명된다고 주장했다. 그러나 갈릴레이의 종교재판에 충격을 받은 데카르트는 교회 권력과 타협해서 신 없이도 해결될 수 있는 발전적 자연관을 수정하여 물체로부터 자기 발전하는 능력(예컨대 관성의 법칙이나 운동량 불변의 법칙)을 뽑아, 이는 신의 힘에 맡기고, 물체에는 단지 연장(延長)만을 부여했다. 즉 물(物)의 세계와 신을 전제로 하는 정신세계를 나누어 생각하는 이른바 '이원론'을 취했다.

데카르트의 자연철학은, 그 내용에 있어서 아리스토텔레스의 이론에 바탕을 둔 전통적인 세계관과는 정반대의 것이었다. 데카르트의 체계에 있어서는, 모든 물질적 존재는 동일한 역학의 법칙에 지배되는 기계이며, 인체도 동물이나 식물 및 무기물과 다를 바 없었다. 그러한 까닭에, 그에게는 자연이 위계적으로 이루어져 있다는 전통적 개념, 다시 말해서 세계를 구성하는 존재는 우주의 주변에 있는 만물의 가장 완전한 신에서, 천계(天界)에 있는 여러 계급의 천사를 거쳐 지상의 인간·식물·광물에 이르기까지 창조물들의 질서 있는 거대한 연쇄를 구성한다는 개념을 찾아 볼 수가 없었다. 데카르트에 있어서 물리적 및 유기적 세계는, 수학적 방법의 분석에 의해 밝혀지는 계량적인 역학법칙에 따르는, 질적으로 비슷한 개체로 구성되어 있는 동질적인 역학체계였다.

- ☐ diametrically ad. 정반대로, 전혀 다른 cf) ~ opposed 정반대의
- ☐ based on 앞에는 which was 또는 which had been이 생략
- ☐ no less than ~에 못지않게 (= as much as)
- ☐ inorganic a. 무기물의 opp. organic
- ☐ dispense with ~없이 지내다 (= do without)
- ☐ deity n. 신, 신성, 신격 cf) the Deity (= the God)
- ☐ periphery n. 주위, 주변, 외면
- ☐ homogeneous a. 동종의 opp. heterogeneous 이종의

The world was not, as the scholastic philosophers had believed, a heterogeneous but ordered diversity of entities, each finding its rank in the cosmic order through the purely qualitative analysis of a classification in terms of the kind of soul it possessed, vegetable, animal, or rational. Besides the mechanical world, Descartes supposed that there was also a spiritual world in which man alone of the material beings participated by virtue of his soul.

Hence as the Cartesian philosophy gained ground, the traditional view, that the world was made up of a vertical scale of creatures, gradually disappeared and was replaced by the conception that the universe was composed, so to speak, of two horizontal planes, the one mechanical and the other spiritual, man alone sharing in both. From the time of Descartes such a dualism has been fundamental to European thought.

세계는 스콜라 철학자들이 믿고 있던 것처럼, 각 개체가 갖고 있는 혼의 종류, 즉 식물혼·동물혼·이성혼 등 위계성의 순전히 질적 분석을 통해 각 개체의 위치를 우주적 질서 속에 확정하게 되는, 다시 말해서 이질적인 개체들이 질서 있게 존재하는 곳은 아니라는 것이다. 데카르트는 역학적 세계 외에 정신적 세계가 있으며, 만물 가운데에 인간만이 정신을 갖춘 덕분에 여기 속한다고 생각했다.

이리하여 데카르트 철학이 위치를 굳힘에 따라, 세계는 피조물의 수직적인 사다리로 이룩되어 있다는 전통적 견해는 점차로 사라지고, 우주가 하나는 역학적인, 또 하나는 정신적인 두 가지의 수평면으로 이루어져 있으며, 인간만이 두 가지 면에 다리를 걸치고 있다는 생각으로 바뀌었다. 데카르트시대부터 이러한 이원론은 유럽 사상의 기본적인 것으로 남아 있는 것이다.

- ☐ rational a. 이성적인, 합리적인
- ☐ by virtue of ~의 덕택에 (= by dint of)
- ☐ gain ground 기반(지지)을 얻다
- ☐ dualism n. 이중성, 이원론

Before modern times the workings of the natural world were thought to be governed by custom, the principle of retribution, and acts of purpose, will, and design rather than by laws of nature and mechanical force. Descartes supposed that nature was governed in its entirety by laws and he identified the laws of nature with the principles of mechanics. 'The rules of nature,' he wrote, 'are the rules of mechanics.' Descartes in fact was the first to use consistently the term and the conception of 'laws of nature' which, like the earlier usage of the notions of 'custom' and 'retribution,' was an analogy based upon the practices of civil society.

The ancient Greeks had rarely used the phrase 'the laws of nature.' The quantitative rules which they discovered were called 'principles,' like the 'principle of levers' and Archimedes' 'principle of buoyancy.' Galileo called his quantitative rules 'principles,' 'rations', or 'proportions,' though in the English version of his *Two New Sciences* these words have been translated as 'laws.' Galileo's 'principle of inertia' is the same thing as Newton's 'first law of motion,' Newton using the term 'laws of nature' freely as it had become a commonplace by his time, though objected to by some. Robert Boyle thought the term 'an improper and figurative expression.' When an arrow is shot from a bow, he wrote, 'none will say that it moves by a law, but by an external impulse.'

근대 이전에 있어서, 자연계의 움직임은 자연법칙과 기계적인 힘에 의해서가 아니라, 관습, 응징의 원리, 목적·의지·계획 등의 작용에 의해 지배된다고 여기고 있었다. 자연은 그 전체에 걸쳐 법칙에 의해 지배된다고 데카르트는 생각했고, 그는 자연의 법칙을 역학의 원리와 동일하다고 보았다. '자연의 법칙은 역학의 법칙'이라고 그는 쓰고 있다. 데카르트는 사실, '자연의 법칙'이라는 용어와 개념을 체계 있게 사용한 최초의 사람이었다. 이것은 그 전에 '관습'이나 '응징'이란 말을 쓴 것과 마찬가지로, 시민사회의 실상에 기초를 둔 유추였다.

고대 그리스인은 '자연의 법칙'이라는 말을 흔히는 쓰지 않았다. 그들이 발견한 계량적 법칙조차 '지레의 원리'라든지, 아르키메데스의 '부력의 원리'라든지 하는 식으로, '원리'라 불렀다. 갈릴레이는 그의 계량적 법칙을 '원리', '비', '비례' 따위로 불렀는데, 「두 가지 새로운 과학」의 영어판에서는, 이러한 말은 '법칙'으로 되어 있다. 갈릴레이의 '관성의 원리'는 뉴턴의 '운동의 제1법칙'과 동일한 것이다. 뉴턴은 '자연의 법칙'이라는 말을, 당시 상식화되어 있기나 한 것처럼 자유롭게 사용하고 있지만, 반대 의견이 없는 것도 아니었다. 로버트 보일은 이 말은 '부적당한 상징적 표현'이라고 생각했다. 화살이 활을 떠났을 때 "그것이 법칙에 의해 움직인다고 하는 사람은 없으며, 그것은 밖으로부터 주어진 충격에 의해 움직이는 것"이라고 보일은 말하고 있다.

- ☐ were thought to be = were considered (regarded, estimated) to be
- ☐ retribution n. 보복, 응징, 응보
- ☐ identify A with B: A를 B와 동일시하다
- ☐ the first to use = the first man (scientist) who used
- ☐ buoyancy n. 부력, 뜨는 성질
- ☐ the English version n. 영어판(版)
- ☐ inertia n. (물리) 관성 cf) Newton's Law of Inertia 뉴턴의 관성의 법칙
- ☐ commonplace a. 평범한, 개성 없는, 진부한

Descartes supposed that God ruled the universe entirely by 'laws of nature' which had been decided upon at the beginning. Once he had created the universe, the Deity had not interfered at all with the self-running machine he had made. The amount of matter and the amount of motion in the world were constant and eternal, and so too were 'the laws which God has put into nature.' During the middle ages it had been thought that God participated in the day-today running of the universe, delegating power to the hierarchies of angelic beings who propelled the heavenly bodies round their courses and who observed and guided terrestrial events.

Exceptional happenings were then of great interest, such as miracles or more evil portents, like the appearance of comets which were thought to be due to Divine or diabolical interference with the customary movement of the cosmic process. The men of the seventeenth century on the other hand were interested in the ordinary run of events, looking for their 'lawful' mode of operation. Exceptional happenings, like the new star of 1572 and the comet of 1577, were now scientific problems rather than theological object lessons and they led to the abandonment of theoretical systems which could not account for their occurrence.

데카르트는 신이 태초에 결정된 '자연의 법칙'에 따라 우주를 지배한다고 생각했다. 신은 세계를 창조한 후 이제까지, 그가 만든 이 자동기계에 대해 간섭한 적은 한 번도 없다. 세계에 있어서 물질의 양과 운동의 양은 일정하고 영원하다. '신이 자연 속에 짜 넣은 법칙'도 마찬가지이다. 중세에 있어서는, 천체를 그 궤도 위에 진행시키기도 하고, 지상에서 일어나는 일을 관찰하여 인도하기도 하는 여러 계급의 천사에게 맡겨, 신은 우주의 나날의 운행에 관여하고 있다고 여겨지고 있었다.

당시에는 기적이나 훨씬 더 불길한 징조인 혜성의 출현 같은 예외적인 사건에는 특별한 관심이 쏠렸었다. 그러한 일들은 신 아니면 악마가 일상적인 우주의 운행을 간섭하는 데에서 일어난다고 여겨졌기 때문이다. 한편, 17세기 사람들은 사물의 일상적인 진전에 흥미를 갖고, 그 '법칙적'인 작용을 기대하고 있었다. 1572년의 신성(新星)의 출현이나, 1577년에 나타난 혜성 따위의 예외적인 사건은, 이제 신학적인 구체적인 실례라기보다는 과학적인 문제가 되어, 이들의 출현을 설명할 수 없는 이론적 체계가 물러날 길을 재촉했던 것이다.

- ☐ at the beginning 태초에 cf) at the end 최후에는
- ☐ the self-running machine 자동기계 (= auto-machine)
- ☐ so too were ~ 이 구문은 'the laws ~ nature' were so too가 도치된 것
- ☐ delegate vt. 대표(대리)로 모시다, 위임하다
- ☐ terrestrial a. 지구상의 n. 지구에 사는 사람(인간) vt. –ize
- ☐ comet n. 혜성
- ☐ diabolical a. 악마의, 악마적인, 잔인한
- ☐ account for 설명(해석)하다 (= explain)

The historian of the idea of 'laws of nature' has suggested that the term derived from two primary sources: firstly, from an analogy based upon the practice of civil government by statute law introduced by the absolute monarchs of the sixteenth and seventeenth centuries, and secondly, from the Jewish conception within Christianity of God as the Divine legislator of the universe which had come down from the ancient despotisms of Babylonia. The term 'laws of nature' was used the most frequently in the ancient world by the Stoic school of philosophers which was influenced by the ideas of the Babylonians, notably by their astrology, and which was prominent during the period of the ancient absolutisms, the school rising in the time of Alexander the Great and flourishing under the Roman emperors.

During the middle ages the term was not much used, for then civil society was ordered more by custom rather than by positive law, a monarch delegating his power to the various estates of the feudal order each with its traditional privileges and duties. The absolute monarchs of the sixteenth and seventeenth centuries were more powerful, ruling all of their subjects by means of the statute law which they introduced. Jean Bodin in the latter part of the sixteenth century advocated the development of civil government by statute law, a policy which was the most thoroughly implemented in France, the homeland of both Bodin and Descartes.

'자연법칙'의 사상에 관한 역사가는, 이 말이 주로 두 가지의 원천에서 나온 것이라 설명했다. 첫째는 16세기 및 17세기 절대군주에 의해 도입된 성문법에 의한 통치 관습에 바탕을 둔 유추에서 왔다는 것과, 둘째로는 바빌로니아의 옛 전제주의에서 시작된 기독교 내의 우주의 신성한 입법자라는 유태적인 신의 개념에서 왔다는 설이 그것이다. '자연법칙'이라는 말은 고대에는 스토아학파의 철학자에 의해 가장 많이 쓰였고, 바빌로니아인의 사상, 특히 그들의 점성술에 의해 영향을 받아, 고대 전제주의의 시대에 두드러졌다. 그런데 스토아학파는 알렉산더대왕 시대에 대두하여, 로마제국 아래에서 번성했다.

중세기 동안에는 이 말은 그다지 쓰이지 않았다. 왜냐하면 그 당시는 시민사회는 실증법보다는 오히려 관습에 의한 질서를 바탕으로 하고 있었고, 군주는 그 전통적 특권과 의무를 가진 각 계층의 가신(家臣)에게 자기 권력을 대행시키고 있었기 때문이다. 16세기 및 17세기의 절대군주는 훨씬 더 강력하여, 자신들이 만든 성문법으로 그들의 판도를 지배하고 있었다. 16세기의 후반에 들어 장 보댕은 성문법에 의한 시민통치의 발전을 옹호했다. 이것은 보댕과 데카르트의 모국인 프랑스에 가장 널리 쓰인 정책이었다.

- ☐ derived from 앞에는 which was가 생략
- ☐ absolute monarch 절대군주(絶對君主)
- ☐ astrology n. 점성학(술)
- ☐ positive law 실증법
- ☐ monarch n. 군주
- ☐ implement vt. 수행하다, 실천하다 (= carry out, put into practice)

제 3 장 

Michael Ruse
Darwinism Defended

마이클 루즈
다윈주의 옹호

The objection is as straightforward as it is popular and devastating, if well taken. It is claimed that Darwinian evolutionary theory — the critics usually lump together indifferently both past and present versions — is no genuine scientific theory at all. Despite appearances, it is just not about the empirical world; it is rather, at most, a speculative philosophy of nature, on a par with Plato's theory of forms or Swedenborgian theology. It is, in short, a metaphysical wolf masquerading as a scientific lamb. And, although the critics hasten to assure us that there is nothing wrong with metaphysics, it is usually not too long before words like "slight" or "inadequate" or even "dismal" start to slip into the talk. All in all, we are left with the impression that Darwinism says nothing, and even if it did say something, it would not be *that* worth listening to. "Evolution is not a fact but a theory" is a charitable epitaph.

T. H. 헉슬리는 다윈의 진화론 보급과 옹호에 힘쓰고 불가지론과 실증주의 교육론의 입장을 취했다. 또한 H. 스펜서는 경험론자로서 천체의 형성에서 인간 사회의 도덕까지를 모두 진화의 원리에 의거하여 설명했고, '이성은 단지 상대적인 것을 인식할 수 있을 뿐이다.'라고 선언했다. 이에 날카로운 비판을 가한 K. R. 포퍼는 과학적 철학을 주장하였는데, 그는 논리실증주의를 비판하고 경험과학의 경계 설정에 관해 '반증가능성'을 제창해 가설연역적 방법을 주장했으며 '오류로부터 학문으로'라는 유명한 명제를 내놓았다. 자연과학 분야에서는 다윈이 말하는 변이를 검증키 위해 멘델 등 19세기 말부터 20세기의 많은 유전학자들이 연구를 해서 다윈이 규명치 못한 변이의 원인을 밝혀냈다.

반론이란 대중적이고 파괴적인 만큼, 잘 채택되기만 하면 간단하다. 다윈의 진화론 — 비평가들은 과거와 현재의 해석을 둘 다 대수롭지 않게 총괄하여 말하곤 한다 — 은 이제는 결코 진정한 과학적 이론이 아니라는 비판이 있다. 이는 현상임에도 불구하고, 경험적 세계에 관한 내용이 아닌, 차라리 기껏해야 플라톤의 형식론이나 스베덴보리의 신학과 마찬가지로 자연에 대한 사색적 철학이라는 것이다. 간단히 말하면, 과학적인 양가죽을 뒤집어 쓴 형이상학적 늑대라고 표현할 수 있겠다. 그리고 비평가들은 형이상학에는 아무런 잘못이 없다고 확신시키려 서두르지만, '가벼운', '부적당한', 심지어는 '암울한'과 같은 단어가 대화에 끼어 들어오기까지는 대개 오랜 시간이 걸리지 않는다. 대체로 우리는 다윈주의란 이야기하는 것이 아무것도 없으며, 비록 있다 하더라도 그것은 들을 가치가 없을 것이라는 인상을 받는다. "진화는 사실이 아니라 이론이다."는 말은 그래도 관대한 평가다.

- ☐ lump vt. 한 묶음으로 하다, 총괄하다, 한결같이 취급하다
- ☐ speculative a. 사색적인, 명상적인, 추리의
- ☐ par n. 동위, 동등, 동수준
- ☐ Swedenborgian a. n. 스베덴보리(학설)의, 스웨덴의 종교적 신비철학자(1688~1772), 스베덴보리의 신봉자
- ☐ masquerade n. 가장 무도회 vt. 가장하다
- ☐ dismal a. 음침한, 어두운, 무서운
- ☐ slip into ~에 빠지다
- ☐ All in all 전부하여, 대체로 말하자면 (= generally speaking)
- ☐ charitable a. 자비로운
- ☐ epitaph n. 비명, 묘비명

Just how does this objection come about? Let us see by starting with some general thoughts about the nature of science. I am sure that all will agree that there is a distinction to be drawn between those bodies of information or ideas that we want to label "scientific" and those that we do not, even though it is not always clear precisely where the distinction should be drawn. We want to distinguish for instance between something like the wave theory of light (albeit that today we may want to modify it in respects) and other sorts of claims, like those of literary criticism, philosophy, or religion. It may well make sense to say that "God is love"; one may well believe it with all one's heart. But, important though it is, somehow it does not seem to be a claim of quite the same type as (say) Snell's law, sin i/sin r = μ or the claim that light goes in waves not particles.

It seems fairly clear that what distinguishes science from nonscience is the fact that scientific claims reflect, and somehow can be checked against, empirical experience — ultimately, the data that we get through our senses. The wave theory of light is about this physical world of ours; in some very important sense, God is not part of this world. We see light; we do not see God. But, how exactly does science reflect its empirical base? One might think that it is all simply a question of finding positive empirical evidence for scientific claims — evidence that is unobtainable for other sorts of claims. However, matters are a little more complex than this, because science does not deal with particulars, at least not directly and exclusively, but with generalities and universals. One's interest is not in this planet or that planet as such. Rather, one asks what each and every planet does, just as one asks what each and every light ray does.

이와 같은 반론이 어떻게 제기되었는가? 우선 과학의 본질에 대한 다소 일반적인 생각에서부터 출발해 보자. 나는 우리가 '과학적'이라고 부르는 정보체나 사상들과 그렇지 않은 것들과의 사이에 경계선이 어디에 있는지 때때로 명확하지 않은 경우가 있다고 해도, 무엇인가 구별이 되긴 된다고 하는 것은 모두들 인정하리라고 확신한다. 예컨대 우리는 빛의 파동설(비록 오늘날 우리가 그 몇몇 측면을 수정하려 한다 해도)과 같은 종류와 문학 비평, 철학, 또는 종교와 같은 다른 종류의 주장들을 구별하려고 한다. "신은 사랑이다."고 말하는 것은 의미를 통할 수 있는 말이고, 우리는 그것을 진심으로 믿을 수도 있을 것이다. 그러나 그 말이 중요한 것이라고는 해도 $\sin i / \sin r = \mu$라는 스넬의 법칙이나 빛은 입자가 아니라 파동으로 진행한다는 주장 등과는 어딘가 같은 형태의 주장이 아닌 것으로 보인다.

과학과 비 과학을 구별하는 것은 과학적 주장이 경험적 실험, 결국 우리가 감각을 통해서 얻는 데이터를 반영한다는 점이라는 사실은 얼마간 반박될 수도 있지만, 어쨌든 상당히 명백한 것처럼 보인다. 빛의 파동설은 우리의 물질적 세계에 관한 것이다. 하지만 일면 매우 중요한 의미에서 볼 때, 신은 이 세계의 일부가 아니다. 우리는 빛을 볼 뿐 신은 볼 수가 없다. 그렇지만 과학이 얼마나 그것의 경험적 토대를 반영할 수 있겠는가? 혹자는 그것은 오로지 과학적 주장을 위해 다른 종류의 주장은 얻을 수 없는 실증적인 경험적 증거를 발견하는 문제에 불과하다고 생각할 수도 있다. 하지만 문제는 이보다 좀더 복잡하다. 왜냐하면 과학은 최소한 직접적이고 배타적이지는 않다 해도, 특수한 것을 다루는 것이 아니라 보편적이고 일반적인 문제를 취급하는 것이기 때문이다. 과학자의 관심은 이 혹성 혹은 저 혹성과 같은 것에 있지 않다. 오히려 과학자는 어떤 사람이 각기 광선 모두가 무슨 작용을 하는가를 묻는 것과 같이, 각기 혹성 모두가 무슨 작용을 하는가를 묻는다.

- ☐ come about 일어나다 (= happen, bring out, come to pass)
- ☐ distinction n. 차이, 구별
- ☐ albeit conj. 비록 ~이라도, ~에도 불구하고 (= even though, although)
- ☐ make sense 의미가 통하다, 이치에 맞다
- ☐ all one's heart ~의 진심으로
- ☐ wave n. 파동
- ☐ particle n. 입자
- ☐ distinguish A from B: A를 B와 구분(분간, 식별)하다 (= know(tell) A from B)
- ☐ sense n. 감각, 오감, 느낌, 기분, 의식, 관념, 분별력, 이해력, 판단
- ☐ unobtainable a. 얻을 수 없는
- ☐ particular n. 상세함, 사항, 항목, 특색 a. 특별한, 각별한, 현저한
- ☐ as such 그 자체로, 그것만으로

But, this being so, simple checking and confirmation obviously cannot be enough. Suppose one has a general statement like Snell's law of refraction, and suppose also one has tested all kinds of light and all kinds of refracting media and found that the law holds. One can never preclude the possibility of a kind of light, or a type of medium, that violates the law. It is all a matter of simple logic; one just cannot definitively establish a universal statement by appealing to individual instances, however common or however positive they may be. Thousands of positive cases do not rule out one possible countercase.

Given this fact, many thinkers have therefore tried the opposite tack. Perhaps what distinguishes science is not that one can ever show it true, but that one can always knock it down! As T. H. Huxley was wont to say, the scientist must be prepared always to sit down before the facts, as a little child, ever prepared to give up the most cherished of theories should the empirical data dictate otherwise. Teasingly, Huxley used to say of his friend Herbert Spencer that his idea of a tragedy was that of a beautiful theory murdered by an ugly fact. Perhaps the edge to this quip reflects Huxley's belief that Spencer would go to any lengths to prevent murder being done — even to the extent of taking his theories out of science altogether(L. Huxley, 1900).

그런데 문제가 이러하다면, 단순한 검진이나 확언으로는 분명히 충분하지 않다. 누군가가 스넬의 굴절법칙과 같은 일반적인 진술을 했다는 것을 가정하고, 또 누군가가 모든 종류의 빛과 굴절 매체를 실험하여 그 법칙이 적용된다는 것을 발견했다고 가정해 보자. 그는 어떤 종류의 빛 또는 어떤 종류의 매체가 그 법칙을 위반할 수 있다는 가능성을 배제할 수는 없다. 그것은 단지 단순한 논리의 문제인 것이다. 우리는 그것이 아무리 보편적이고 실증적인 예라 할지라도, 개별적인 예에 근거하여 보편적인 진술을 명백히 세울 수는 없다. 수천 개의 확실한 경험일지라도 하나의 반례를 벗어날 수는 없는 것이다.

사실이 이러하므로 많은 학자들은 반대 실례를 찾으려 노력해 왔다. 필경 과학의 특징은 사람이 그것이 사실이라고 보여 줄 수 있다는 것이 아니라, 누군가가 항상 그것을 부정해 버릴 수 있다는 사실인 것이다! 헉슬리도 말했던 바와 같이, 과학자는 항상 사실 앞에 어린이처럼 앉을 수 있어야 하며, 심지어는 경험적 데이터가 다르게 지시한다면 가장 소중한 이론까지도 포기할 수 있어야 한다. 짓궂게도 헉슬리는 그의 친구인 허버트 스펜서에 대해 그의 비극의 개념은 하나의 추한 사실에 의해 살해된 아름다운 이론의 개념이라고 이야기했다. 아마도 빈정대는 말의 한 면은 스펜서가 심지어는 자기의 이론들을 과학에서 완전히 추방하려고 할 정도의, 수행되고 있던 살인을 막으려 하고 있다는 헉슬리의 믿음을 반영한 것이다.

- [ ] refraction n. 굴절, 굴절 작용
- [ ] preclude v. 일어나지 않게 하다, 불가능하게 하다
- [ ] countercase n. 반례
- [ ] tack n. 납작한 못, 주름 시침질, 진로, 방침
- [ ] wont a. 버릇처럼 된 (보어로 쓰임)
  cf) as he was wont to say 그가 버릇처럼 말했듯이
- [ ] quip n. 경구, 명언, 빈정대는 말, 핑계

Recently, the thinker who has stood most firmly and proudly in Huxley's tradition has been the philosopher Karl Popper(1959, 1962, 1972, 1974). Starting from the logical point that, although many positive instances cannot confirm a universal statement, one negative instance can refute it, Popper argues that the essential mark of science — the "criterion of demarcation" — is that it is *falsifiable*.

> I shall not require of a scientific system that it shall be capable of being singled out, once and for all, in a positive sense; but I shall require that its logical form shall be such that it can be singled out, by means of empirical tests, in a negative sense: *it must be possible for an empirical scientific system to be refuted by experience* (Popper, 1959, p. 41, his italics).

Now, armed with this criterion, apparently we can distinguish a paradigmatic statement of science, like Kepler's law that planets go in ellipses, from a statement of nonscience, "God is love." The former could be shown false by empirical observation and would indeed be shown false if one were, for example, to find a planet going in squares. The latter simply cannot be shown false by empirical data; it just is not falsifiable. In the face of the most horrific counterexamples — Vietnamese children screaming in agony from napalm burns — the believer continues to maintain that God is love. All is explained away as a function of freewill or some such thing.

최근까지 헉슬리의 전통을 가장 확고하고 자랑스럽게 지켜 오는 사상가는 칼 포퍼라는 철학자였다. 비록 수많은 실증적인 사례가 보편적인 진술을 확립할 수는 없지만, 하나의 부정적인 실례만으로도 이를 논박할 수 있다는 논리적 초점에 입각하여, 포퍼는 '경계 기준'으로서 과학의 본질적 특징은 그것이 반증 가능하다는 점에 있다고 주장하고 있다.

> 나는 긍정적 의미에서 단번에 추출될 수 있는 과학적 체계를 요구하는 것이 아니라 그 논리적 형식이 경험적 실험을 통해 부정적 의미에서 추출될 수 있는 그러한 체계를 원한다. '따라서 경험 과학의 체계는 경험에 의해 반증될 수 있어야 한다.'(포퍼, 1959, p. 41. 강조는 포퍼 자신의 것임)

이와 같은 기준으로 생각하건대, 분명히 우리는 '신은 사랑이다.'라는 비과학적 진술과 행성이 타원 궤도로 움직이고 있다는 케플러의 법칙과 같은 과학적인 예증적 진술을 식별할 수 있다. 케플러의 법칙은 경험적 관찰에 의해 거짓임을 보여 줄 수 있는 바, 예컨대 사각형 궤도로 운동하는 혹성을 발견하였다는 경우가 그러하다. '신은 사랑이다.'는 진술은 단순히 경험적인 자료에 의해서만 거짓임을 보여줄 수 없다. 즉 그 자체는 반증 가능하지 않은 것이다. 가장 혹독한 반례(反例)에 직면하여서도 — 네이팜탄 폭발로 인한 화상의 고통으로 울부짖는 베트남 어린아이들의 경우(이는 1972년 6월 월남의 트란 반지역의 한 마을에 미군이 강력한 네이팜탄을 투하, 어린아이들까지 참혹한 화상을 입은 역사적 사실을 말하는 것으로, 바로 이 장면을 찍은 생생한 사진이 퓰리처상을 수상, 전쟁의 참호함과 무자비함을 전 세계에 고발하였다_ 역주) — 신자들은 '신은 사랑이다.'란 말을 계속 지껄이고 있다. 모든 것은 자유의지 등의 허울을 쓰고 변명되는 것이다.

- criterion n. (판단의) 표준, (비판·단정의) 기준
- demarcation n. 경계, 절정, 한계
- falsifiable a. 변조의, 위조의 vt. falsify
- single out 선발하다, 뽑아내다 (= select)
- once and for all 단지, 단 한 번만, 단호하게
- paradigmatic a. 모범이 되는
- ellipse n. (수학) 타원
- napalm n. 네이팜, (군사) 네이팜탄
- explain away 핑계를 대다, 변명하다

Turning to science, or, more precisely, to claims that are made in the name of science, Popper and his sympathizers make short shrift of many areas of the social sciences. Freudian psychoanalytic theory is dismissed as incontrovertibly and irreparably unfalsifiable. But then moving on to biology, coming up against Darwinism, they feel compelled to make the same judgement: Darwinian evolutionary theory is unfalsifiable. Hence, the critical evaluation given at the beginning of this section: "I have come to the conclusion that Darwinism is not a testable scientific theory but a *metaphysical research programme* — a possible framework for testable scientific theories"(Popper, 1974, p. 134, his italics).

Since making this claim, Popper himself has modified his position somewhat; but, disclaimers aside, I suspect that even now he does not really believe that Darwinism in its modern form is genuinely falsifiable. If one relies heavily on natural selection and sexual selection, simultaneously downplaying drift, which of course is what the neo-Darwinian does do, then Popper feels that one has a nonfalsifiable theory. And, certainly, many followers agree that there is something conceptually flawed with Darwinism.

과학, 보다 정확히 말해서 과학의 이름으로 주장되는 쪽으로 방향을 전환하여, 포퍼와 그의 동조자들은 사회과학의 수많은 영역을 재빨리 해치워 버린다. 즉 프로이트 학파의 정신분석 이론은 논쟁의 여지나 수정의 여지도 없는 반증 불가능한 것으로서 부정한다. 그러나 생물학 쪽으로 옮겨 가자 다윈주의에 맞서, 그들은 다윈의 진화론 역시 반증 불가능하다는 똑같은 판단을 내려야 한다고 느낀다. 따라서 이 장의 첫머리에 제시된 비판적 평가에 이르게 된다: "나는 다윈주의가 검증 가능한 과학적 이론이 아니라 '형이상학적 연구 계획'— 검증 가능한 과학적 이론을 위해 존재 가능한 토대 — 이라는 결론에 도달하였다."(포퍼, 1974, p. 134. 강조는 포퍼 자신의 것임).

이러한 주장이 있는 이후로 포퍼 그 자신도 입장을 다소 수정해 왔다. 그러나 반대자의 측면에서 필자는 그가 현대적 형태의 다윈주의가 진실로 반증 가능하다고 정말로 지금도 믿지는 않고 있다고 생각한다. 만일 누군가가 동시에 과소평가되는 자연도태와 생식적 도태에 깊이 의존하고 있다면 — 물론 이는 신다윈주의가 행하고 있는 것인데 — 포퍼는 그가 반증 불가능한 이론을 갖고 있다고 느낄 것이다. 그리고 분명히 상당수의 추종자들은 다윈주의에 개념적으로 잘못된 무엇인가가 있다는 데 동의하고 있는 것이다.

- ☐ make short shrift of ~을 재빨리 해치우다
- ☐ shrift a. 참회, 고해(= confession), 사죄
- ☐ social science 사회과학 cf) natural science 자연과학, human science 인문과학
- ☐ evaluation n. 평가 (= estimation)
- ☐ come to the conclusion 결론에 이르다 (= conclude)
- ☐ disclaimer n. 기권, 부인, 포기자
- ☐ falsifiable a. 속일 수 있는, 왜곡할 수 있는, 위조할 수 있는
- ☐ downplay v. 줄잡다, 경시하다
- ☐ drift n. 표류, 흐름
- ☐ flaw vt. ~에 금이 가게 가다, 흠집을 내다

제 4 장 

Loren R. Graham Science & Philosophy (1)

로렌 R. 그레이엄 과학 & 철학 (1)

Although both Marx and Engels were interested in science from early ages, it is nonetheless true that Engels turned most seriously to science only after the Marxist philosophy of history had been fully developed. By 1848 their political and economic views were well formed, but Engels did not begin systematic study of the sciences, nor did Marx initiate his most detailed studies of mathematics, until some time later. Engels remarked that he took up the study of science "to convince myself in detail — of what in general I was not in doubt — that amid the welter of innumerable changes taking place in Nature, the same dialectical laws are in motion as those which in history govern the apparent fortuitousness of events."

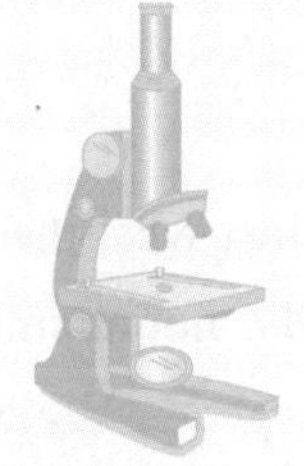

19세기 중엽 이후, 자연과학은 각 부문에서 획기적인 발전을 이룩하여 기계론적 자연관의 낡은 테두리를 벗어나 새로운 자연관으로 영역을 확대했다. 당시의 자연과학 및 관념론자들이 이러한 경향에 등을 돌리고 기존의 관념 체계 유지에 급급하고 있었음에 반해, 마르크스와 엥겔스는 자연과학의 제 성과를 충분히 흡수했다. 그들은 자연과학의 철학적 일반화를 시도함으로써, 형이상학적 자연관 및 관념론적 경향의 모든 철학에 대해 체계적인 비판을 가하고 과학 발전의 길을 열어 놓았다. 특히 엥겔스는 그의 미완성 작품 「자연변증법」속에서 이 점을 명확히 하고 있다. 그는 '인간을 포함한 자연 세계의 물질적 통일성'이라는 하나의 완결된 이론 체계를 구축하였다.

마르크스와 엥겔스가 일찍부터 과학에 관심을 가졌음에도 불구하고, 역사에 대한 마르크스 철학이 완전하게 발전한 후에야 엥겔스는 과학에 대해 아주 진지하게 관심을 두게 되었다. 1848년에 이르러 그들의 정치학 및 경제학적 견해는 잘 형성되었지만, 엥겔스는 과학에 대한 체계적인 연구를 시도하지 않았었고, 마르크스 역시 어느 정도까지는 수학을 상세하게 연구하지 않았다. 엥겔스는 '역사에 있어서 사건들의 외견상의 우연성을 통제한다는 변증법적 법칙이 자연에서 일어나는 수많은 변화의 혼란 가운데에서도 똑같이 작용한다는, 일반적으로 스스로 의심하지 않았던 것을 상세하게 확인하기 위해서' 과학에 대한 연구를 하게 되었다고 말하였다.

- ☐ nonetheless ad. conj. 그럼에도 불구하고, 그렇지만 (= nevertheless)
- ☐ Engels did not ~, nor did not ~ nor 가 해석의 골격
- ☐ remark vt. 주목하다, 말하다 vt. 비평하다 n. 주의, 소견 syn. comment 논평, 주해, 논평하다
- ☐ take up 집어 올리다, 차지하다, 태우다, 체포하다
- ☐ convince vt. ~에게 납득시키다 convince oneself of ~을 확인하다
- ☐ welter vi. 굴러다니다, 파도치다, 빠지다 n. 동요, 혼란
- ☐ in motion 움직이어, 운동중의
- ☐ fortuitousness n. 우연, 뜻밖 a. fortuitous cf) fortuity n. 우연, 돌발시키다

Just what the term "law"(*Gesetz*) meant to Engels is not altogether clear. He did not attempt a philosophical analysis of the many different meanings that have been given to such terms as "law of nature," "natural law," or "causal law" and he did not clearly indicate what he meant by "dialectical law." Engels's dialectical laws were considerably different from those laws of physics that, within the limits of measurement, permit empirical verification.

Engels saw, for example, the dialectical law of the transition of quantity into quality in the observed phenomenon that water, after absorbing quantities of heat, experiences a qualitative change when it comes to a boil at 100 degrees centigrade.

Such a change can, indeed, be empirically verified by heating many samples of water to 100 degrees. But Engels believed (and Marx agreed in Capital) that the same law describes the fact that "not every sum of money, or of value, is at pleasure transformable into capital. To effect this transformation, in fact, a certain minimum of money or of exchange-value must be presupposed in the hands of the individual possessor of money or commodities."

엥겔스에게 있어 '법칙'이라는 단어가 뜻하는 바는 전혀 명확하지 않다. 그는 자연(계)의 법칙, 자연법칙, 또는 인과법칙 등과 같은 용어에 부여되어 왔던 많은 의미에 대해 철학적 분석을 시도하지 않았고, 그가 의미하는 것을 변증법적 법칙으로 명확히 나타내지도 않았다. 엥겔스의 변증법적 법칙들은 측정 한도 내에서 경험적인 검증을 허용하는 물리학의 변증법적 법칙들과는 매우 달랐다.

예를 들어 엥겔스는 물이 열을 양적으로 흡수한 후에 100℃에서 끓게 될 때 질적 변화를 겪게 되는 관찰된 현상에서 양에서 질로의 변화라는 변증법적 법칙을 간파하였다.

이와 같은 변화는 사실, 물을 여러 번 100℃로 가열함으로써 경험적으로 검증될 수 있다. 그러나 엥겔스는 (마르크스도 「자본론」에서 동의하였듯이) 똑같은 법칙이 화폐나 가치의 집적이 모두 저절로 자본으로 전환되지 않는다는 사실도 설명한다고 믿었다. 실제로 이러한 전환이 일어나려면 화폐나 상품의 사적 소유자 수중에 특정한 최소량의 화폐나 교환가치가 이미 준비되어 있어야 한다.

- ☐ have been given to such terms as ~는 such ~ as ~ 용법으로, '~같은 용어에 부과되어왔던'으로 해석
- ☐ causal a. 원인의, 인과율의
- ☐ empirical a. 경험의, 실험·관찰에 의한
- ☐ Engels saw, ~100 degrees centigrade에서 law of the transition ~의 of는 동격의 of. ~ phenomenon that의 that도 명사의 동격절을 이끄는 that
- ☐ dialectical a. 변증법적인 n. 논리
- ☐ centigrade a. 백분도의 섭씨의 cf) fahrenheit 화씨의
- ☐ value n. (경제학의) 가치, 가격 vt. 평가하다
- ☐ at (one's) pleasure 하고 싶은 대로
- ☐ exchange-value (경제학의) 교환가치 cf) use-value 이용가치
- ☐ commodity n. 일용품, 상품 cf) commodity money 상품화폐

The latter case of the dialectical law of the transition of quantity into quality is rather different from the former, even though both are described as instances of the same law. The boiling of water seems to be simply a phenomenon adequately described by a normal physical law; the quantitative-qualitative dialectical relationship is best used in describing the much more abstract phenomenon that a large aggregate of an entity, taken as a whole, displays characteristics not displayed by its parts. In the case of economics, there is no way in which the law can be verified in every instance; if a certain accumulation of money occurred without its conversion into capital, one could merely say that the correct point had not yet been reached. In the case of the water, one not only possesses the description of *what* change is to occur, but information about *when* it is to occur.

Engels believed that nothing existed but matter and that all matter obeys the dialectical laws. But since there is no way of deciding, at any point in time, that this statement is true, the laws that he presupposed are not the same as usual scientific laws. It should be admitted that even in the case of "usual" laws in natural science the stated relationship, as a universal statement, is not subject to absolute proof. One cannot say, for example, that there will *never* be a case in which a standard sample of water heated to 100 degrees centigrade fails to boil. But when the violation of such laws does occur, it is, within the limits of measurement, apparent that something remarkable has happened.

위 두 가지가 비록 같은 법칙의 예로 설명되었지만, 양에서 질로의 전환이라는 변증법적 법칙을 나타나는 데에 있어서 후자의 경우는 전자의 경우와 매우 다르다. 물이 끓는 것은 단순히 정상적인 물리학적인 법칙으로 적절히 설명되는 현상인 것 같다. 양과 질의 변증법적 관계는, 전체로써 취해질 때 한 실체의 커다란 총계가 그 부분들에서는 나타내지 않는 특성을 보여준다는 보다 더 추상적인 현상을 설명하는 데 있어서 가장 잘 이용된다. 경제학의 경우에 변증법적 법칙이 모든 사례에서 검증될 수 없다. 만약 자본으로의 전환이 없이 화폐의 축적이 일어난다면, 적당한 지점에 아직 도달하지 못했다고 단지 말할 수 있을 것이다. 물의 경우에는 무슨 변화가 일어날 것인가에 대해 설명할 수 있을 뿐 아니라, 언제 일어날 것인가도 알 수 있다.

엥겔스는 사물 외에는 존재하는 것이 없으며, 모든 사물은 변증법적 법칙에 따른다고 믿고 있다. 그러나 어떤 시점에서라도 이 명제가 진실이라고 결정할 방법이 없기 때문에 그가 전제한 이 법칙은 일반적인 과학의 법칙과는 같지 않다. 자연과학에서의 '일반적인' 법칙에서조차 위에서 말한 명백히 규정된 관계가 보편타당한 것으로서 절대적인 증거의 주체가 되지 않는다는 것은 인정해야 한다. 예를 들어 100℃로 가열한 물의 표준적인 표본이 끓지 못하는 경우가 없다고는 말할 수 없다. 그러나 이와 같은 법칙의 위반이 일어나면 측정의 한도 내에서 눈에 띌 만한 어떤 현상이 발생한 것이 분명하다.

- ☐ abstract a. 추상적인, 이론적 n. 추상, 요약 vt. 추상하다, 요약하다, 추출하다, 빼내다
- ☐ aggregate n. 집합, 총계 vt. ~을 모으다 vi. 모이다
- ☐ entity n. 실재, 본질
- ☐ nothing ~ but ~을 제외하고 아무것도 ~하지 않는다
- ☐ But since ~ scientific laws에서 since는 is true까지 걸리며 that he presupposed는 이 문장 전체의 주어인 the laws를 수식
- ☐ presuppose vt. 미리 가정하다, 전제로 하다 syn. presume 가정하다 n. presupposition
- ☐ subject n. 주제, 주어, 주관 opp. object 주체
- ☐ remarkable a. 주목할 만한, 현저한 syn. extraordinary 비상한 n. remarkableness

The definition of "law" is a very controversial and difficult topic within the philosophy of science, and I shall not pursue it beyond noting that Engels's concept of dialectical laws was quite broad, embracing very different kinds of explanations. Indeed, he referred to the dialectical relationships not only as "laws," but also as "tendencies," "forms of motion," "regularities," and "principles."

Engels is known for two major works on the philosophy of science, *Anti-Dühring* and *Dialectics of Nature*. Since only the first of these was a finished book and appeared almost fifty years earlier than the second, it exercised the greatest influence on the formation of the Marxist view of nature. In *Anti-Dühring* Engels criticized the philosophic system advanced by Eugen Karl Dühring in his *Course in Philosophy*. Dühring was a radical lecturer on philosophy and political science at the University of Berlin, a critic of capitalism who was gaining influence among German social democrats.

'법칙'의 정의는 논쟁의 여지가 매우 많으며, 과학철학의 범위에서는 어려운 논제이다. 그리고 나는 이것을 엥겔스의 변증법적 법칙의 개념이 매우 광범위하고 아주 다양한 종류의 설명을 포용한다는 것을 지적하는 것 이상으로는 더 나아가지 않겠다. 사실 그는 변증법적인 관계를 법칙뿐만 아니라 '경향', '운동의 형태', '규칙성' 그리고 '원리' 등으로 칭했다.

엥겔스는 과학철학에 있어서 「반(反) 뒤링론」과 「자연변증법」 등 두 개의 주요한 저작으로 알려져 있다. 두 개의 저작 중 첫 번째만이 완결된 책으로써 두 번째 것보다 거의 50년쯤 먼저 나타났기 때문에 자연에 대한 마르크스주의자들의 견해를 형성하는 데 가장 지대한 영향을 미쳤다. 「반 뒤링론」에서 엥겔스는 오이겐 칼 뒤링이 그의 「철학에 있어서의 과정」이라는 책에서 진전시킨 철학체계를 비판했다. 뒤링은 베를린 대학에서 철학과 정치학을 가르치는 급진적인 강사였으며, 독일 사회 민주주의자들 사이에서 영향을 늘려 가는 사람으로 자본주의에 대한 비평가였다.

- ☐ controversial a. 논쟁의, 의심스러운
- ☐ embrace vt. 포함하다, 맞이하다, 채택하다 vi. 서로 껴안다 n. 포옹 cf) embracement 포옹, 수락, 감수
- ☐ refer to ~ as ~을 ~의 이름으로 부르다, 본문에서 I는 저자인 Loren R. Graham을 말함
- ☐ exercise vt. (영향을) 미치다, 실행하다, 훈련하다
- ☐ radical a. 급진적인, 근본적인 n. 급진당원, 과격론자 n. radicalism
- ☐ critic n. 비평가, 혹평가

Engels disagreed with Dühring's claim to "a final and ultimate truth" based on what Dühring called "the principles of all knowledge and volition." The object of Engels's criticism was not Dühring's goal of a universal philosophic system, but the method by which he derived it and his claims for its perfection. Dühring's "principles" were to Engels a product of idealistic philosophy: "What he is dealing with *are principles*, formal tenets derived from *thought* and not from the external world, which are to be applied to nature and the realm of man and to which therefore nature and man have to conform...." Engels believed, contrary to Dühring, that a truly materialistic philosophy is based on principles derived from matter itself, not thought.

The principles of materialism, said Engels, are not the starting-point of the investigation, but its final result; they are not applied to nature and human history, but abstracted from them; it is not nature and the realm of humanity which conform to these principles, but the principles are valid in so far as they are in conformity with nature and history. That is the only materialistic conception of matter, and Herr Dühring's contrary conception is idealistic, makes things stand completely on their heads, and fashions the real world out of ideas, out of schemata, schemes or categories existing somewhere before the world, from eternity—just like a *Hegel*.

엥겔스는 뒤링이 모든 지식과 의지의 원리라고 지칭한 것에 기초한 '최종적이며 궁극적 진리'라고 주장한 것에 동의하지 않았다. 엥겔스의 비판 대상은 뒤링의 보편적인 철학 체계의 목표가 아니라, 목표를 유도하고 그의 주장을 완벽하게 하는 방법이었다. 뒤링의 '원리'는 엥겔스에게 있어서는 관념론적 철학의 산물이었다. 즉 "그가 다루는 것은 외부 세계로부터가 아니고, 사고로부터 유도된 형식적 교리인 '원리'인데, 이 원리는 자연과 인간의 영역에 적용될 것이고, 그에 따라 이 원리에 자연과 인간이 따라야 한다……." 엥겔스는 뒤링과는 반대로 진실한 유물론적 철학은 사고가 아닌 사물 그 자체로부터 유도된 원리에 기초한다고 믿었다.

엥겔스가 말하는 유물론의 원리는 연구의 출발점이 아니라 그 최종 결과인 것이다. 즉, 이 원리는 자연과 인간의 역사에 적용되는 것이 아니라 그것들로부터 추출되는 것이다. 즉 이 원리들에 일치되는 것이 자연이나 인간의 영역이 아니라, 이 원리들이라는 것은 단지 자연과 역사에 따르는 한에서 유효한 것이다. 그것은 오직 사물에 대한 유물론적 개념이고, 이에 반하는 뒤링의 개념은 관념론적이고 만물을 완전히 거꾸로 서게 하는 것으로 관념, 선험적 도식, 설계 또는 헤겔 철학과 같이 영원으로부터 세상이 생기기 전의 그 어떤 곳에 존재한다는 범주 등으로 참세상을 만들려는 것이다.

- ☐ volition n. 의지(력), 결의, 의욕 cf) of one's own volition 자진해서
- ☐ The object of ~ for its perfection. not ~ but 용법. the method와 his claims는 같이 but에 걸린다.
- ☐ tenet n. 주의, 교의, 교리
- ☐ apply to 적용하다 cf) apply for 신청하다
- ☐ it is ~ which conform ~는 it ~ that 용법으로 해석
- ☐ conform vt. 따르게 하다, 순응시키다 vi. 적합하다 cf) conform oneself to ~에 따르다
- ☐ in so far as ~하는 한에서는
- ☐ in conformity with ~에 따라서
- ☐ stand on one's heads 거꾸로 서다
- ☐ fashion A out of B: B로 A를 만들어 내다
- ☐ schemata n. (철학) 칸트의 선험적 도식
- ☐ eternity n. 영원, 불멸 cf) the eternities 영원한 진리

제 5 장 

Werner Heisenberg Physics & Philosophy

워너 하이젠베르그 물리학 & 철학

Within the field of modern physics the theory of relativity has always played a very important role. It was in this theory that the necessity for a change in the fundamental principles of physics was recognized for the first time. Therefore, a discussion of those problems that had been raised and partly solved by the theory of relativity belongs essentially to our treatment of the philosophical implications of modern physics. In some sense it may be said that — contrary to quantum theory — the development of the theory of relativity from the final recognition of the difficulties to their solution has taken only a very short time. The repetition of Michelson's experiment by Morley and Miller in 1904 was the first definite evidence for the impossibility of detecting the translational motion of the earth by optical methods, and Einstein's decisive paper appeared less than two years later.

1905년 아인슈타인은 상대성이론을 담은 논문을 발표했다. 이 원리에 따르면, 기존의 뉴턴역학에서 말하는 절대공간, 절대시간, 절대속도의 개념이 부정된다. 즉 좌표계의 시·공간적 구조는 관측자의 주관에 의존하지 않고, 임의의 다른 좌표계에 대한 운동에 의해 결정된다는 의미에서 상대적이라는 것이다. 상대성이론에 있어서 가장 중요한 결론은 에너지와 관성, 혹은 에너지와 질량이 등가성이라는 사실이다. 그로부터 10년이 지난 1916년 아인슈타인은 자신의 이론을 확장하여 일반 상대성이론까지 완성하였다. 특수 상대성원리는 서로 등속운동을 하는 타성계에서만 성립되는 이론인데 반해, 일반 상대성원리는 이를 가속도계의 좌표까지 확장하여 모든 운동을 일반화시킨 이론이다.

현대물리학의 분야 중에서 상대성이론은 항상 중요한 역할을 담당해 왔다. 물리학의 근본적 원리가 변화되어야 할 필요성을 처음으로 인식한 것은 바로 이 상대성이론에서 부터였다. 그래서 상대성이론에 의해서 야기된 문제점, 그리고 그것에 의해 부분적으로 해결된 문제들을 논의하는 것은 현대물리학에 대한 철학적 함의(含意)를 다루는 데 있어서 필수적이다. 어떤 의미에서 상대성 이론은 양자론과는 달리 난점들의 결정적인 인식에서부터 그 난점들의 해결에 이르기까지의 발달 시간이 매우 짧게 소요되었다. 1904년 몰리와 밀리에 의해 마이컬슨의 실험이 다시 반복됨으로써, 광학적 방법으로는 지구의 평행이동운동을 확인할 수 없다는 것이 최초로 증명되었다. 동시에 2년도 채 안 되어서 그 증명을 다시 확인하는 아인슈타인의 결정적 논문이 발표되었다.

- ☐ relativity n. 상대성, 상관성
- ☐ partly ad. 부분적으로, 일부분은, 조금은
- ☐ implication n. 연루, 공범, 함축, 내포된 의미
- ☐ quantum n. 양자(물리) cf) ~ theory 양자론, ~ mechanics 양자역학
- ☐ definite a. 한정된, 명확한(= explicit)
- ☐ paper n. 논문, 서류, 문서, 종이

On the other hand, the experiment of Morley and Miller and Einstein's paper were only the final steps in a development which had started very much earlier and which may be summarized under the heading "electrodynamics of moving bodies."

Perhaps the most important consequence of the principle of relativity is the inertia of energy, or the equivalence of mass and energy. Since the velocity of light is the limiting velocity which can never be reached by any material body, it is easy to see that it is more difficult to accelerate a body that is already moving very fast than a body at rest. The inertia has increased with the kinetic energy. But quite generally any kind of energy will, according to the theory of relativity, contribute to the inertia, i.e., to the mass, and the mass belonging to a given amount of energy is just this energy divided by the square of the velocity of light.

Therefore, every energy carries mass with it; but even a rather big energy carries only a very small mass, and this is the reason why the connection between mass and energy had not been observed before. The two laws of the conservation of mass and the conservation of charge lose their separate validity and are combined into one single law which may be called the law of conservation of energy or mass.

Fifty years ago, when the theory of relativity was formulated, this hypothesis of the equivalence of mass and energy seemed to be a complete revolution in physics, and there was still very little experimental evidence for it. In our times we see in many experiments how elementary particles can be created from kinetic energy, and how such particles are annihilated to form radiation; therefore, the transmutation from energy into mass and vice versa suggests nothing unusual. The enormous release of energy in an atomic explosion is another and still more spectacular proof of the correctness of Einstein's equation. But we may add here a critical historical remark.

몰리와 밀러의 실험과 아인슈타인의 초기 논문은 상대성이론이 발전하게 되는 시초에 지나지 않았다. 당시의 이론은 「운동하는 물체에 관한 전기역학」이라는 제목 아래서 요약되었다.

아마도 상대성 이론에 관한 가장 중요한 결론은 에너지와 관성, 혹은 질량과 에너지가 등가성이라는 사실일 것이다. 광속은 유형체에 의해서는 결코 도달될 수 없는 제한 속도이기 때문에, 정지 상태의 물체를 가속시키는 것보다 빠른 속도로 운동하는 물체를 가속시키는 일이 더 어려우리라는 것은 쉽게 알 수 있다. 관성은 운동에너지와 더불어 증가한다. 그러나 상대성이론에 의하면, 일반적으로 에너지의 모든 종류는 관성, 즉 질량과 항상 관계되어 나타난다. 주어진 에너지양만큼 질량은 에너지 값을 광속의 제곱으로 나눈 값과 같다.

결국 모든 에너지는 질량을 수반한다. 그런데 상당히 큰 에너지임에도 불구하고 그것은 아주 적은 질량만으로 환원된다. 이 현상 때문에 질량과 에너지의 관계는 최근에 와서야 비로소 밝혀지게 되었다. 질량보존의 법칙과 전하량 보존의 법칙은 그 각각의 독립적인 적용범위에서 벗어나 에너지 혹은 질량보존의 법칙이라고 불리는 단일한 법칙으로 결합되었다.

상대성 이론이 형성되었던 시기, 즉 지금으로부터 50년 전, 질량과 에너지가 등가를 이룬다는 가설을 물리학에서 완전한 급진적 혁명이었다고 본다. 그때만 해도 그 가설에 관한 실험적 증명이 이루어진 것이 별로 없었다. 오늘날 소립자가 운동에너지로부터 어떻게 탄생되는지, 그리고 그런 입자가 붕괴하여 방출되는 과정은 어떠한지에 관한 많은 실험이 행해지고 있다. 이제 에너지가 질량으로, 질량이 에너지로 변환되는 일은 쉽게 이루어고 있다. 원자 폭발의 가공할 만한 에너지 방출은 아인슈타인 방정식의 타당성에 대한 또 다른, 그리고 더욱 극적인 증거이다. 그러나 여기서 우리는 비판적인 역사적 의견을 덧붙여 보도록 하겠다.

- ☐ electrodynamics n. 전기역학
- ☐ inertia n. 관성, 타성 cf) Newton's Law of Inertia 뉴턴의 관성의 법칙
- ☐ equivalence n. 등가, 동등, 등치
- ☐ velocity n. 빠르기, 속도 cf) speed 속력
- ☐ kinetic a. 운동의, 운동학상의, 활동적인
- ☐ contribute vt. 기부하다, 기여하다, 주다
- ☐ square a. 평방의, 제곱의, 정사각형의
- ☐ mass n. 질량, 크기
- ☐ conservation n. 보호, 보존, 유지
- ☐ charge n. 전하량
- ☐ validity n. 적당함, 효력
- ☐ elementary particle 소립자
- ☐ annihilate vt. 전멸시키다, 폐지하다
- ☐ transmutation n. 변화, 변형, 변질, 변이
- ☐ vice versa ad. 역으로, 반대로, 역도 또한 같음

This would certainly be a rash and unjustified conclusion, since the terms "substance" and "matter" in ancient or medieval philosophy cannot simply be identified with the term "mass" in modern physics. If one wished to express our modern experience in the language of older philosophies, one could consider mass and energy as two different forms of the same "substance" and thereby keep the idea of substance as indestructible.

On the other hand, one can scarcely say that one gains much by expressing modern knowledge in an old language. The philosophic systems of the past were formed from the bulk of knowledge available at their time and from the lines of thought to which such knowledge had led. Certainly one should not expect the philosophers of many hundreds of years ago to have foreseen the development of modern physics or the theory of relativity. Therefore, the concepts to which the philosophers were led in the process of intellectual clarification a long time ago cannot possibly be adapted to phenomena that can only be observed by the elaborate technical tools of our time.

But before going into a discussion of philosophical implications of the theory of relativity its further development has to be described.

The hypothetical substance "ether," which had played such an important role in the early discussions on Maxwell's theories in the nineteenth century, had — as has been said before — been abolished by the theory of relativity. This is sometimes stated by saying that the idea of absolute space has been abandoned. But such a statement has to be accepted with great caution. It is true that one cannot point to a special frame of reference in which the substance ether is at rest and which could therefore deserve the name "absolute space."

고대 혹은 중세 철학에서의 '실체'와 '물질'이라는 용어는 단순히 현대물리학에서의 '질량'이라는 용어와 동일한 것일 수가 없기 때문에, 위와 같은 단언은 확실히 성급하고, 정당화될 수 없는 결론이다. 만약 오늘날의 결과를 과거 철학의 언어로 표현하고자 한다면, 질량과 에너지는 동일한 '실체'에 대한 두 가지 서로 다른 형태라고 생각될 수 있다. 따라서 실체 개념의 불변성(비파괴성)을 그대로 유지시킬 수 있다.

그러나 현대의 지식을 과거의 언어로 표현함으로써 많은 것을 얻을 수 있다고는 말할 수 없다. 과거의 철학 체계는 그 당시의 유용한 지식 대부분으로부터 또한 그러한 지식에 의해서 유도된 사상 체계로 부터 형성되었다. 확실히 수백 년 전의 과거 철학자들에게서 현대물리학이나 상대성이론의 발전을 기대할 수는 없다. 따라서 과거 철학자들이 오래전에 지성적인 탐구 과정을 통해 이루어 놓은 개념들을 갖고서 우리 시대의 정교한 기술 장치에 의해서만 관찰될 수 있는 많은 현상에 적응시키는 것은 불가능한 일이다.

그러면 상대성 이론에 대한 철학적 함의를 논하기에 앞서, 이것에 관한 추가적인 전개를 미리 설명해 둘 필요가 있다.

앞에서 보아 왔듯이 19세기 맥스웰 이론에 관한 초기의 논의 과정 속에서 중요한 역할을 차지했던 '에테르'라고 하는 가설적 실체는 상대성 이론에 의하여 철폐되었다. 이것은 절대공간의 개념이 버려졌다고 말함으로써 가끔 언급된다. 그런데 이 주장은 아주 조심스러운 주의를 요한다. 에테르라는 실체가 정지해 있고 따라서 당연히 '절대공간'이라고 불릴 수 있는 특별한 좌표계를 가리킬 수는 없다는 것이 사실이다.

- ☐ rash a. 경솔한, 성급한, 조급한
- ☐ the bulk of 대부분의, 태반의
- ☐ clarification n. 정화, 깨끗함, 설명, 해명
- ☐ elaborate a. 공들인, 정교한
- ☐ caution n. 조심, 신중, 경계
- ☐ frame of reference 좌표계
- ☐ deserve vt. ~할 만하다, ~할 가치가 있다

But it would be wrong to say that space has now lost all of its physical properties. The equations of motion for material bodies or fields still take a different form in a "normal" system of reference from another one which rotates or is in a nonuniform motion with respect to the "normal" one. The existence of centrifugal forces in a rotating system proves —so far as the theory of relativity of 1905 and 1906 is concerned — the existence of physical properties of space which permit the distinction between a rotating and a nonrotaing system.

This may not seem satisfactory from a philosophical point of view, from which one would prefer to attach physical properties only to physical entities like material bodies or fields and not to empty space. But so far as the theory of electromagnetic processes or mechanical motions is concerned, this existence of physical properties of empty space is simply a description of facts that cannot be disputed.

For the theory of general relativity the experimental evidence is much less convincing, since the experimental material is very scarce. There are only a few astronomical observations which allow a checking of the correctness of the assumptions. Therefore, this whole theory is more hypothetical than the first one.

그러나 공간에 대하여 좌표계의 물리적 속성이 전혀 있을 수 없다고 말하는 것은 잘못이다. 물체 혹은 장(場)에 대한 운동방정식은 '정상' 기준계와 비교해서 볼 때 비균등 운동을 하거나 회전하고 있는 좌표계와는 다른 형태를 갖고 있다. 회전운동 체계에서 원심력이 존재한다는 것은 — 1905년, 1906년 당시의 상대성이론의 관점에서 — 회전체계와 비회전 체계간의 차이를 보여주는 것은 공간에 대한 물리적 속성이 존재한다는 것을 증명하고 있다.

물리적 속성을 빈 공간에 대해서 부여하지 않고 물체나 장과 같은 물리적 실체에 대해서만 부여하는 것은, 철학적 관점에서 볼 때 바람직한 사실은 아닌 듯하다. 그러나 전자기이론, 혹은 역학운동 이론에 관한 한, 빈 공간에 대한 물리적 속성의 존재는 확실히 사실이다.

일반 상대성이론은 그것에 대한 실험적 증명이 이루어진 것이 별로 없다. 왜냐하면 그 실험대상이 일상 경험세계를 크게 벗어나 있기 때문이다. 다만 가설의 타당성을 확인할 수 있는 몇 가지 천문학적 관찰만이 있다. 그러므로 아직까지 일반 상대성이론에 관한 전반적인 이론은 특수 상대성이론보다 훨씬 가설적이다.

- ☐ equation n. 방정식, 등식
- ☐ nonuniform n. 비균등
- ☐ centrifugal a. 원심성의, 원심력을 이용한
- ☐ entity n. 실재, 실체
- ☐ so far as A is concerned: A에 관한 한
- ☐ electromagnetic a. 전자석의, 전자기의
- ☐ astronomical a. 천문학상의, 천문학적인 n. astronomy
- ☐ the first one은 특수 상대성 이론을 가리킨다.

The cornerstone of the theory of general relativity is the connection between inertia and gravity. Very careful measurements have shown that the mass of a body as a source of gravity is exactly proportional to the mass as a measure for the inertia of the body. Even the most accurate measurements have never shown any deviation from this law. If the law is generally true, the gravitational forces can be put on the same level with the centrifugal forces or with other forces that arise as a reaction of the inertia. Since the centrifugal forces had to be considered as due to physical properties of empty space, as had been discussed before, Einstein turned to the hypothesis that the gravitational forces also are due to properties of empty space. This was a very important step which necessitated at once a second step of equal importance. We know that the forces of gravity are produced by masses. If therefore gravitation is connected with properties of space, these properties of space must be caused or influenced by the masses. The centrifugal forces in a rotating system must be produced by the rotation (relative to the system) of possibly very distant masses.

일반 상대성이론의 주춧돌은 관성과 중력을 서로 연결시켰다는 사실이다. 매우 주의 깊은 측정을 통해서 중력질량은 관성질량에 정확히 비례한다는 것을 알았다. 이 법칙은 어떤 측정에 대해서도 결코 편차를 나타내지 않는다. 만약 이 법칙이 일반적으로 옳다면, 중력은 원심력 혹은 관성에 대한 반작용의 힘으로 발생하는 다른 힘들과 같은 차원에서 취급될 수 있다. 앞서 논의되었듯이, 원심력은 빈 공간에 대한 물리적 속성을 보여 주는 것으로서 생각될 수밖에 없기 때문에, 아인슈타인은 중력도 빈 공간에 대한 어떤 물리적 속성에 의한 것이라는 가설을 세웠다. 이것은 바로 동등하게 더 중요한 두 번째 단계로 넘어가기 위한 필수적이고도 매우 중요한 예비적 단계였다. 우리는 중력이 상호 질량간의 관계에 의해서 생긴다는 것을 안다. 따라서 만약 중력이 공간의 성질과 관계된다면, 공간의 이러한 성질들은 반드시 질량에 의해 야기되거나 영향을 받아야 한다. 회전체계에서의 원심력도 아주 먼 거리에 존재 가능한 질량과의 회전(그 체계에 상대적인) 을 통해서 발생되어야 한다.
(역주): 태양계 내에서의 지구의 회전운동(공전)은 절대공간에서의 운동인 것 같지만, 실제로는 태양계 자체가 회전운동을 하고 있기 때문에 결국은 상대적 운동이다. 아인슈타인은 중력과 원심력을 같은 차원에서 보고 태양계 밖의 항성들과의 상호 인력을 인정한다.

- cornerstone n. 주춧돌
- proportional a. 비례한, 비례의
- deviation n. 일탈
- gravitational force 중력
- necessitate vt. 필요로 하다, 부득이 ~하게 되다

There was, for instance, the action of gravity on light. When monochromatic light is emitted from a heavy star, the light quanta lose energy when moving away through the gravitational field of the star; a red shift of the emitted spectral line follows. There is as yet no experimental evidence for this red shift, as the discussion of the experiments by Freundlich has clearly shown. But it would also be premature to conclude that the experiments contradict the prediction of Einstein's theory. A beam of light that passes near the sun should be deflected by its gravitational field. The deflection has been found experimentally by Freundlich in the right order of magnitude; but whether the deflection agrees quantitatively with the value predicted by Einstein's theory has not yet been decided. The best evidence for the validity of the theory of general relativity seems to be the procession in the orbital motion of the planet Mercury, which apparently is in very good agreement with the value predicted by the theory.

The geometry discussed in the theory of general relativity was not concerned with three-dimensional space only but with the four-dimensional manifold consisting of space and time. The theory established a connection between the geometry in this manifold and the distribution of masses in the world. Therefore, this theory raised in an entirely new form the old questions of the behavior of space and time in the largest dimensions; it could suggest possible answers that could be checked by observations.

빛에 대한 중력의 작용을 예로 들어 보자. 무거운 질량의 항성으로부터 단색광이 방출될 때, 광량자(光量子)는 항성의 중력장을 점차 벗어나면서 에너지가 상실된다. 그래서 스펙트럼 선은 붉은 띠를 갖는다(입사된 광량자의 에너지가 크면 보라색 쪽으로, 적으면 붉은색 쪽으로 띠가 형성된다 - 역주). 프로인틀리히가 행한 실험에 대한 논의가 분명히 보여주었듯이, 이 붉은 띠에 관한 실험적 확증은 없다. 그렇다고 해서 그 실험이 아인슈타인 이론의 예측과 모순된다고 하는 것은 너무 조급한 결론이다. 태양 주위를 통과하는 빛은 태양의 중력장에 의해서 굴곡현상을 나타낸다. 이 굴곡은 적절한 오차 허용 범위에서 프로인틀리히가 실험적으로 발견했지만 이 굴곡도가 아인슈타인의 이론에 맞는 기댓값과 같은지는 아직 결정되지 않았다. 일반 상대성이론의 타당성을 보여주는 가장 좋은 확증은 태양계 혹성인 수성의 궤도운동을 통해 알 수 있고 그의 일반 상대성이론에 의한 기댓값과도 매우 정확하게 들어맞았다.

일반 상대성이론에서 논의된 기하학은 3차원 공간만을 다루는 것이 아니라 시간과 공간을 이루는 4차원적 다면체를 다룬다. 이 이론은 4차원적 공간의 구조와 그 공간 내의 질량분포(도) 사이의 관계를 확립시켰다. 결국 이 이론은 가장 거대한 차원들 속에서의 시간과 공간의 작용 관계에 대한 오래된 질문들은 완전히 새로운 형태 속에서 끌어냈으며, 관찰에 의해서도 확인될 수 있는 가능한 대답들을 제시했다.

- ☐ monochromatic a. 단색의, 단채의
- ☐ emit vt. 방출하다, 방사하다
- ☐ light quanta pl. 광량자
- ☐ shift n. 단층, 띠
- ☐ contradict vt. 부정하다, ~와 모순하다, 반대하다
- ☐ deflect vt. 빗나가게 하다, 쏠리게 하다
- ☐ orbital motion 궤도운동
- ☐ Mercury n. (천문) 수성 cf) Venus 금성, Jupiter 목성
- ☐ geometry n. 구조, 기하학
- ☐ manifold n. 다양성, 다기관, 다양체

제 6 장

Thomas S. Kuhn
The Structure of Scientific Revolution

토마스 쿤
과학 혁명의 구조

Close historical investigation of a given specialty at a given time discloses a set of recurrent and quasi-standard illustrations of various theories in their conceptual, observational, and instrumental applications. These are the community's paradigms, revealed in its textbooks, lectures, and laboratory exercises. By studying them and by practicing with them, the members of the corresponding community learn their trade. The historian, of course, will discover in addition a penumbral area occupied by achievements whose status is still in doubt, but the core of solved problems and techniques will usually be clear. Despite occasional ambiguities, the paradigms of a mature scientific community can be determined with relative ease.

과학의 어느 한 분야 또는 여러 분야에서 일어난 급격한 변혁을 과학혁명이라고 한다. 과학혁명은 단지 과학의 내용에만 국한되지 않고 과학의 방법·목적 및 그 사회적 위치에도 큰 변화를 가져 왔다. 쿤은 「과학혁명의 구조」에서 과학혁명이 어떤 방식으로 일어나는지 의논하고 있다. 그는 과학의 발달을 다음과 같은 과정의 반복으로 보고 있다. 패러다임 이전 시대 → 패러다임 1 → 정상 과학 1 → 변칙 현상 → 위기 → 패러다임 2 → 정상 과학 2 → … 여기서 정상 과학이란 과학혁명들 사이에서 과학자들이 통상적으로 행하는 안정된 작업을 의미하며, 패러다임이란 정상 과학에 도달하기 전에 구성원 전체가 공유하는 이론·법칙·지식·가치·전통 등을 통틀어 지칭하는 것이다.

어느 시대의 한 전문 분야를 깊게 역사적으로 고찰해 보면 갖가지 이론들의 개념적인, 관찰에 의한, 그리고 기기적인 응용에 있어서 일련의 그 이론들이 되풀이되는 유사-표준형의 설명을 위한 실례들이 드러난다. 이것들은 교재, 강의, 그리고 실험실 실습에서 보이는 그 과학자 집단의 패러다임들이다. 그것들을 고찰하고 그것들을 실습함으로써 그 해당 집단 구성원들은 자기들의 일거리를 배우게 된다. 물론 역사가들은 덧붙여 그 정체가 못내 의심스러운 업적들이 차지하는 모호한 부분을 발견할 것이지만, 해결된 문제들과 기술들의 핵심은 항상 명백할 것이다. 경우에 따라 애매하기도 하지만, 성숙된 과학계의 패러다임은 비교적 수월하게 결정될 수가 있다.

- ☐ **quasi-** (연결형) 유사, 반 ~, 준 ~
- ☐ **paradigm** n. 범례, 모범 등의 뜻이나 여기서 kuhn이 정의하는 바로는 '어느 과학 사회의 근간을 이루는 것으로서 구성원 전체가 공유하는 이론, 법칙, 방법, 지식, 가치, 전통' 등의 총칭이다.
- ☐ **penumbral** a. 모호한 n. penumbar
- ☐ **ambiguity** n. 두 가지 뜻, 모호한 표현

The determination of shared paradigms is not, however, the determination of shared rules. That demands a second step and one of a somewhat different kind. When undertaking it, the historian must compare the community's paradigms with each other and with its current research reports. In doing so, his object is to discover what isolable elements, explicit or implicit, the members of that community may have *abstracted* from their more global paradigms and deployed as rules in their research.

Anyone who has attempted to describe or analyze the evolution of a particular scientific tradition will necessarily have sought accepted principles and rules of this sort. Almost certainly, as the preceding section indicates, he will have met with at least partial success. But, if his experience has been at all like my own, he will have found the search for rules both more difficult and less satisfying than the search for paradigms. Some of the generalizations he employs to describe the community's shared beliefs will present no problems. Others, however, including some of those used as illustrations above, will seem a shade too strong. Phrased in just that way, or in any other way he can imagine, they would almost certainly have been rejected by some members of the group he studies.

그렇지만 공유하는 패러다임들의 결정이 공유하는 규칙들의 결정은 아니다. 이것은 제2단계를 필요로 하는데, 약간 다른 유형의 것이다. 단계를 밟을 때에는, 역사가는 그 사회의 패러다임끼리를 비교해야 하며, 그 패러다임과 당대의 연구 보고도 비교해야 한다. 이렇게 하는 그의 목적은 그 사회의 구성원들이 보다 전체적인 패러다임으로부터 추상해서 그들 연구의 규칙으로서 전개시켰을 수도 있는 뚜렷하거나 암시적으로 분류 가능한 요소들을 모두 찾아내는 것이다.

특정한 과학적 전통의 출현에 대해 설명하거나 분석해 보려고 애썼던 사람이라면 누구나 반드시 인정된 원리와 이런 유형의 규칙을 찾아내려고 했을 것이다. 앞 절에서 지적한 것처럼, 거의 틀림없이 그 사람은 적어도 부분적인 성공은 거두었을 것이다. 그러나 만일 그의 경험이 내 자신의 것과 아주 비슷하다면, 규칙을 찾는 것은 패러다임을 찾는 것보다 훨씬 어렵고 또한 덜 만족스럽다는 것을 느꼈을 것이다. 그 사회가 공유하는 신념을 설명하기 위해서 그가 도입하는 일반화의 일부는 아무런 문제도 일으키지 않을 것이다. 그렇지만 위에서 설명으로서 들었던 것을 비롯하여 다른 일반화는 아주 짙은 암영으로 보일 것이다. 그런 식으로, 또는 그가 상상할 수 있는 다른 어느 방식으로 나타낸다면, 그가 연구하는 그룹의 일부 구성원들은 거의 틀림없이 그런 문제들을 받아들이지 않을 것이다.

- ☐ undertake vt. 떠맡다, 보증하다, 기도하다, 착수하다
- ☐ In doing so, ~ what isolable elements에서 what isolable elements는 abstraction의 목적어, abstract A from B에서 A에 해당하는 말이다.
- ☐ global a. 구형의, 전체적인 n. globe
- ☐ deploy n. 전개 vt. 전개하다
- ☐ evolution n. 전개, 발전, 진화(론)
- ☐ paradigm n. 패러다임, 이론 틀
- ☐ phrase v. 말로 나타내다

Nevertheless, if the coherence of the research tradition is to be understood in terms of rules, some specification of common ground in the corresponding area is needed. As a result, the search for a body of rules competent to constitute a given normal research tradition becomes a source of continual and deep frustration.

Recognizing that frustration, however, makes it possible to diagnose its source. Scientists can agree that a Newton, Lavoisier, Maxwell, or Einstein has produced an apparently permanent solution to a group of outstanding problems and still disagree, sometimes without being aware of it, about the particular abstract characteristics that make those solutions permanent. They can, that is, agree in their *identification* of a paradigm without agreeing on, or even attempting to produce, a full *interpretation* or *rationalization* of it. Lack of a standard interpretation or of an agreed reduction to rules will not prevent a paradigm from guiding research.

Normal science can be determined in part by the direct inspection of paradigms, a process that is often aided by but does not depend upon the formulation of rules and assumptions. Indeed, the existence of a paradigm need not even imply that any full set of rules exists.

Inevitably, the first effect of those statements is to raise problems. In the absence of a competent body of rules, what restricts the scientist to a particular normal-scientific tradition? What can the phrase 'direct inspection of paradigms' mean? Partial answers to questions like these were developed by the late Ludwig Wittgenstein, though in a very different context. Because that context is both more elementary and more familiar, it will help to consider his form of the argument first. What need we know, Wittgenstein asked, in order that we apply terms like 'chair,' or 'leaf,' or 'game' unequivocally and without provoking argument?

그렇지만 연구 관례의 일관성을 규칙으로 보아 이해하려고 한다면, 해당되는 분야에서의 공통의 근거에 대한 어떤 명시가 필요하게 된다. 따라서 정규 연구의 어떤 전통을 이룰 수 있는 충분한 규칙들의 본체를 찾는 작업은 항상 끊이지 않는 심각한 좌절의 원천이 된다.

그렇지만 이런 좌절을 깨닫게 됨으로써 그 근원이 무엇인가는 진단할 수가 있다. 과학자들은 뉴턴, 라부아지에, 맥스웰, 아인슈타인 등과 같은 이들이 한 무리의 뚜렷한 문제들에 대해서 영구적으로 보이는 해답을 풀어냈다는 것을 인정할 줄 안다. 그러면서도 때로는 미처 깨닫지 못한 채로 그런 풀이를 영구한 것으로 만들어 주는 특수한 추상적 특질에 대해서는 의견이 엇갈리고 있다. 다시 말하면 과학자들은 패러다임의 완벽한 '해설' 또는 '합리화'에는 동의하지 않거나 또는 해 보려고도 하지 않은 채, 패러다임의 '확인'에 있어서는 의견의 합치를 볼 수가 있다.

정상 과학은 패러다임을 직접 점검해서 부분적으로 결정될 수 있으며, 이런 과정은 흔히 규칙의 공식화와 가정의 도움을 받게 되는데, 그렇다고 그것에 의존하는 것은 아니다. 사실상 어느 패러다임의 존재는 어떤 완벽한 한 벌의 규칙이 존재한다는 것을 암시조차 할 필요가 없다.

어쩔 수 없이 그런 설명의 첫째 효과는 문제를 제기하는 것이다. 자격을 갖춘 규칙의 본체가 없는 상태에서 과학자를 특정한 정상 과학의 전통에 묶어 놓는 것은 무엇인가? '패러다임의 직접적인 점검'이란 문구는 무엇을 의미하는가? 이런 물음에 대한 부분적인 해답은, 아주 다른 맥락이긴 하지만, 작고한 비트겐슈타인이 전개했던 바 있다. 그 맥락이 보다 기본적이고 익숙한 것이므로 그의 논거의 형태를 먼저 살펴보는 것이 도움이 될 것이다. 비트겐슈타인은 물었다. '의자'니 '잎사귀'니 '게임'이니 하는 말을 애매하지 않게, 논란을 일으키지 않게 적용시키려면 우리는 무엇을 알아야 하는가?

- ☐ a Newton, Lavoisier, Maxwell, ~ 원래는 Newton 등과 같이 사람 이름에 부정관사 a나 an이 붙으면 'Newton과 같은 과학자'라고 흔히들 해석한다
- ☐ a full interpretation or에서 a full ~ 이하는 agreeing on과 to produce 둘 다에 걸리는 목적어
- ☐ rationalization n. 합리화 (상태)
- ☐ often aided by but does not ~, by 뒤에 the formulation 이하가 도치된 것임
- ☐ inevitably ad. 필연적으로, 어쩔 수 없이 a. inevitable
- ☐ unequivocally ad. 명백하게, 애매하지 않게
- ☐ provoke vt. 노하게 하다, 불러일으키다, ~의 원인이 되다 n. provocation

That question is very old and has generally been answered by saying that we must know, consciously or intuitively, what a chair, or leaf, or game *is*. We must, that is, grasp some set of attributes that all games and that only games have in common. Wittgenstein, however, concluded that, given the way we use language and the sort of world to which we apply it, there need be no such set of characteristics. Though a discussion of *some* of the attributes shared by a *number* of games or chairs or leaves often helps us learn how to employ the corresponding term, there is no set of characteristics that is simultaneously applicable to all members of the class and to them alone. Instead, confronted with a previously unobserved activity, we apply the term 'game' because what we are seeing bears a close "family resemblance" to a number of the activities that we have previously learned to call by that name.

For Wittgenstein, in short, games, and chairs, and leaves are natural families, each constituted by a network of overlapping and crisscross resemblances. The existence of such a network sufficiently accounts for our success in identifying the corresponding object or activity. Only if the families we named overlapped and merged gradually into one another — only, that is, if there were no *natural* families — would our success in identifying and naming provide evidence for a set of common characteristics corresponding to each of the class names we employ.

이런 물음은 아주 오래된 것이며, 일반적으로 우리는 의식적이건 또는 직관적이건 간에 의자니, 잎사귀니, 게임이 '무엇인가'를 알아야한다고 말하는 것으로 대답되어져 왔다. 다시 말하면 모든 게임이, 그리고 게임만이 공통으로 지니는 어떤 일련의 속성을 파악해야 한다. 그렇지만 비트겐슈타인은 이렇게 결론지었다. 언어를 사용하는 방식이 주어지고 우리가 그것을 적용시키는 세계의 종류가 정해지면, 그런 일련의 특성은 없어도 된다. '여러 가지' 게임이나 의자나 나뭇잎이 공유하는 어떤 속성들을 논의하는 것은 거기 상응하는 용어를 어떻게 쓸까를 익히는 데 도움이 되는 경우가 많다. 하지만 분류층의 모든 구성 요소에, 그리고 동시에 그런 구성 요소에만 유일하게 적용할 수 있는 일련의 특성은 없다. 그보다는 오히려 예전에 보지 못했던 어떤 활동에 부닥치게 되면 우리는 '게임'이란 용어를 적용한다. 왜냐하면 우리가 보고 있는 것은 이미 그렇게 부르는 것으로 배웠던 여러 가지 활동에 아주 가깝게 '가족처럼 닮았기' 때문이다.

요약하면 비트겐슈타인에게는 게임, 의자, 잎사귀는 자연의 일족에 해당하며, 각 가족은 서로 포개지고 교차되는 유사성에 얽혀 구성된 것이다. 이러한 그물망의 존재는 상응하는 대상이나 활동을 확인함에 있어 성공을 거두게 된 이유를 설명해준다. 우리가 이름 붙인 일족들이 포개지고 점차로 서로 병합되기만 했다면 — 다시 말해서 자연의 가족들이 존재치 않았다면 — 확인하고 명명할 수 있었던 우리의 성공은 우리가 쓰는 종속(종류) 명사의 각각에 해당되는 일련의 공통적 특성에 대한 증거를 제공했을 것이다.

- ☐ attribute v. ~의 탓으로 하다, ~에 돌리다 (= ascribe) n. 속성, 특징
- ☐ Though ~ the attributes (which are) shared ~ often까지 종속절의 주어
- ☐ confront vt. 직면하다, 맞서다 (= face)
- ☐ resemblance n. 유사, 외관, 모양 vt. resemble
- ☐ network n. 망상 조직, 계통, 그물
- ☐ overlap vt. 겹치다, 일치하다
- ☐ crisscross n. 십자(꼴), 엇갈림
- ☐ account for 설명하다
- ☐ only if the families ~ one another - only, ~ families - would our success ~에서 only if 이하 would 전까지 종속절, 주절은 would 이하인데 강조하기 위해 would가 도치되었다.

Something of the same sort may very well hold for the various research problems and techniques that arise within a single normal-scientific tradition. What these have in common is not that they satisfy some explicit or even some fully discoverable set of rules and assumptions that gives the tradition its character and its hold upon the scientific mind. Instead, they may relate by resemblance and by modeling to one or another part of the scientific corpus which the community in question already recognizes as among its established achievements.

Scientists work from models acquired through education and through subsequent exposure to the literature often without quite knowing or needing to know what characteristics have given these models the status of community paradigms. And because they do so, they need no full set of rules. The coherence displayed by the research tradition in which they participate may not imply even the existence of an underlying body of rules and assumptions that additional historical or philosophical investigation might uncover. That scientists do not usually ask or debate what makes a particular problem or solution legitimate tempts us to suppose that, at least intuitively, they know the answer. But it may only indicate that neither the question nor the answer is felt to be relevant to their research. Paradigms may be prior to, more binding, and more complete than any set of rules for research that could be unequivocally abstracted from them....

정상 과학의 전통 어느 하나에서 생기는 다양한 연구 과제와 기술에 대해서도 이와 같은 유형의 어떤 양상이 충분히 성립된다. 연구들이 공통으로 지닌 것은 더러는 명확하고 심지어 더러는 완전히 인정될 수 있는 규칙과 가정 — 전통에 그 특성을 부여하고, 또한 과학적 정신에의 집착을 부여하는 — 을 만족시키는 것은 아니다. 차라리 그들은 과학적 말뭉치(과학자들이 현재 사실이거나 사실일 가능성이 높다고 여기는 말들)의 이런 저런 부분에 비슷한 점으로 미루어, 그리고 모형화에 의하여 연결된다. 그리고 그 과학적 말뭉치란 것은 문제의 사회가 이미 확립된 업적 가운데서 인정한 것을 가리킨다.

과학자들은 모델로부터 작업을 하는데, 그런 모델은 교육을 통해서, 그리고 문헌에 계속 접함으로써 얻어진다. 이렇게 일하는 동안 어떤 특성 때문에 이러한 모델들이 그 집단의 패러다임의 자격을 얻게 되었는가는 잘 알지 못하거나 또는 알 필요가 없는 것이 보통이다. 그렇기 때문에 그들은 규칙의 완벽한 집합을 필요로 하지 않는다. 그들이 참여하는 연구 전통에서 나타나는 일관성은 심층에 깔리는 규정과 가정의 본체 — 역사적·철학적으로 더 연구하면 베일이 벗겨질 — 의 존재조차도 암시하지 않을지도 모른다. 무엇이 특정한 문제나 풀이를 합리적인 것으로 만드는가에 대해 과학자들이 보통 묻거나 논쟁을 삼지 않는 것은 적어도 직관적으로는 우리로 하여금 그들은 답을 알고 있구나 하는 생각을 갖게 한다. 그러나 이것은 정당성에 대한 물음도, 답변도 그들의 연구에 관련되지 않은 듯 한 감을 지적할지도 모른다. 패러다임이란, 그들로부터 분명하게 추상화 될 수 있는 연구에 대한 어떤 규칙의 집합보다도 우선하며, 더 구속력이 있고 완전할지도 모른다.

- ☐ hold for ~ 적용되다
- ☐ explicit a. 명시된, 뚜렷한
- ☐ and는 등위접속사이고, 등위접속사는 항상 앞과 뒤에 같은 것을 연결시킨다.
- ☐ as (the scientific corpus) among its ~이다.
- ☐ exposure n. 드러내 놓음 vt. expose
- ☐ debate vt. 논쟁(토론)하다
- ☐ legitimate a. 합법적인
- ☐ tempt vt. 유혹하다, ~할 생각을 일으키다
- ☐ Paradigms ~ prior to (any set of rules ~), more binding ~ 이다.

제 7 장 

Loren R. Graham
Science & Philosophy (2)

로렌 R. 그레이엄
과학 & 철학 (2)

In recent years a number of changes have occurred in Soviet views on quantum mechanics, although no new theoretical positions have been developed. The most heartening change has been the improvement in tone of most Soviet writings on the subject; at the present time, almost all articles and books published by scholarly presses are truly philosophical in approach, and not ideological. Blokhintsev's 1966 book was a prominent example.

Another change was the shift of Omel'ianovskii from relying primarily on Blokhintsev to relying on Fock. His shift can be traced in two steps: first, his acceptance of the view that quantum mechanics can be applied to the individual micro-object, and second, his rehabilitation of the term "complementarity," although with continuing reservations.

1895년 흑체 방사에 관한 실험을 시발로 뉴턴의 고전물리학은 일대 변혁을 초래하게 된다. 양자론의 대두 이후 물리학 이론은 더 이상 실험적 관찰 사실에 대한 단순한 기술은 아니었다. 그것은 사변적 통찰을 통해서 자신의 과학 이론을 만들어 가는 좀 더 물리적이고 철학적인 가정을 내포한 가설 이론의 바탕 위에서 만들어지는 것이었다. 특히 아인슈타인의 특수 상대성이론과 일반 상대성이론에서는 시공 개념과 물리관에 관한 철학적 이론이 근본적으로 변모됨으로써 현대물리학의 존재론적 성격이 두드러지게 나타나고 있다.

비록 아무런 새로운 이론적 견해의 발전은 없었지만, 최근에 와서 양자역학에 대한 소련의 입장에는 많은 변화가 일어났다. 가장 고무적인 변화는 이 주제에 관한 대부분의 소련 문헌의 어조에 있어서 발전이 있었다는 사실이다. 현재, 학계에서 발행하는 거의 모든 논문과 책들은 이데올로기적이 아니라, 참으로 철학적인 접근을 하고 있다. 블로킨체프(Blokhintsev)의 1966년판 저서는 그 대표적인 예이다.

또 하나의 변화는 오멜리아노프스키(Omel'ianovskii)가 블로킨체프에 주로 의존하던 것에서, 포크(Fock)를 의존하는 방향으로 선회하였다는 것이다. 그의 입장 변화는 두 가지 측면에서 추적해 볼 수 있다. 첫째는 개개의 미소한 대상에 양자역학을 적용할 수 있다는 견해를 그가 수용하였다는 점이며, 둘째는 비록 계속해서 유보조항을 달긴 했지만 '상보성'이라는 용어를 그가 복권시켰다는 점이다.

☐ guantum mechanics 양자역학

☐ rehabilitation n. 복원, 회복
vt. rehabilitate

☐ complementarity n. 상보성(물리학에서는 빛의 파동설과 입자설의 두 이론이 상보적으로 받아들여짐)

The beginning of these changes could be seen at the October 1958 all-Union conference in Moscow on the philosophic problems of modern science. This conference was convened, in the words of E. N. Chesnokov, as a result of "some instances of insufficiently profound appreciation by certain philosophers of the achievements of modern science." The reports concerned relativity theory, cybernetics, cosmogony, biology, and physiology as well as quantum mechanics. In the discussion that followed the reports, the scientists, including A. D. Aleksandrov, V. A. Fock, S. L. Sobolev, V. A. Ambartsumian, and A. I. Oparin, clearly dominated the philosophers.

In his report entitled "V. I. Lenin and the Philosophic Problems of Modern Physics" Omel'ianovskii changed his position on the significance of the wave function. Whereas earlier he had believed that it could be applied only to Blokhintsev's ensembles, he said at the conference that "the wave function characterizes the probability of action of an individual atomic object." This description was very similar to Fock's statements on the significance of the wave function, and in expanding on his interpretation, Omel'ianovskii revealed that he had also accepted Fock's distinction between the "potentially possible" and the "actually existing."

이 변화의 발달은 1958년 8월 모스크바에서 개최된, 현대 과학의 철학적 제 문제에 관한 총연합 대회에서 볼 수 있을 것이다. 체스노코프(E. N. Chesnokov)의 말을 빌리자면, 이 회의는 "몇몇 철학자들이 현대 과학의 업적을 충분하게 이해하지 못한 약간의 경우들"의 결과로 소집된 것이다. 보고는 양자역학은 물론 상대성이론, 인공두뇌학, 우주진화론, 생리학 등에 관한 것이었다. 보고에 이어진 토의에서 알렉산드로프(A. D. Aleksandrov), 포크(V. A. Fock), 소볼레프(S. L. Sobolev), 암바르추미안(V. A. Ambartumian), 그리고 오파린(A. I. Oparin)을 위시한 과학자들은 명백히 철학자들을 압도하였다.

「레닌과 현대물리학의 철학적 문제」라는 제목의 보고에서 오멜리아노프스키는 파동방정식의 중요성에 대한 그의 입장을 바꾸었다. 일찍이 그가 파동방정식은 오로지 블로킨체프의 전체적 효과에만 적용될 수 있을 것이라고 믿었던 것과 달리, 그는 회의에서 "파동방정식은 하나의 개별적, 원자적 물체의 작용 가능성을 특징짓는다."고 말했다. 이 표현은 파동방정식의 중요성에 대한 포크의 언급과 비슷한 것이었고, 그의 해석을 확대하여 본다면, 오멜리아노프스키는 '잠재적으로 가능한' 것과 '실제적으로 존재하는' 것을 구별하는 포크의 견해 또한 수용하였다는 것을 드러내는 것이라고 할 수 있다.

- ☐ convene vt. 모으다, 소집하다, 소환하다 vi. 모이다, 화합하다
- ☐ cybernetics n. 인공두뇌학, 사이버네틱스 (자동기계에 있어서의 제어와 전달의 이론 및 기술을 비교 연구하는 학문)
- ☐ cosmogony n. 우주(천지)의 발생, 우주진화론
- ☐ ensemble n. 종합적 효과, 전체적 효과, 앙상블
- ☐ description n. 표현, 서술
- ☐ distinction n. 구별, 특징

In 1958 Omel'ianovskii had not accepted the term "complementarity," still considering it to be synonymous with the Copenhagen Interpretation. At the Thirteenth World Congress of Philosophy held in 1963 in Mexico City, however, he agreed even further with Fock by accepting complementarity and even maintaining that it is based on a dialectical way of thinking through its assertion that "we have the right to make two opposite mutually exclusive statements concerning a single atomic abject." Thus, Omel'ianovskii believed that the link between dialectics and the notion of complementarity "lies at the center of the Copenhagen Interpretation in quantum mechanics." A vestige of his old views could be seen in his comments about the remaining "deficiencies" in the concept of complementarity, such as its insistence on applying classical notions in the new realm of atomic objects.

1958년에 오멜리아노프스키는 '상보성'이라는 용어를 수용하지 않고, 여전히 그것이 코펜하겐 해석과 동의어라고 여겼다. 하지만 1963년에 멕시코시티에서 열린 제13차 세계철학 대회에서, 그는 상보성을 받아들이고 심지어 그것이 "우리는 단일한 원자적 물체에 대한 두 가지 반대되는 상호배타적인 진술을 할 권리가 있다."고 확언함으로 인해, 그것은 변증법적 사유 방식에 기초한 것이라고까지 주장함으로써, 포크에 더욱 밀접히 접근하였다. 따라서 오멜리아노프스키는 변증법과 상보성의 개념 사이의 연결고리가 "양자역학에있어서의 코펜하겐 해석의 중심에 가로 놓여 있다."고 믿었던 것이다. 그의 예전의 견해의 흔적은 상보성 개념에 남아 있는 '결함들', 예컨대 그것이 새로운 원자적 물체의 영역에 고전적 개념들을 적용할 것 등에 대한 언급에서 보여질 수 있을 것이다.

- ☐ synonymous a. 동의어의, 같은 뜻의
- ☐ maintain vt. 주장하다
- ☐ dialectical way 변증법적 방법
- ☐ vestige n. 자취

In a 1968 article on philosophical aspects of measurement in quantum mechanics Omel'ianovskii emphasized in an interesting and helpful way that contrary to much common belief, it is not really proper to speak of the "uncontrollable influence of the measuring instrument on the micro-object." If we think of a crystalline lattice as the measuring instrument for an electron, before passing through the lattice, the electron is located in a state with a definite momentum and an indefinite position; after passing through the lattice, the electron is in a state with a definite position and an indefinite momentum. Measurement therefore changes the state of the micro-object, but this change is not a result of a force acting on the object, such as gravitational or electromagnetic force. The lattice itself did not exert any force on the electron that passed through it. Rather, the influence of measurement arises from the very corpuscle-wave nature of the micro-object.

Omel'ianovskii explained his position most graphically through an analogy: "The change of quantum state under the influence of measurement is similar to the change of mechanical state of a body in classical theory when one makes the transition from one system of reference to another moving relative to the first." This clarification by Omel'ianovskii, which is in agreement with Bohr's views shortly before his death, goes a long way toward resolving many debates over the "uncontrollability" of measuring instruments in quantum mechanics.

양자역학에 있어서의 측정에 관한 철학적 제 측면에 대한 1968년의 한 논문에서 오멜리아노프스키는 수많은 보통의 믿음과는 반대되는 흥미 있고 유익한 방법으로 "미소물체에 대한 측정 기구의 통제할 수 없을 만한 영향" 운운하는 것은 참으로 온당치 못하다고 강조했다. 만약 우리가 결정격자를 하나의 전자를 위한 측정 기구라고 생각한다면, 격자를 통과하기 전에 전자는 한정된 운동량과 정해지지 않은위치를 갖는 상태에 놓이게 된다. 또한 격자를 통과한 후에 전자는 정해진 위치와 비한정된 운동량을 갖게 된다. 따라서 측정은 미소물체의 상태를 변화시키지만, 이 변화는 중력이나 전자기력과 같이 그 물체에 작용하는 힘의 결과인 것은 아니다. 격자 그 자체는 자기를 통과한 전자에 대해 어떠한 힘도 발휘하지 않았다. 오히려 측정의 영향은 바로 미소물체의 미립자파 성질로부터 일어난다.

오멜리아노프스키는 하나의 유추를 통해 그의 입장을 아주 생생하게 설명했다. "측정의 영향 아래서의 양자의 상태 변화는 고전이론에서 하나가 한 기준계에서 그것에 비례해서 움직이는 또 다른 기준계로 이행할 때 물체의 기계적 상태가 변화하는 것과 비슷한 것이다." 오멜리아노프스키에 의한 이러한 명료화는 죽기 직전의 보어(Bohr)의 견해와 일치하는 것인데, 양자역학에 있어서의 측정 기구의 '통제 불능성'에 관한 수많은 논쟁을 해결하려는 기나긴 길을 가고 있다.

- ☐ measurement n. 측정
- ☐ crystalline lattice 결정격자
- ☐ electron n. 전자
- ☐ momentum n. 운동량 m x v = T [m = 질량 v = 속도 T = 운동량]
- ☐ gravitational a. 중력의
- ☐ electromagnetic a. 전기장의
- ☐ exert vt. 발휘하다, 쓰다, 미치다
- ☐ corpuscle-wave 미립자파
- ☐ analogy n. 유사, 비슷함, 유추, 상사
- ☐ clarification n. 정화, 명시, 해명, 설명
- ☐ go a long way 크게 효과가 있다

At the same time that Omel'ianovskii redefined his interpretation of quantum mechanics, a number of other Soviet scholars became interested in the philosophic problems of quantum mechanics. Some of them displayed interest in de Broglie's "theory of double solution," a hidden-parameter approach replacing his earlier "pilot-wave theory." Others were seeking a unified theory that would combine the realms of quantum theory and relativity theory. Such attempts have been made in other countries as well, where similarly they have not been successful although they continue to be interesting. Soviet authors discussing new approaches have become relatively accustomed to handling ideas that in the late forties or early fifties would automatically have been considered suspect, such as the theory of a finite universe or the hypothesis that in the "interior" of microparticles future events might influence past events.

In a 1965 article in *Problems of Philosophy* the veteran philosopher E. Kol'man pleaded that Soviet scientists be granted permanent freedom to consider such theories; naturally, he observed, these viewpoints

> Give idealists cause for seeking arguments in favor of their point of view. But this does not mean we should reject these "illogical" conceptions out of hand, as several conservative-minded philosophers and scientists did with the theory of relativity, cybernetics, and so forth. These conceptions are not in themselves guilty of idealistic interpretations. The task of philosophers and scientists defending dialectical materialism is to give these conceptions a dialectical materialist interpretation.

오멜리아노프스키는 양자역학에 대한 그의 해석을 재규정한 것과 동시에, 수많은 다른 소련의 학자들은 양자역학의 철학적 문제들에 흥미를 갖기 시작했다. 그들 중의 일부는 그의 초기의 '파일로트파 이론'을 대신한 감춰진 매개변수 접근인 드 브로이(de Broglie)의 '이중 분리의 이론'에 대한 관심을 보였다. 다른 사람들은 양자역학과 상대성 이론의 영역을 결합할 통일된 이론을 모색하고 있었다. 그러한 시도들은 다른 나라에서도 있어 왔는데, 거기서도 마찬가지로 지속적인 관심은 있었지만 별로 성공적이지는 못했다. 새로운 접근을 토의하고 있는 소련의 저자들은, 한정된 우주 이론이나, 미립자의 '내부'에서 미래의 사건들이 과거의 사건에 영향을 미칠 수 있다는 가설과 같은 40년대 후반이나 50년대 초반에는 자동적으로 의혹의 대상이었던 개념을 다루는데 상대적으로 익숙해졌다.

탁월한 철학자인 콜맨(E. Kol'man)은 1965년의 「철학의 제 문제」라는 논문에서 소련 과학자들은 그러한 이론들을 고려함에 있어 영구적인 자유가 허용되어야 한다고 주장했다. 물론 그는 아래와 같이 말했다. 이러한 견해는

> "관념론자들에게 그들의 관점에 편들어주는 주장을 찾을 이유를 부여한다. 그러나 이것이 여러 보수적 철학자와 과학자들이 상대성 이론, 인공두뇌학 등등에 대하여 했던 것처럼, 손아귀를 벗어난 이들 '비논리적인' 개념들을 거부해야 한다는 것을 뜻하는 것은 아니다. 이들 개념은 그 자체로는 관념론적 해석에 있어 유죄는 아니다. 변증법적 유물론을 지지하는 철학자와 과학자의 임무는 이들 개념에 변증법적 유물론적 해석을 부여하는 것이다."

- ☐ parameter n. 변수
- ☐ hypothesis n. 가설
- ☐ microparticle n. 미세입자
- ☐ veteran n. 고참병, 노련가, 베테랑 a. 숙련된, 노련한
- ☐ idealist n. 관념론자
- ☐ dialectical materialism 변증법적 유물론

제 8 장

Alvin Toffler
The Third Wave

앨빈 토플러
제3의 물결

Today we are once more at the edge of an historic technological leap, and the new system of production now emerging will require a radical restructuring the entire energy business.

For the great overlooked fact is that the energy problem is not just one of quantity; it is one of structure as well. We not only need a certain *amount* of energy, but energy delivered in many more varied forms, in different (and changing) locations, at different times of the day, night, and year, and for undreamed-of purposes.

앨빈 토플러는 자신의 저서 「제3의 물결」에서 우리 인류가 미래의 대변혁 도중에 위치하고 있다고 주장했다. '제1의 물결'은 기원전 8천 년경에서 18세기까지, '제2의 물결'은 산업혁명 이후 지금까지 계속되고 있으며, 앞으로 다가올 제3의 물결은 바로 행복한 미래의 도래라고 보았던 것이다. 그는 현재의 에너지·식량·환경 보존·인구 조절·무기 개발 억제 문제 등 지구촌이 당면한 수많은 난관에 대해 미래학적·낙관론적인 입장으로 해석, '제3의 물결'과 인류의 복지를 설파하였다. 한편으로는 미래의 부정적 입장에 대해 "절망은 죄악일 뿐만 아니라, 도저히 수긍할 수 없는 부당 행위이다."고 반박하기도 했다.

오늘날 우리는 다시 한 번 역사적인 기술적 비약을 맞이할 시점에 있으며, 이제 도래하고 있는 새로운 생산 체제에는 전체 에너지 산업의 근본적인 재구성이 요구될 것이다.

왜냐하면 에너지 문제는 양적 문제일 뿐만 아니라, 구조적인 문제이기도 하다는 점을 크게 간과하고 있기 때문이다. 우리가 필요로 하는 것은 단지 일정량의 에너지가 아니라 더욱 다양한 형태로, 그리고 여러(그리고 변하는) 장소에서, 또한 1년 아무 때나 밤낮을 가리지 않고 예기치 않은 목적을 위해 전달되는 에너지인 것이다.

- ☐ at the edge of ~의 가장자리에, ~의 주변에
- ☐ now emerging = which is now emerging
- ☐ ~ as well ~ (또한) 마찬가지이다
- ☐ deliver vt. 넘겨주다, 전하다, 해방시키다
  n. -ance 구출, 해방, -y 배달, 인도
- ☐ undreamed-of 생각지도 않은
  cf) unexpected 예기치 않은

This, not simply OPEC's pricing decisions, explains why the world must search for alternatives to the old energy system. That search has been accelerated, and we are now applying vast new resources of money and imagination to the problem. As a result we are taking a close look at many starting possibilities. While the shift from one energy base to the next will no doubt be darkened by economic and other upheavals, there is another, more positive aspect to it. For never in history have so many people plunged with such fervor into a search for energy — and never have we had so many novel and exciting potentials before us.

It is clearly impossible to know at this stage which combination of technologies will prove most useful for what tasks, but the array of tools and fuels available to us will surely be staggering, with more and more exotic possibilities becoming commercially plausible as oil prices climb.

전 세계 사람들이 종래의 에너지 체계를 대신할 에너지를 찾아야만하는 것은 바로 이 때문이지, 단지 OPEC의 가격 결정 때문만은 아니다. 이러한 탐구는 가속화되고 있으며, 자금과 상상력이라는 거대한 새 자원들이 이 문제에 투입되고 있다. 그 결과 우리는 많은 시작할 수 있는 가능성을 면밀히 검토하고 있다. 물론 한 에너지 체계의 근간에서 다음의 체계로 이행함에 있어 경제 변동과 그 밖의 혼란이 그 이행을 어둡게 할 테지만 또 다른 보다 커다란 긍정적 측면도 있다. 그것은 역사상 유례없는 만큼 수많은 사람들이 에너지 탐구에 열심이라는 점과 일찍이 없던 참신하고 흥미진진한 가능성이 우리 앞에 있다는 것이다.

어떤 기술의 조합이 어떤 목적에 가장 효과적인지를 현 단계에서 식별하는 것은 분명히 불가능하지만, 우리가 이용할 수 있는 도구와 연료는 어마어마할 것임에 틀림없으며, 석유 값이 오름에 따라 아주 색다른 가능성들이 상업적으로 충분히 유용될 것이다.

- ☐ OPEC = Organization of Petroleum Exporting Countries
- ☐ alternative a. 대신의, 대체의 n. 양자택일, 선택 cf) alternation 교대, 교체
- ☐ be applying A to B는 'A를 B에 적용하고 있다'라는 의미
- ☐ take a close look 세밀히 검토하다
- ☐ no doubt 의심할 바 없이 (= doubtless, without any doubt)
- ☐ upheaval n. 밀어올림, 등 뒤, 대변동
- ☐ available to ~에 유용한
- ☐ plausible a. 그럴 듯한, 정말 같은 n. plausibility

These possibilities range from photovoltaic cells that convert sunlight into electricity (a technology now being explored by Texas Instruments, Solarex, Energy Conversion Devices, and many other companies), to a Soviet plan for placing windmill-carrying balloons in the tropopause to beam electricity down to earth through cables. New York City has contracted with a private firm to burn garbage as fuel and the Philippine Islands are building plants to produce electricity from coconut waste. Italy, Iceland, and New Zealand are already generating electricity from geothermal sources, tapping the heat of the earth itself, while a five-hundred-ton floating platform off Honshu island in Japan is generating electricity from wave power.

Solar heating units are sprouting from rooftops around the world, and the Southern California Edison Company is constructing a "power-tower" which will capture solar energy through computer-controlled mirrors, focus it on a tower containing a steam boiler, and generate electricity for its regular customers. In Stuttgart, Germany, a hydrogen-powered bus built by Daimler-Benz has cruised the city streets, while engineers at Lockheed-California are working on a hydrogen-powered aircraft. So many new avenues are being explored, they are impossible to catalog in a short space.

현재 가능성이 있는 것은 태양광선을 전기로 바꾸는 광전지(텍사스 인스트루먼트사, 솔라렉스사, 에너지 콘버전 디바이스사 등 많은 기업이 연구 개발 중인 기술이다)라든지, 소련에서 계획 중인 대류권(對流圈)과 성층권(成層圈)의 경계에 풍차가 달린 풍선을 쏘아 올려, 지상을 향해 케이블로 전기를 보내는 방법 등이 있다. 뉴욕시는 시내에서 나오는 쓰레기를 어느 개인 회사에 연료로 팔고 있으며, 필리핀에서는 야자껍질로 전기를 만드는 공장을 건설 중이다. 이탈리아, 아이슬란드, 뉴질랜드에서는 지구열 자체를 연구해 지열발전(地熱發電)을 하고 있으며, 일본은 혼슈우(本州)의 해안에 5백 톤의 방주(方舟)를 띄워서 파력(波力) 발전을 하고 있다.

지붕에 설치하는 태양열 설비는 전 세계에 보급되고 있고, 남(南)캘리포니아의 에디슨 사에서는 컴퓨터로 조작하는 여러 개의 거울로 태양열을 받아, 그것을 증기보일러에 보내서 발전시켜 이 회사와 계약한 가정에 송전할 '발전 탑'을 건설 중이다. 서독의 슈투트가르트에서는 다임러 벤츠사가 개발한, 수소를 동력으로 사용하는 버스가 거리를 달리고 있다. 록히드사의 캘리포니아 공장에서는 수소연료로 나는 항공기 연구에 한창이다. 이처럼 그 수를 헤아릴 수 없을 정도의 새로운 수단들이 개발되고 있어서 좁은 지면에 일일이 열거할 수 없을 정도이다.

- ☐ photovoltaic a. 광전지의
  cf) ~ cell 광전지
- ☐ convert A into B: A를 B로 전환시키다
- ☐ tropopause n. 대류권과 성층권 사이의 대기층
- ☐ garbage n. 쓰레기
- ☐ geothermal a. 지구열의
- ☐ tap vt. ~을 받다, 연결하다, 개발하다
- ☐ sprout vi. 발생하다, 싹트다 n. 새싹, 눈
- ☐ cruise vi. 순항하다, 다니다 n. -r 순양함
- ☐ avenue n. 큰 가로, 수단

When we combine new energy-generating technologies with new ways to store and transmit energy, the possibilities become even more far-reaching. General Motors has announced a new, more efficient automobile battery for use in electric cars. NASA researchers have come up with "Redox" — a storage system they believe can be produced for one third the cost of conventional lead acid batteries. With a longer time horizon we are exploring superconductivity and even Tesla waves as ways of beaming energy with minimal loss.

While most of these technologies are still in their early stages of development and many will no doubt prove zanily impractical, others are clearly on the edge of commercial application or will be within a decade or two. Most important is the neglected fact that big breakthroughs often come not from a single isolated technology but from imaginative juxtapositions or combinations of several. Thus we may see solar photovoltaics used to produce electricity which will, in turn, be used to release hydrogen from water so it can be used in cars. Today we are still at the pre-takeoff stage. Once we begin to combine these many new technologies, the number of more potent options will rise exponentially, and we will dramatically accelerate the construction of a Third Wave energy base.

새로운 에너지를 개발하는 기술이, 그것을 저장·수송하는 새로운 수단과 결합하게 되면 그 가능성은 훨씬 더 광범위해질 것이다. 제너럴 모터사가 최근 발표한 것에 의하면, 그들은 전기 자동차용의 고성능 배터리를 개발했다고 한다. NASA 연구소는 종래의 납과 황산을 사용한 배터리의 3분의 1값으로 만들 수 있는 '레독스'라는 축전장치를 완성했다. 더욱이 장기적인 전망으로 초전도(超傳導)를 개발하고 있으며 최소한의 유실로 에너지를 전달하는 테슬라 파(波)의 연구도 진행 중이다.

이런 기술은 대부분이 초기 개발 단계에 있으며, 그 중에는 실용화에 이르지 못하는 것도 많다. 그러나 지금이라도 상업화될 수 있는 것도 있고 10년, 20년 내에 상업적인 발판에 오를 수 있는 것도 있다. 비약적인 발전이 하나의 독립된 기술에서 생긴다기보다는 오히려 몇 개의 기술을 병용하고 짜 맞추는, 풍부한 창조력에서 생긴다는 것이 간과된다는 것이 중요하다. 따라서 태양광전지로 전기를 일으켜 그 전기로 물에서 수소를 추출하고 그것을 자동차에 쓴다는 식으로 생각해야 할 것이다. 오늘날 우리는 아직 다음 시대를 향해서 이륙했다고는 말할 수 없다. 그러나 위에서 서술한 바와 같이 많은 새로운 기술을 통합함으로써, 더욱 많은 새로운 잠재적 가능성이 기하급수적으로 증가하게 될 것이고, 제3의 물결의 에너지 체계의 구축은 급속도로 진전하게 될 것이다.

- ☐ combine A with B: A를 B와 결합(조합)시키다
- ☐ NASA 미항공우주국 = National Aeronautics and Space Administration
- ☐ come up with 따라가다, 대체하다, 개발하다
- ☐ horizon n. 지평선, 범위, 영역 a. -tal
- ☐ superconductivity n. 초전도
- ☐ zanily ad. 바보처럼 n. zany
- ☐ breakthrough n. 돌파 (작전), (과학의) 약진, 비약, 성공
- ☐ juxtaposition n. 병렬, 병치
- ☐ takeoff n. 이륙, 출발
- ☐ option n. 취사선택, 선택권

This new base will have characteristics sharply different from those of the Second Wave period. For much of its supply will come from renewable, rather than exhaustible sources. Instead of being dependent upon highly concentrated fuels, it will draw on a variety of widely dispersed sources. Instead of depending so heavily on tightly centralized technologies, it will combine both centralized and decentralized energy production. And instead of being dangerously over-reliant on a handful of methods or sources, it will be radically diversified in form. This very diversity will make for less waste by allowing us to match the types and quality of energy produced to the increasingly varied needs.

Coal, rail, textile, steel, auto, rubber, machine tool manufacture — these were the classical industries of the Second Wave. Based on essentially simple electromechanical principles, they used high energy inputs, spat out enormous waste and pollution, and were characterized by long production runs, low skill requirements, repetitive work, standardized goods, and heavily centralized controls.

From the mid-1950's it became increasingly apparent that these industries were backward and waning in the industrial nations. In the United States, for example, while the labor force grew by 21 percent between 1965 and 1974, textile employment rose by only 6 percent and employment in iron and steel actually dropped 10 percent. A similar pattern was evident in Sweden, Czechoslovakia, Japan, and other Second Wave nations.

제3의 물결의 에너지 체계는 제2의 물결의 그것과는 전혀 이질적인 몇 개의 특징을 지니고 있다. 에너지 공급의 많은 부분이 자원보다는 오히려 고갈되는 재생 가능한 자원에서 많아진다. 또 고도로 집중화된 연료에 의지하지 않고 넓은 범위에 산재하는 다양한 자원에 의지하게 될 것이다. 빈틈없이 집중화된 기술에 과도하게 의지하지 않고, 집중화된 에너지 생산과 확산된 에너지 생산을 결합시키는 것이 될 것이다. 그리고 한정된 생산방법과, 자원에 너무 의존하는 위험상태를 벗어나서 극히 다양화될 것임에 틀림없다. 바로 이 에너지의 다양화로 우리는 점점 다양화하는 수요에 합당한 에너지 종류와 양을 선택할 수 있기 때문에 에너지의 낭비를 막을 수도 있을 것이다.

석탄, 철도, 섬유, 강철, 자동차, 고무, 공작 기계 제조 — 이것은 제2의 물결의 고전적 산업이었다. 기본적으로는 단순한 전기기계의 원리에 기초해, 이 산업들은 대량의 에너지를 소비하여, 거대한 산업 폐기물과 공해를 토해낸다. 그 특색은 장시간 공정, 비숙련 노동, 반복 작업, 규격화된 제품, 고도로 집중화된 관리 체제 등이다.

공업국에서는 1950년대 중엽부터 이들 산업이 시대에 뒤떨어져 쇠퇴하기 시작했다. 예를 들어 미국의 경우, 1965년부터 1974년까지의 10년간 노동력은 21%나 증가했으나 섬유산업의 종업원 수는 겨우 6%밖에 늘지 않았고, 철강 산업의 종업원도 실제로 10%나 줄었던 것이다. 스웨덴, 체코, 일본 등 제2의 물결 국가에서도 이런 패턴이 뚜렷하다.

- ☐ draw on ~에 의지하다, 끌어 일으키다, 다가오다
- ☐ disperse vi. vt. 흩어지다, 흩뜨리다, 분산시키다 n. dispersion, dispersal
- ☐ make for 이바지하다, ~쪽으로 나아가다
- ☐ textile n. 직물, 방직 a. 직물의 cf) synthetic ~ 인조(합성)직물
- ☐ spit vt. 뱉다, 내뿜다 n. 침
- ☐ be characterized by ~로 특징지어지다

As these old-fashioned industries began to be transferred to so-called "developing countries, where labor was cheaper and technology less advanced, their social influence also began to die out and a set of dynamic new industries shot up to take their place.

These new industries differed markedly from their predecessors in several respects: they were no longer primarily electromechanical and no longer based on the classic science of the Second Wave era. Instead, they rose from accelerating breakthroughs in a mix of scientific disciplines that were rudimentary or even nonexistent as recently as twenty-five years ago — quantum electronics, information theory, molecular biology, oceanics, nucleonics, ecology, and the space sciences. And they made it possible for us to reach beyond the grosser features of time and space, with which Second Wave industry concerned itself, to manipulate, as Soviet Physicist B. G. Kuznetsov has noted, "very small spatial regions(say, of the radius of an atomic nucleus, i.e., 10^{-13} centimeters) and temporal intervals of the order of 10^{-23} seconds."

It is from these new sciences and our radically enhanced manipulative abilities that the new industries arose — computers and data processing, aerospace, sophisticated petrochemicals, semiconductors, advanced communications, and scores of others.

시대에 뒤떨어진 이들 산업은 값싼 노동력은 가졌고 기술 수준이 낮은, 이른바 '개발도상국'으로 옮아갔고, 이와 함께 사회에 미치는 영향력도 약해졌다. 그 대신 일련의 더욱 다이나믹한 새로운 산업이 계속해서 생겨났다.

새로운 산업은 몇 가지 점에서 전 시대의 산업과 뚜렷한 차이가 있다. 새로운 산업은 우선 전기기계도 아니고 제2의 물결 시대의 고전적 과학이론에 기초한 것도 아니다. 그 대신에 양자전자공학, 정보이론, 분자생물학, 해양학, 원자핵물리학, 사회생태학, 우주 과학과 같은, 불과 25년 전만 해도 초보적이면서 있지도 않았던 과학 분야의 혼합 속에서 큰 발전을 가속화하는 데서 새로운 산업이 나타났다. 이들 새로운 학문의 혜택으로 우리는 제2의 물결 시대의 산업이 관여하던 시간이나 공간의 보다 더 큰 특징을 넘어섰다. 소련의 물리학자 B. G. 쿠즈네초프가 서술한 것처럼, '극소의 공간(원자핵의 반경은 10^{-13}cm)과 10^{-23}초라는 지극히 짧은 시간'을 계측할 수 있게 되었다.

이런 새로운 과학과 급속히 발전된 계측 기술이 컴퓨터와 데이터 처리, 항공우주산업, 정교한 석유화학, 반도체, 진보적인 통신 산업 등 새로운 산업을 만든 것이다.

- ☐ rudimentary a. 기본(초보)의, 미발달의 n. rudiment
- ☐ quantum n. 양, 양자 cf) ~ mechanics 양자역학
- ☐ molecular a. 분자의, 분자로 된 n. molecule
- ☐ nucleonics n. 원자(핵) 물리학
- ☐ manipulative a. 손끝으로 다루는, 속임수의 n. manipulation
- ☐ aerospace n. 기권(氣圈), 우주산업
- ☐ petrochemical n. 석유화학제품
- ☐ semiconductor n. 반도체

제 9 장 

Donella H. Meadows
The Limits to Growth

도넬라 메도우
성장의 한계

What will be needed to sustain world economic and population growth until, and perhaps even beyond, the year 2000? The list of necessary ingredients is long, but it can be divided roughly into two main categories.

The first category includes the *physical* necessities that support all physiological and industrial activity — food, raw materials, fossil and nuclear fuels, and the ecological system of the planet which absorb wastes and recycle important basic chemical substances. These ingredients are in principle tangible, countable items, such as arable land, fresh water, metals, forests, the oceans. In this chapter we will assess the world's stocks of these physical resources, since they are the ultimate determinants of the limits to growth on this earth.

로마클럽은 1968년 스위스에서 창설된 순수 민간단체로 세계 각국의 과학자, 경제학자, 교육자, 경영자들로 구성되어 있다. 이 클럽은 최근 심각한 문제로 등장하고 있는 천연자원의 고갈, 공해와 환경오염, 개발도상국의 인구폭발, 핵무기의 확산 등 인류의 위기를 정확히 파악하여 모든 인류에게 위기의식을 심어 주고, 그 해결책을 탐구하는 것을 목적으로 하고 있다. 로마클럽은 첫 번째 작업으로 「성장의 한계」라는 보고서를 발표하였다. 여기에서 '시스템 다이나믹스'라는 새로운 방법을 사용, 지구상의 부존자원과 소비에 관한 계량적 분석을 통해, 대량생산·대량소비를 주축으로 한 현재의 세계 시스템이 계속된다면 머지않아 세계는 파국에 이를 것이라는 충격적 결과를 발표했다.

2000년, 또는 그 이후에 이르기까지 세계의 경제와 인구의 성장을 유지해 나가려면 도대체 무엇이 필요하게 될 것일까? 필요한 요건을 열거한 '리스트'는 방대한 것이 되어 버리겠지만 그것들은 크게 두 개의 '카테고리'로 나눌 수가 있다.

제 1의 '카테고리'에는 모든 생리적 활동이나 산업 활동을 지탱하는 물질적 필요물 — 식량, 원재료, 화석원료, 핵연료, 그리고 폐기물을 흡수하거나 중요한 기초 화학물질을 재순환시키는 지구의 생태학적 시스템 — 이 포함된다. 이것들은 원칙적으로 경작 가능한 토지, 깨끗한 물, 금속, 삼림, 해양과 같은 유형의 헤아릴 수 있는 것들이다. 이 장에서는 이 물질적 자원의 세계적 축적을 평가하기로 하자. 그것들은 이 지구에 있어서 성장의 궁극적인 제약 요소이기 때문이다.

- ☐ ingredient n. 성분, 요소, 원료 (= element, component)
- ☐ A is divided into B: A가 B로 나누어지다
- ☐ raw materials 원자재, 원재료
- ☐ tangible a. 실체적인, 유형의 (= corporeal)

The second category of necessary ingredients for growth consists of the *social* necessities. Even if the earth's physical systems are capable of supporting a much larger, more economically developed population, the actual growth of the economy and of the population will depend on such factors as peace and social stability, education and employment, and steady technological progress. These factors are much more difficult to assess or to predict. Neither this book nor our world model at this stage in its development can deal explicitly with these social factors, except insofar as our information about the quantity and distribution of physical supplies can indicate possible future social problems.

Food, resources, and a healthy environment are necessary but not sufficient conditions for growth. Even if they are abundant, growth may be stopped by social problems. Let us assume for the moment, however, that the best possible social conditions will prevail. How much growth will the physical system then support? The answer we obtain will give us some estimate of the upper limits to population and capital growth, but no guarantee that growth will actually proceed that far.

> In Zambia, in Africa, 260 of every thousand babies born are dead before their first birthday. In India and Pakistan the ratio is 140 of every thousand; in Colombia it is 82. Many more die before they reach school age; other during the early school years.
>
> When death certificates are issued for preschool infants in the poor countries, death is generally attributed to measles, pneumonia, dysentery, or some other disease. In fact these children are more likely to be the victims of malnutrition.

성장을 유지하는데 필요한 요건의 두 번째 카테고리는 '사회적인' 필요 요소이다. 설사 지구의 물질적 시스템이 보다 대규모로 경제적으로 발전한 인구를 유지할 수 있다 해도 경제나 인구의 실제 성장은 평화라든가 사회적 안정, 교육, 고용, 착실한 기술 진보와 같은 요소에 의존할 것이다. 이러한 요소를 평가하거나 예견하는 것은 매우 어렵다. 이 보고서든지 현 개발단계에서의 우리들의 세계 모델이든지 이런 사회적 요소들을 명시적으로 취급하기란 불가능하다. 단순히 물적 공급이나 그 분배에 관한 정보에 의해서 장래의 사회적 문제를 시사할 수 있을 뿐이다.

식량, 자원, 건전한 환경은 성장의 필요조건이기는 하지만 충분한 조건은 아니다. 설사 그것들이 충분히 충족되어 있다 하더라도 사회적 문제에 의해서 성장은 멈춰질지도 모른다. 그러나 우리는 잠시 동안 최적의 사회적 조건이 갖춰져 있다고 가정하자. 그러한 경우에 물질적 시스템은 어느 정도의 성장을 유지할 수 있을 것인가? 우리들이 가지고 있는 해답에 의한다면 인구와 자본의 성장의 상한이 추정되지만 성장이 실제로 거기까지 진행되어 나간다는 보장은 없다.

> 아프리카의 잠비아에서는 1천 명 중 2백 60명의 유아가 돌을 맞이하지 못한 채 죽고 있다. 이 배율은 인도, 파키스탄에서는 1천 명 중의 1백 40명, 콜롬비아에서는 82명이다. 더욱이 취학 연령에 달하기 전에, 그리고 저학년 중에도 많은 아동들이 사망하고 있다. 가난한 나라들에서 미취학 아동의 사망 증명서가 발행될 때, 그 사인은 일반적으로 홍역, 폐렴, 이질, 기타 여러 가지의 병에 의하는 것으로 되어 있다. 그러나 실제에 있어서는 이런 어린이들은 영양부족으로 희생되었다고 보는 편이 더 타당한 것 같다.

- ☐ consist of ~으로 구성되다 (= compris(z)e)
- ☐ assess vt. 평가하다 (= estimate)
- ☐ explicitly a. 명백한, 뚜렷한
- ☐ necessary but not sufficient conditions for A: A의 필요조건이긴 하나 충분조건은 아닌
- ☐ for the moment 잠시 동안 (= for a while)
- ☐ reach school age 학교에 갈 나이가 되다
- ☐ certificates n. 증명서, 면허증 cf) a medical ~ 진단서
- ☐ be attributed to A: A에 기인하다 cf) be ascribed to ~ 덕택이다

No one knows exactly how many of the world's people are inadequately nourished today, but there is general agreement that the number is large — perhaps 50 to 60 percent of the population of the less industrialized countries, which means one-third of the population of the world.

Estimates by the UN Food and Agriculture Organization (FAO) indicate that in most of the developing countries basic caloric requirements, and particularly protein requirements, are not being supplied. Furthermore, although total world agricultural production is increasing, food production *per capita* in the nonindustrialized countries is barely holding constant at its present inadequate level. Do these rather dismal statistics mean that the limits of food production on the earth have already been reached?

오늘날 세계 인구 중에서 어느 만큼의 사람들이 영양부족에 걸려 있느냐, 이 점은 분명하지는 않지만 상당한 수 — 아마 저개발국들의 인구의 50내지 60퍼센트 — 에 이르는 것으로 여겨지고 있으며 이것은 세계 인구의 거의 3분의 1에 해당한다.

유엔 식량농업기구(FAO)의 추계 의하면 개발도상국 대부분이 절대적 칼로리 섭취량, 특히 단백질 섭취 필요량에 미치지 못하고 있다. 더욱이 세계의 농업 총생산은 증가하고 있으면서도 비공업국의 1인당 농업 생산은 현재의 불충분한 수준을 겨우 유지하고 있는데 지나지 않는다. 자못 우울한 이러한 통계들은 지구의 식량 생산 능력이 이미 그 한계에 이르렀다는 것을 뜻하고 있는 것인가?

- caloric a. 칼로리(열량)의 n. calorie
- dismal a. 음침한
- per capita 1인당

The primary resource necessary for producing food is land. Recent studies indicate that there are, at most, about 3.2 billion hectares of land(7.86 billion acres) potentially suitable for agriculture on the earth. Approximately half of that land, the richest, most accessible half, is under cultivation today. The remaining land will require immense capital inputs to reach clear irrigate, or fertilize before it is ready to produce food. Recent costs of developing new land have ranged from $215 to $5,275 per hectare. Average cost for opening land in unsettled areas has been $1,150 per hectare. According to an FAO report, opening more land to cultivation is not economically feasible, even given the pressing need for food in the world today:

The earth's crust contains vast amounts of those raw materials which man has learned to mine and to transform into useful things. However vast those amounts may be, they are not infinite. Now that we have seen how suddenly an exponentially growing quantity approaches a fixed upper limit, the following statement should not come as a surprise. *Given present resource consumption rates and the projected increase in these rates, the great majority of the currently important nonrenewable resources will be extremely costly 100 years from now.* The above statement remains true regardless or the most optimistic assumptions about undiscovered reserves, technological advances, substitution, or recycling, as long as the demand for resources continues to grow exponentially. The prices of those resources with the shortest static reserve indices have already begun to increase. The price of mercury, for example, has gone up 500 percent in the last 20 years; the price of lead has increased 300 percent in the last 30 years.

식량 생산에 필요한 기본적 자원은 토지이다. 최근의 연구로는 크게 잡아도 지구상의 잠재적 농업적지(適地)는 약 32억 헥타르(78억 6천만 에이커) 가량임이 나타나고 있다. 오늘날 그 거의 반에 해당하는 가장 기름지고, 손대기 쉬운 상태에 있는 토지만 이용되고 있다. 나머지 반의 토지에 대해서는 식량 생산의 준비가 갖춰질 때까지에는 관개, 비료 등 거액의 자본 투하를 필요로 할 것이다. 새로운 토지의 개발 비용은 요즘은 헥타르 당 2백 15달러로부터 5천 2백 75달러까지에 이르며, 미입식지를 개척하기 위한 평균 비용은 헥타르 당 1천 1백 50달러이다. 오늘날의 세계에서는 식량에 대한 강한 요구가 있음에도 불구하고 새로운 농경지를 개척한다는 것은 경제적으로 불가능하다고 FAO의 보고서는 다음과 같이 밝히고 있다.

지반에는 인간이 채굴해서 다른 유용한 물건으로 전환하는 것을 알게 된 거대한 양의 원재료가 포함되어 있다. 그렇지만 아무리 거대한 양이 잠자고 있다 하더라도 그것들은 무한한 것은 아니다. 우리는 기하급수적으로 성장하는 양이 얼마나 급격하게 고정적인 상한에 도달해 버리는가를 보았기 때문에 다음과 같이 말한다 해도 별로 놀라울만 것은 아닐 것이다. " 현재의 자원 소비량과 그 증가율을 전제로 한다면 대다수의 중요하고도 재생 불가능한 자원은 앞으로 백년 사이에 매우 가격이 비싸게 될 것이다." 미발견 자원, 기술 진보, 대체 또는 재이용에 관한 가장 낙관적인 가정에서 있다 해도 자원의 수요가 기하급수적으로 성장하는 한, 위에서 말한 것은 여전히 진실성을 띠게 되는 것이다. 정태적 비축 지수가 매우 작은 자원의 가격은 이미 상승하기 시작하고 있다. 가령 수은의 가격은 현재 20년 동안 5백퍼센트나 상승했고, 납의 가격은 30년 만에 3백퍼센트 증가했다.

- ☐ under cultivation 경작 중인
  cf) under construction 건설 중인
- ☐ according to ~에 따르면
  (= regarding to, referring to)
- ☐ feasible a. 실행할 수 있는, 가능한
  (= practicable, possible)
- ☐ optimistic a. 낙관(론)적인
  opp. pessimistic 비관적인
- ☐ exponentially ad. (수학) 지수적으로, 기하급수적으로
- ☐ begin to ~하기 시작하다
- ☐ mercury n. 수은 cf) the Mercury 수성(水星)

Since pollution generation is a complicated function of population, industrialization, and specific technological developments, it is difficult to estimate exactly how fast the exponential curve of total pollution release is rising. We might estimate that if the 7 billion people of the year 2000 have a GNP per capita as high as that of present-day Americans, the total pollution load on the environment would be at least ten times its present value. Can the earth's natural systems support an intrusion of that magnitude? We have no idea. Some people believe that man has already so degraded the environment that irreversible damage has been done to large natural systems. We do not know the precise upper limit of the earth's ability to absorb any single kind of pollution, much less its ability to absorb the combination of all kinds of pollution. We do know however that there *is* an upper limit. It has already been surpassed in many local environments. The surest way to reach that upper limit globally is to increase exponentially both the number of people and the polluting activities of each person.

The trade-offs involved in the environmental sector of the world system are every bit as difficult to resolve as those in the agricultural and natural resource sectors. The benefits of pollution-generating activities are usually far removed in both space and time from the costs. To make equitable decisions, therefore, one must consider both space and time factors.

The simple conclusion we have drawn by considering total world reserves of resources are further complicated by the fact that neither resource reserves no resource consumption are distributed evenly about the globe.

오염의 발생은 인구, 공업화 및 특정의 기술 진보의 복합적인 함수이기 때문에, 방출되는 총 오염량의 기하급수적인 곡선이 얼마나 급속하게 상승하는가를 정확하게 추계한다는 것은 힘든 일이다. 만약에 서기 2000년에 70억의 사람들이 오늘의 미국과 같은 정도로 높은 1인당 GNP를 갖게 된다면 환경에 걸리는 총 오염 부담양은 적어도 현재의 10배가 된다고 추정할 수 있을 것이다. 지구의 자연 시스템은 이러한 대규모의 침입을 견딜 수가 있을 것인가? 우리는 아무 해답도 가지고 있지 못하다. 어느 사람들은, 사람은 이미 환경의 질을 대단히 악화시켜 버렸으며 거대한 자연의 시스템에 돌이킬 수 없는 손해가 가해졌다고 믿고 있다. 우리는 어떠한 단일 종류의 오염에 대해서도 그것을 흡수하는 지구의 능력의 명확한 한계를 다 알고 있지 못하다. 모든 종류의 복합된 오염을 흡수하는 능력은 더욱 더 모른다. 그렇지만 우리는 한계가 존재한다는 것만은 인식하고 있다. 그 한계는 이미 많은 부분적인 환경에 있어서 돌파되고 있다. 인구와 각 개인의 오염 활동의 수를 기하급수적으로 증가시켜 나간다면 확실히 세계적인 상한에 도달해 버릴 것이다.

세계 시스템 속의 환경 부문에 포함되어 있는 교환 관계는 농업 부문과 자연 자원 부문에 있어서의 교환 관계와 전혀 똑같이 어느모로 보나 해결하기는 힘이 든다. 흔히 오염의 발생을 수반하는 것과 같은 활동의 이익은 시간적으로나 공간적으로나 그 비용과 맞먹지 못하고 있다. 따라서 공정한 판단을 내리기 위해서는 시간과 공간의 요소를 포함해서 생각할 필요가 있다.

더욱이 자원 매장량이든 그 소비 든 간에 지구 위에 평균해서 분포되어 있는 것도 아니라는 사실이 있으며, 이 때문에 세계 자원의 총 매장량을 고려해서 끄집어 낸 우리들의 단순한 결론에 훨씬 복잡해진다.

- ☐ GNP 국민총생산(Gross National Product)
- ☐ degrade vt. 퇴화(타락, 붕괴)시키다 n. degradation
- ☐ We do know ~에서 do는 강조용법
- ☐ The surest way to reach A는 A에 이르는 가장 확실한 방법
- ☐ trade-off 교환, 흥정
- ☐ equitable 공정한, 정당한

The industrialized, consuming countries are heavily dependent on a network of international agreements with the producing countries for the supply of raw materials essential to their industrial base. Added to the difficult economic question of the fate of various industries as resource after resource becomes prohibitively expensive is the imponderable political question of the relationships between producer and consumer nations as the remaining resources become concentrated in more limited geographical areas. Recent nationalization of South American mines and successful Middle Eastern pressures to raise oil prices suggest that the political question may arise long before the ultimate economic one.

자원을 소비하고 있는 공업 제국은 그 공업에 불가결한 원재료의 공급에 관해서 산출국과의 사이에 맺어진 국제 협정 네트워크에 크게 의존하고 있다. 자원이 차례로 구매 불가능할 만큼 뛰어올랐을 경우 각종 산업의 존립에 관계되는 곤란한 경제적 문제가 일어날 뿐만 아니라 남은 자원이 지리적으로 한정된 지역에 치우치게 되며, 산출국과 소비국 사이에 적지 않은 정치적 문제가 발생한다. 최근 남아메리카 광산의 국유화나 중동의 원유가격 인상의 성공은 궁극적인 경제 문제가 일어나기 훨씬 전에 정치적 문제가 일어나게 되리라는 바를 시사하고 있다.

- ☐ be dependent on A: A에 의존하다 cf) rely(depend, count, fall back) on ~에 의지하다
- ☐ prohibitively ad. (세금이나 가격이) 과중하게, 비싸게
- ☐ imponderable a. 헤아릴 수 없는, 무게가 가벼운, 평가할 수 없는
- ☐ become(be) concentrated in ~에 집중(집약, 몰두)하다
- ☐ the ultimate economic one에서 one은 question을 가리킴

제 10 장

Erich Fromm
To Have or To Be

에리히 프롬
소유나 존재냐

The Great Promise of Unlimited Progress — the promise of domination of nature, of material abundance, of the greatest happiness for the greatest number, and of unimpeded personal freedom — has sustained the hopes and faith of the generations since the beginning of the industrial age. To be sure, our civilization began when the human race started taking active control of nature; but that control remained limited until the advent of the industrial age. With industrial progress, from the substitution of mechanical and then unclear energy for animal and human energy to the substitution of the computer for the human mind, we could feel that we were on our way to unlimited production and, hence, unlimited consumption; that technique made us omnipotent; that science made us omniscient. We were on our way to becoming gods, supreme beings who could create a second world, using the natural world only as building blocks for our new creation.

E. 프롬은 현대사회의 모든 해악이 현대 산업사회, 특히 극도로 발달한 자본주의사회의 주도적인 삶의 방식인 '소유 양식'에서 기인한다고 정의하고 있다. 이러한 해악은 급기야 에너지 고갈, 핵전쟁, 생태계의 파괴 등으로 인류 절멸의 위기에까지 다다르고 있다고 한다. '소유 양식'은 주체와 객체를 사물로 환원시켜 버리기 때문에 모든 관계가 살아 있는 관계가 아니라 죽은 관계로 귀착되어 사회적으로 끊임없는 생산과 소비의 악순환을 초래한다는 것이다. 특히 현대의 물질문명, 소비지상주의 하에서 현대인은 소비하고 소유함으로써 자신의 존재를 확인하려고 하고, 현대의 모든 체제는 관료 체제를 닮아 가고, 그것은 사람들에게 끊임없는 복종과 거대한 기계의 톱니바퀴가 될 것을 강요한다는 것이다.

무한한 발전이라는 저 위대한 약속 — 자연을 지배하고 물질적 풍요를 가져오며 최대 다수에 최대의 행복을 가져다주며 방해되지 않는 개인적 자유가 보장되리라는 약속이 산업시대의 개막 이래 여러 세대의 희망과 믿음을 지탱해 왔다. 인류가 자연을 능동적으로 지배하기 시작할 때부터 우리의 문명이 시작되었다는 것은 분명하다. 그러나 그 지배는 산업 시대가 도래하기까지는 제한된 것이었다. 기계 및 핵에너지가 동물 및 인간의 에너지를 대체하고 컴퓨터가 인간의 두 뇌를 대체하는 산업 발전이 이뤄짐에 따라, 우리는 우리가 무한한 생산과 무한한 소비에의 길에 나섰으며, 기술이 우리를 전능하게 하고 과학이 우리를 전지의 존재로 만들었다고 믿을 수 있었다. 우리는 신, 즉 자연세계를 우리의 새 창조를 위한 벽돌로 사용하여, 제2의 세계를 창조할 수 있는 지고의 존재가 되는 길에 나섰다고 생각했다.

- ☐ unimpeded a. 방해되지 않는
- ☐ advent n. (그리스도의) 강림, 출현, 도래
- ☐ omnipotent a. 전능의, 무엇이든지 할 수 있는
- ☐ omniscient a. 전지의, 무엇이든지 알고 있는
- ☐ on one's way ~의 도중에

Men and, increasingly, women experienced a new sense of freedom; they became masters of their own lives: feudal chains had been broken and one could do what one wished, free of every shackle. Or so people felt. And even though this was true only for the upper and middle classes, their achievement could lead others to the faith that eventually the new freedom could be extended to all members of society, provided industrialization kept up its pace. Socialism and communism quickly changed from a movement whose aim was a *new* society and a *new* man into one whose ideal was a bourgeois life for all, the *universalized bourgeois* as the men and women of the future. The achievement of wealth and comfort for all was supposed to result in unrestricted happiness for all.

The trinity of unlimited production, absolute freedom, and unrestricted happiness formed the nucleus of a new religion, Progress, and a new Earthly City of Progress was to replace the City of God. It is not at all astonishing that this new religion provided its believers with energy, vitality, and hope.

남성, 그리고 더욱 많은 수의 여성들이 새로운 해방감을 경험했다. 그들은 자기 자신이 삶의 주인이 되었다. 봉건적 속박은 끊겼고 누구나 모든 굴레에서 벗어나 자기가 원하는 것을 할 수 있었다. 혹은 그렇게 느꼈다. 이것은 상류 및 중류 계급에만 해당되는 것이었지만, 이들의 성취를 본 다른 사람들은 산업화가 그 속도만 유지한다면, 이 새로운 자유가 결국은 사회의 모든 구성원들에게 연장될 수 있을 것이라는 믿음을 가질 수 있었다. 사회주의와 공산주의는 '새로운' 사회, '새로운' 인간을 만드는 데 목표를 둔 운동으로부터 모든 사람에게 부르주아적 생활을 마련해 주는 데 이상을 둔, 즉 미래의 인간을 '보편화된 부르주아'로 이끄는 운동으로 재빨리 변모되었다. 만인에 대한 부와 안락의 성취는 만인에게 무한정한 행복을 가져다 줄 것이라고 생각했다.

무한한 생산, 절대적 자유, 무한정한 행복이라는 삼위일체가 발전이라는 새로운 종교, 즉 발전의 핵을 형성했고, 이 새로운 발전이라는 '세속의 도시'가 '하나님의 도시'로 대치될 것으로 생각되었다. 이 새로운 종교가 그 신자들에게 에너지와 활기, 희망을 마련해 주었다는 사실은 전혀 놀라운 일이 아니다.

- ☐ feudal a. 봉건의, 영지의 cf) feudalism 봉건주의, 봉건제도
- ☐ provided conj. 만약 ~이라면 (= if)
- ☐ change from A into B: A로부터 B로 변화하다
- ☐ universalized bourgeois 보편화된 부르주아
- ☐ trinity n. 삼위일체(三位一體)
- ☐ was to replace = was destined to replace
- ☐ provide A with B: A에게 B를 제공하다

As in the development of technique some difficulties seemed insurmountable, so the difficulties listed above seem insurmountable now. But the difficulties of technique were not insurmountable because a new science had been established that proclaimed the principle of observation and knowledge of nature as conditions for controlling it(Francis Bacon: *Novum Organum*, 1620). This "new science" of the seventeenth century has attracted the most brilliant minds in the industrialized countries up to this day, and it led to the fulfillment of the technical Utopias the human mind had been dreaming of.

But today, roughly three centuries later, we need an entirely different new science. We need a Humanistic Science of Man as the basis for the Applied Science and Art of Social Reconstruction.

Technical Utopias — flying, for example — have been achieved by the new science of nature. The *human Utopia* of the Messianic Time — a united new humankind living in solidarity and peace, free from economic determination and from war and class struggle — can be achieved, provided we spend the same energy, intelligence, and enthusiasm on the realization of the human Utopia as we have spent on the realization of our technical Utopias. One cannot construct submarines by reading Jules Verne; one cannot construct a humanist society by reading the prophets.

기술의 발전 과정에 있어서도 몇몇 난관은 극복할 수 없는 것처럼 보였던 때가 있었다. 위에 열거한 난관도 현재는 극복할 수 없는 것처럼 보인다. 그러나 기술의 발전을 가로막았던 어려움은 결국 극복할 수 없는 것은 아니었다. 그 이유는 관찰의 법칙과 자연에 대한 지식이 자연을 지배하기 위한 조건이라고 선언하는 새로운 과학이 확립되었기 때문이다(프란시스 베이컨, 「신기관」, 1620). 이러한 17세기의 '새로운 과학'은 오늘날까지 산업화된 국가의 가장 뛰어난 두뇌들을 흡수해 왔으며, 그 결과 인간의 지성이 꿈꾸어 오던 기술의 유토피아를 실현시켜 주었다.

그러나 그로부터 대략 3세기가 지난 오늘날 우리는 완전히 내용이 다른 새로운 과학을 필요로 하고 있다. 우리는 '응용과학'과 '사회개조학'의 기초로서 '인본주의적 인간과학'이라고 부를 만한 것을 필요로 하고 있다.

'기술의 유토피아' — 예를 들면 비행 같은 것 — 는 새로운 자연과학에 의해 성취되었다. '메시아의 시대'의 '인간적 유토피아'— 경제적인 결정론, 전쟁, 계급투쟁에서 해방되어, 연대감과 평화 속에 사는 새로이 통합된 인류 — 도, 우리가 기술의 유토피아의 실현을 위해 바쳐온 만큼의 정력과 지능과 열정을 쏟는다면 실현될 수 있다. 쥘 베른의 소설을 읽었다고 잠수함을 만들 수는 없으며, 선지자의 예언서를 읽었다고 해서 인본주의적인 사회가 만들어지는 것은 아니다.

- ☐ insurmountable a. 넘을 수 없는, 극복할 수 없는
- ☐ Humanistic Science of Man 인본주의적 인간과학
- ☐ Applied Science 응용과학 opp. pure(theoretical) science 순수과학
- ☐ Art of Social Reconstruction 사회개조학
- ☐ Messianic Time 메시아의 시대
- ☐ economic determination 경제적 결정론
- ☐ provided conj. 만약 ~이라면 (= if)
- ☐ enthusiasm n. 감격, 열중, 열의

Whether such a change from the supremacy of natural science to a new social science will take place, nobody can tell. If it does, we might still have a chance for survival, but whether it will depends on one factor: how many brilliant, learned, disciplined, and caring men and women are attracted by the new challenge to the human mind, and by the fact that this time *the goal is not control over nature but control over technique and over irrational social forces and institutions that threaten the survival of Western society, if not of the human race.*

It is my conviction that our future depends on whether, given awareness of the present crisis, the best minds will mobilize to devote themselves to the new humanistic science of Man. For nothing short of their concerted effort will help to solve the problems already mentioned here, and to achieve the goals discussed below.

Scientific research must be separated from application in industry and defense.

While it would be hobbling of human development if one set any limits to the demand for knowledge, it would be extremely dangerous if practical use were made of all the results of scientific thinking. As has been emphasized by many observers, certain discoveries in genetics, in brain surgery, in psychodrugs, and in many other areas can will be misused to the great damage of Man. This is unavoidable as long as industrial and military interests are free to make use of all new theoretical discoveries as they see fit. Profit and military expediency must cease to determine the application of scientific research. This will require a control board, whose permission would be necessary for the practical application of any new theoretical discovery. Needless to say, such a control board must be — legally and psychologically — completely independent of industry, the government, and the military. The Supreme Cultural Council would have the authority to appoint and supervise this control board.

현재의 자연과학 우위에서 새로운 사회과학으로 옮아가는 그런 변화가 일어날 것이냐 아니냐는 아무도 단언할 수 없다. 만약 그런 변화가 일어난다면 우리는 아직도 살아남을 수 있는 기회가 있지만, 그런 변화가 일어나느냐 않느냐 하는 문제는 다음과 같은 한 가지 요인에 달려있다. 즉 명석하고 지식을 겸비하고 훈련된 많은 사람들이 인간정신에 대한 새로운 도전에 얼마나 매료되느냐, 또 이제 '목표는 자연에 대한 지배가 아니라 기술에 대한 지배, 그리고 전 인류는 아니더라도 서구 사회의 생존을 위협하고 있는 비합리적인 사회 세력과 제도에 대한 지배'라는 사실에 얼마나 매료되느냐 하는 점이다.

현재의 위기에 대한 인식이 보편화됐다고 가정할 때 우리의 미래는 가장 탁월한 두뇌들이 새로운 인본주의적 인간 과학에 얼마나 동원되느냐에 달려 있다고 나는 확신하고 있다. 왜냐하면 그들의 집중된 노력만이 위에서 언급한 문제에 대한 해결은 물론, 다음에 논급할 목표를 성취하는데 도움이 될 수 있을 것이기 때문이다.

'과학적 탐구는 산업과 방위에 그것을 응용하는 일과는 분리되어야 한다.'

지식에 대한 요구에 어떤 제한을 가한다는 것이 한편으로는 인간 발전의 장애물이 되겠지만, 과학적인 탐구의 결과를 모두 실제적으로 응용한다면 이 또한 극도로 위험한 일일 것이다. 많은 사람들이 강조해 온 것처럼 유전학이나 뇌수술, 정신 의약, 그 외 다른 많은 분야의 어떤 발견은 잘못 이용되어 인간에게 커다란 해가 될 수도 있다. 그러나 기업적·군사적 이득을 위해 모든 새로운 이론적 발견이 자유롭게 응용되도록 허용하고 적절하다고 생각하는 한 그 위험은 피할 수가 없다. 따라서 기업의 이윤이나 군사적인 편의를 위해서 과학적인 탐구를 응용하려는 결정은 억제되어야 하며 새로운 이론적 발견을 실제로 응용하는데 필요한 허가를 주는 통제기구가 마련되어야 한다. 그러한 통제 기구는 물론 법적으로나 심리적으로 기업과 정부와 군사로부터 완전히 독립되어야 한다. 최고문화협의회가 이 통제 기구를 임명하고 감독할 권한을 가져야 할 것이다.

- ☐ take place 일어나다 (= happen, come to pass)
- ☐ disciplined a. 단련된, 훈련된
- ☐ mobilize vt. 동원하다, 유통시키다
- ☐ nothing short of 아주 ~한, ~이나 다름없는
- ☐ concerted a. 협의가 된, 일치된
- ☐ discussed below 앞에는 which will be가 생략
- ☐ hobbling n. 절뚝거림, 장애물 (= obstacle)
- ☐ psychodrugs n. 정신 의약
- ☐ expediency n. 편의, 형편에 맞음

While all the suggestions made in the foregoing pages will be difficult enough to realize, our difficulties become almost insurmountable with the addition of another necessary condition of a new society: *atomic disarmament*.

One of the sick elements in our economy is that it needs a large armament industry. Even today, the United States, the richest country in the world, must curtail its expenses for health, welfare, and education in order to carry the load of its defense budget. The cost of social experimentation cannot possibly be borne by a state that is making itself poor by the production of hardware that is useful only as a means of suicide. Furthermore, the spirit of individualism and activity cannot live in an atmosphere where the military bureaucracy, gaining in power every day, continues to further fear and subordination.

지금까지 제시된 모든 제안을 실현하는 데는 많은 어려움이 있겠지만 여기에다 새로운 사회의 또 하나의 필수요건, 즉 '핵의 철폐'를 첨가하게 되면 이 어려움은 거의 극복하기 어렵게 된다.

우리 경제의 병적인 요소의 하나는 대규모적인 군수 사업을 필요로 한다는 점이다. 오늘날 세계 최대의 부국인 미국에서조차 군사 예산의 부담 때문에 건강과 복지와 교육에 관한 예산을 삭감하지 않을 수 없다. 사회적 실험의 비용은 살상의 수단으로서밖에 쓸모가 없는 총포의 생산 때문에 그 재원을 탕진하고 있는 국가가 감당해 낼 수는 없을 것 같다. 더욱이 나날이 강대해져 가는 군사적 관료체제가 공포와 종속을 더욱 가중시키고 있는 분위기에서는 개인주의와 능동성의 정신은 지속될 수가 없는 것이다.

- ☐ disarmament n. 군비축소, 무장해제
- ☐ curtail vt. 줄이다, 삭감하다, 생략하다
- ☐ hardware n. 철기류, 각종 기계류의 총칭
- ☐ gain in ~을 얻다
- ☐ subordination n. 종속, 하위, 복종, 순종

Memo